Theodor Körner

Iuramentum und frühe Friedensbewegung (10.–12. Jahrhundert)

Münchener Universitätsschriften · Juristische Fakultät

Abhandlungen zur rechtswissenschaftlichen Grundlagenforschung

herausgegeben im Auftrag der Juristischen Fakultät

von

Sten Gagnér

Arthur Kaufmann

Dieter Nörr

Band 26

1977

J. Schweitzer Verlag · Berlin

Theodor Körner

Iuramentum und frühe Friedensbewegung (10.–12. Jahrhundert)

1977

J. Schweitzer Verlag · Berlin

Gedruckt mit Unterstützung aus den Mitteln der Münchener Universitätsschriften

CIP-Kurztitelaufnahme der Deutschen Bibliothek

Körner, Theodor
Iuramentum und frühe Friedensbewegung : (10.–12. Jh.). – 1. Aufl. – Berlin : Schweitzer, 1977.
(Münchener Universitätsschriften : Jur. Fak.) (Abhandlungen zur rechtswissenschaftlichen Grundlagenforschung : Bd. 26)
ISBN 3-8059-0670-6

Satz und Druck: Georg Wagner, Nördlingen – Bindearbeiten: Dieter Mikolai, Berlin. – Printed in Germany.

Meinen Eltern Maria und Simon Körner

Vorwort

Die vorliegende Arbeit entstand auf Anregung von Prof. Dr. Sten Gagnér aus der Beschäftigung mit der wechselnden Rolle des Eides in der Rechtsgeschichte vor dem aktuellen Hintergrund der Eidesreform im Strafprozeß. Die Arbeit berücksichtigt den Literaturstand bis Juli 1974.
Herrn Prof. Dr. Sten Gagnér bin ich für seine Anregungen, seine ständige Anteilnahme und Unterstützung zu besonderem Dank verpflichtet, ebenso Herrn Prof. Dr. Hans Schlosser für sein Verständnis. Den Damen und Herren des Doktorandenseminars von Prof. Dr. Sten Gagnér gilt der Dank für Anregungen und fördernde Kritik, voran Dr. Hartmut Böttcher für begleitende Gespräche.
Schließlich sei auch den Damen und Herren der Universitätsbibliothek Augsburg gedankt, die im Zuge der allgemeinen Aufbauarbeiten stets ein offenes Ohr für die Literaturbeschaffung hatten, sowie Herrn Landrat Dr. Franz Xaver Frey, Augsburg, für förderndes Verständnis.
Dank auch den Herausgebern der Schriftenreihe für die Aufnahme in die Reihe der Münchener Universitätsschriften und der Universität München für die Gewährung eines namhaften Druckkostenzuschusses.
Gedankt sei auch meiner Frau Franziska für die reiche Geduld.

Friedberg, Januar 1977 Th. Körner

Inhalt

Literatur

I. Quellen

Buchner, Rudolf (Hrsg.): Ausgewählte Quellen zur Deutschen Geschichte des Mittelalters, Band XII: Quellen zur Geschichte Heinrichs IV., Darmstadt 1968

Friedberg, Emil-Richter, Emil-Ludwig: Corpus Iuris Canonici, Pars priot, Decretum Magistri Gratiani. Photomechanischer Nachdruck, Graz 1959

Gladiss, Dietrich von: Die Urkunden der deutschen Könige und Kaiser, Band VI: Die Urkunden Heinrichs IV. Berlin 1941

Mansi, Giovanni Domenico: Sacrorum Conciliorum nova et amplissima collectio, Band XIX bis XXI. Repr. d. Ausg. 1901 ff. Graz 1960 f.; zitiert: Conciliorum Collectio

Migne, Jacques Paul: Patrologiae cursus completus Patrologia Latina, Band 161/162; zitiert: PL

Monumenta Boica: Herausgegeben von der Bayerischen Akademie der Wissenschaften, Band XXIX. München 1831

Monumenta Germaniae Historica: Capitularia Regum Francorum, Band I und II. Hannover 1883/1897. Repr. Stuttgart 1960; zitiert: Capitularia

–: Constitutiones et Acta Publica Imperatorum et Regum, Band I. Hannover 1893; zitiert: MGH Const. I

–: Leges, Band: I bis V. Hannover 1885 ff. Repr. Stuttgart 1965; zitiert: MGH LL

–: Scriptores, Band: I bis XXV. Hannover 1876 ff.; zitiert: MGH SS

Pflugk-Harttung, Julius von: Acta pontificum Romanorum inedita, Band I bis III. unv. Nachdruck 1881 Graz 1958

Waitz, Georg: Urkunden zur Deutschen Verfassungsgeschichte im 11. und 12. Jahrhundert. Kiel 1871

Wattenbach, Wilhelm u. Holtzmann, Robert: Deutschlands Geschichtsquellen im Mittelalter – Das Zeitalter des Investiturstreits 1050–1125, 2. unv. Aufl. Darmstadt 1967

II. Schrifttum

Achter, Viktor: Geburt der Strafe. Frankfurt/Main 1951

–: Über den Ursprung der Gottesfrieden. Krefeld o. J. (1955)

Angermeier, Heinz: Königtum und Landfriede im deutschen Spätmittelalter. München 1966

Åquist, Gösta: Frieden und Eidschwur. Studien zum mittelalterlichen germanischen Recht. Stockholm 1968

Asmus, Herbert: Rechtsprobleme des mittelalterlichen Fehdewesens. Dargestellt an Hand südhannoverscher Quellen. Diss. jur. Göttingen 1951

Bader, Karl Siegfried: Besprechung von V. Achter, Über den Ursprung der Gottesfrieden, in: ZRG 73 (1956), S. 432 f.

–: Probleme des Landfriedensschutzes im mittelalterlichen Schwaben in: Zeitschrift für Württembergische Landesgeschichte, 1939, S. 1–56

Bärmann, Johannes: Besprechung von W. Ebel, Der Bürgereid als Geltungsgrund und Gestaltungsprinzip des deutschen mittelalterlichen Stadtrechts in: ZRG 76 (1959), S. 415–420

–: Besprechung von R. Scheyhing, Eide, Amtsgewalt und Bannleihe, in: ZRG 80 (1963), S. 419–426

Baltensberger, Hermann: Eid, Versprechen und Treuschwur bei den Angelsachsen. Diss. jur. Zürich 1920

Below, Georg von: Entstehung der deutschen Stadtgemeinde. Düsseldorf 1889

–: Der Ursprung der deutschen Stadtverfassung. Düsseldorf 1892

–: Territorium und Stadt. Aufsätze zur deutschen Verfassungs-, Verwaltungs- und Wirtschaftsgeschichte. München 1923

Béranger, Jean: Recherches sur l'aspect idéologique du principat. Basel 1953

Boshof, Egon – Düwell, Kurt u. Kloft, Hans: Grundlagen des Studiums der Geschichte. Köln 1973

Bosl, Karl: Frühformen der Gesellschaft im mittelalterlichen Europa. Ausgewählte Beiträge zu einer Strukturanalyse der mittelalterlichen Welt. München 1964

–: Die Gesellschaft in der Geschichte des Mittelalters. 2. erw. Aufl. Göttingen 1966

Brandt, Ahasver von: Werkzeug des Historikers. 6. unv. Aufl. Stuttgart 1959

Brunner, Heinrich u. Schwerin, Claudius Frh. von: Deutsche Rechtsgeschichte, Band II. 2. Aufl. Leipzig 1928

Brunner, Otto: Land und Herrschaft. 3. Aufl. Brünn-München-Wien 1943

Caenegem, Raoul Charles u. Ganshof, Francois Louis: Kurze Quellenkunde des Westeuropäischen Mittelalters. Göttingen 1964

Claude, Dietrich: Geschichte der Westgoten. Stuttgart 1970

Conrad, Hermann: Deutsche Rechtsgeschichte, Band I. 2. neubearb. Aufl. Karlsruhe 1962

–: Gottesfrieden und Heeresverfassung in der Zeit der Kreuzzüge, in: ZRG 61 (1941), S. 71–126

Dungern, Otto von: Comes, liber, nobilis in Urkunden des 11. bis 13. Jahrhunderts, in: Archiv für Urkundenforschung (AUF) Bd. XII (1932), S. 181 ff.

Ebel, Wilhelm: Die Willkür. Eine Studie zu den Denkformen des älteren deutschen Rechts. Göttingen 1953

–: Der Bürgereid als Geltungsgrund und Gestaltungsprinzip des deutschen mittelalterlichen Stadtrechts. Weimar 1958

–: Geschichte der Gesetzgebung in Deutschland. 2. erw. Aufl. Göttingen 1958

Eckhardt, Karl August: Besprechung von W. Schnelbögl, Die innere Entwicklung der bayerischen Landfrieden des 13. Jahrhunderts, in: ZRG 53 (1933), S. 341–346
Eggert, Udo: Studien zur Geschichte der Landfrieden. Göttingen 1875
Eichmann, Eduard: Acht und Bann im Reichsrecht des Mittelalters. Paderborn 1909
Ennen, Edith: Die Europäische Stadt des Mittelalters. Göttingen 1972
Erdmann, Karl: Die Entstehung des Kreuzzugsgedankens. Repr. d. Ausg. 1935 Darmstadt 1965
Fehr, Hans: Das Waffenrecht der Bauern im Mittelalter, Teil I in: ZRG 35 (1914), S. 111–211; Teil II in: ZRG 38 (1917), S. 1–114
–: Deutsche Rechtsgeschichte. 6. verb. Aufl. Berlin 1962
Feine, Hans Erich: Kirchliche Rechtsgeschichte. 5. durchges. Aufl. Köln-Graz 1964
–: Reich und Kirche. Ausgewählte Abhandlungen zur deutschen und kirchlichen Rechtsgeschichte, hrsg. von Friedrich Merzbacher. Aalen 1966
Ficker, Julius: Vom Reichsfürstenstande. Forschungen zur Geschichte der Reichsverfassung zunächst im 12. und 13. Jahrhundert. Neudruck der Ausg. 1861–1923 Aalen 1961
Fischer, Herbert: Besprechung von P. Lex, Die Versicherung an Eides Statt und ihr Verhältnis zum Geloben und zum feierlichen Eid. Eine rechtshistorische Untersuchung; in: ZRG 86 (1969), S. 276 f.
Fournier, Paul: Yves de Chartres et le droit canonique, in: RQH 63 (1898), S. 51 ff., 384 ff.
Fournier, Paul u. le Bras, G.: Histoire d'ecclesiastique. Repr. der Ausgabe Paris 1932. Aalen 1972
Fröhlich, Karl: Kirche und städtisches Verfassungsleben im Mittelalter; in: ZRG Kan. XXII (1933), S. 188 ff.
Gagnér, Sten: Zur Entstehung der europäischen und schwedischen Diözesansynode; in: Kyrkohistorisk Arsskrift 48 (1948), S. 1 ff.
–: Studien zur Ideengeschichte der Gesetzgebung. Stockholm 1960
Geffcken, Friedrich Heinrich: Staat und Kirche. In ihrem Verhältnis geschichtlich entwickelt. Neudruck der Ausg. 1875. Osnabrück 1965
Gernhuber, Joachim: Die Landfriedensbewegung in Deutschland bis zum Mainzer Reichslandfrieden von 1235. Bonn 1952; zitiert: Die Landfriedensbewegung in Deutschland
–: Besprechung von H. Hirsch, Die hohe Gerichtsbarkeit im deutschen Mittelalter; in: ZRG 76 (1959), S. 401–415
–: Staat und Landfrieden im deutschen Reich des Mittelalters. Brüssel 1961
Ghellinck, Joseph de: Le mouvement théologique de XIIe siècle, sa préparation lointaine avant et autour de Pierre Lombard ses rapports avec les initiatives des canonistes. Etudes, recherches et documents. Brüssel 1969
Gierke, Otto von: Das deutsche Genossenschaftsrecht. Berlin 1868

Goecke, Rudolf: Die Anfänge der Landfriedensaufrichtungen in Deutschland. Diss. phil. Göttingen 1875

Görris, Gerhard Carl Wilhelm: De Denkbeelden over oorlog en de bemoeiingen voor vrede in de eelfde eeuw. Diss. phil. Leiden, Nymwegen 1912

Goeschel, Karl Friedrich: Der Eid, nach seinem Principe, Begriffe und Gebrauche. Berlin 1837

Hattenhauer, Hans: Die Bedeutung der Gottes- und Landfrieden für die Gesetzgebung in Deutschland. Diss. jur. Marburg 1958; zitiert: Die Bedeutung der Gottes- und Landfrieden für die Gesetzgebung

–: Zur Autorität des germanisch-mittelalterlichen Rechts; in: ZRG 83 (1966), S. 258–273

Hefele, Charles Joseph u. Leclercq Dom H.: Histoire des conciles d'apres les documents originaux, Band III Paris 1909; Band V Paris 1912

Herzberg-Fränkel, Siegfried: Die ältesten Gottes- und Landfrieden; in: Forschungen zur deutschen Geschichte Band XXIII S. 117 ff.

Hewig, Dirk: Kaiserliche Bestätigungen von Stadt- und Landrechten. Diss. jur. München 1969

Hinschius, Paul: System des katholischen Kirchenrechts mit besonderer Rücksicht auf Deutschland, Band I–VI. Graz 1959

Hirsch, Hans: Die hohe Gerichtsbarkeit im deutschen Mittelalter. 2. unveränderte Auflage, Köln 1958

Hirzel, Rudolf: Der Eid. Ein Beitrag zu seiner Geschichte. Neudruck der Ausgabe Leipzig 1902, Aalen 1966

His, Rudolf: Gelobter und gebotener Friede im deutschen Mittelalter; in: ZRG 33 (1912), S. 139–223

–: Besprechung von G. C. W. Görris, De denkbeelden over oorlog en de bemoeiingen voor vrede in de elfde eeuw; in: ZRG 34 (1913), S. 604–608

–: Das Strafrecht des deutschen Mittelalters, Band I. Leipzig 1920; Band II. Weimar 1935

Hoffmann, Hartmut: Gottesfriede und Treuga Dei Schriften der Monumenta Germaniae Historica, Band 20, Stuttgart 1964

Hofmeister, Philipp: Die christlichen Eidesformen, eine liturgie- und rechtsgeschichtliche Untersuchung, München 1957

Hove, A. van: Prolegomena ad codicem iuris canonici, Mecheln-Rom 1945

Huberti, Ludwig: Studien zur Rechtsgeschichte der Gottesfrieden und Landfrieden 1. Buch: Die Friedensordnungen in Frankreich, Ansbach 1892

–: Der Gottesfriede in der Kaiserchronik; in: ZRG 13 (1892), S. 133-163

Hüttebräuker, Lotte: Besprechung von E. Wohlhaupter, Studien zur Rechtsgeschichte der Gottes- und Landfrieden in Spanien; in: ZRG 54 (1934), S. 317 f.

Jacob, Karl – Hohenleutner, Heinrich: Quellenkunde der deutschen Geschichte im Mittelalter, Die Kaiserzeit (911–1250). Sammlung Göschen Band 280. 6. Aufl., Berlin 1968

Kern, Fritz: Gottesgnadentum und Widerstandsrecht im frühen Mittelalter. Zur Entwicklungsgeschichte der Monarchie. 2. Aufl. Darmstadt 1962

–: Recht und Verfassung im Mittelalter. Darmstadt 1972

Keutgen, Friedrich: Der deutsche Staat des Mittelalters. Repr. d. Ausg. Jena 1918. Aalen 1963

Kienast, Walther: Untertaneneid und Treuevorbehalt; in: ZRG 66 (1948), S. 111–147

Kluckhohn, August: Geschichte des Gottesfriedens. Neudruck der Ausgabe Leipzig 1857. Aalen 1966

Koch, Walter: Die klerikalen Standesprivilegien nach Kirchen- und Staatsrecht unter besonderer Berücksichtigung der Verhältnisse in der Schweiz. Diss. jur. Freiburg/Schweiz 1947

Köbler, Gerhard: Das Recht im frühen Mittelalter. Untersuchungen zu Herkunft und Inhalt frühmittelalterlicher Rechtsbegriffe im deutschen Sprachgebiet. Köln 1971

Krause, Hermann: Kaiserrecht und Rezeption. Heidelberg 1952

Kroeschell, Karl: Haus und Herrschaft im frühen deutschen Recht. Ein methodischer Versuch. Göttingen 1968

–: Recht und Rechtsbegriff im 12. Jahrhundert; in: Vorträge und Forschungen Band XII, S. 309–335. Sigmaringen 1973

–: Deutsche Rechtsgeschichte, Band I (bis 1250). Hamburg 1972

Lewald, Ursula: Köln im Investiturstreit; in: Vorträge und Forschungen Band XVII, S. 373–393. Sigmaringen 1973

Lex, Peter: Die Versicherung an Eides Statt und ihr Verhältnis zum Geloben und zum feierlichen Eid. Diss. jur. Zürich 1967

Lieberich, Heinz: Besprechung von H. Angermeier, Königtum und Landfriede im deutschen Spätmittelalter; in: ZRG 84 (1967), S. 378–383

Manteyer, Georges de: Les origines de la maison de Savoie en Bourgogne. La paix en Viennois, in: Bulletin de la société de statistique du département de l'Isère 33 (1904), S. 87 ff.

Mayer, Ernst: Deutsche und französische Verfassungsgeschichte vom 9. bis zum 14. Jahrhundert. Repr. der Ausgabe Leipzig 1899. Aalen 1968

Mayer, Theodor (Hrsg.): Adel und Bauern im Deutschen Staat des Mittelalters. Leipzig 1943

Mayer-Homberg, Edwin: Beweis und Wahrscheinlichkeit im älteren deutschen Recht. Marburg 1921

Merzbacher, Friedrich: Besprechung von G. Åquist, Frieden und Eidschwur; in: ZRG 87 (1970), S. 405–408

Meyer, Herbert: Freiheitsroland und Gottesfrieden. Neue Forschungen über den Bremer Roland; in: Hansische Geschichtsblätter Jahrg. 56 (1931), S. 1 ff.

Meyer von Knonau, Gerold: Jahrbücher des deutschen Reiches unter Heinrich IV. und Heinrich V., Band I bis V. Neudruck der 1. Auflage 1903. Berlin 1965

Mitteis, Heinrich: Lehnrecht und Staatsgewalt. Untersuchungen zur mittelalterlichen Verfassungsgeschichte. Unv. Nachdr. Weimar 1958
–: Die deutsche Königswahl. Ihre Rechtsgrundlagen bis zur goldenen Bulle. Darmstadt 1969
–: Der Staat des hohen Mittelalters. Grundlinien einer vergleichenden Verfassungsgeschichte des Lehnszeitalters. 8. unv. Aufl. Weimar 1968
–: Zur staufischen Verfassungsgeschichte; in: ZRG 65 (1947), S. 316–337
–: Politische Verträge im Mittelalter; in: ZRG 67 (1950), S. 76–140
– u. Lieberich, Heinz: Deutsche Rechtsgeschichte. 12. ergänzte Auflage, München 1971
Mohrmann, Wolf-Dieter: Der Landfriede im Ostseeraum während des späten Mittelalters. Diss. phil. Regensburg 1972
Neuss, Wilhelm u. Oediger, Friedrich-W.: Geschichte des Erzbistums Köln. 1. Band: Das Bistum Köln von den Anfängen bis zum Ende des 12. Jahrhunderts
Nitzsch, K. W.: Heinrich IV. und der Gottes- und Landfriede; in: Forschungen zur Deutschen Geschichte, Band XXI, S. 271 ff.
Osenbrüggen, Eduard: Der Hausfrieden. Erlangen 1857
Planitz, Hans: Die deutsche Stadt im Mittelalter. Von der Römerzeit bis zu den Zunftkämpfen. Köln 1954
–: Kaufmannsgilde und städtische Eidgenossenschaft in niederfränkischen Städten im 11. und 12. Jahrhundert. Weimar 1940
– u. Buyken, Theo: Bibliographie zur deutschen Rechtsgeschichte. Frankfurt/Main 1952
– u. Eckhardt, Karl-August: Deutsche Rechtsgeschichte. 3. erg. Auflage. Köln 1971
Plöchl, Willibald: Geschichte des Kirchenrechts, Band 1 bis 5. München 1960–1970
Quirin, Heinz: Einführung in das Studium der mittelalterlichen Geschichte. Braunschweig 1964
Riezler, Sigmund von: Geschichte Baierns. Neudruck der 2. Auflage Stuttgart 1927. Aalen 1964
Rosenstock, Eugen: Königshaus und Stämme in Deutschland zwischen 911 und 1250. Repr. der Ausgabe Leipzig 1914. Aalen 1965
–: Landfriedensgerichte und Provinzialversammlungen vom neunten bis zum zwölften Jahrhundert. Diss. jur. Heidelberg 1910 (Teilausg.)
–: Herzogsgewalt und Friedensschutz. Deutsche Provinzialversammlungen des 9. bis 12. Jahrhunderts. Repr. der Ausgabe Breslau 1910. Aalen 1969
Sackur, Ernst: Die Cluniacenser in ihrer kirchlichen und allgemeingeschichtlichen Wirksamkeit bis zur Mitte des elften Jahrhunderts. Repr. der Ausgabe 1892–1894 Halle a. d. Saale. Darmstadt 1965
Scheyhing, Robert: Eide, Amtsgewalt und Bannleihe. Eine Untersuchung zur Bannleihe im hohen und späten Mittelalter. Forschungen zur deutschen Rechtsgeschichte, Band 2. Köln 1960

Schmidt, Eberhard: Einführung in die Geschichte der deutschen Strafrechtspflege. Dritte, völlig durchgearbeitete und veränderte Auflage. Göttingen 1965
Schnelbögl, Wolfgang: Die innere Entwicklung der bayerischen Landfrieden des 13. Jahrhunderts. Deutschrechtliche Beitr. Bd. XIII, Heft. 2. Heidelberg 1932
–: Besprechung von J. Gernhuber, Die Landfriedensbewegung in Deutschland bis zum Mainzer Reichslandfrieden von 1235; in: ZRG 70 (1953), S. 344–347
Schröder, Richard u. Künßberg, E. Frh. v.: Lehrbuch der deutschen Rechtsgeschichte. 7. Auflage, Berlin 1932
Seagle, Wilhelm: Weltgeschichte des Rechts. Eine Einführung in die Probleme und Erscheinungsformen des Rechts. 3. Auflage, München 1967
Sémichon, Ernest: La paix et la trève de Dieu. Paris 1857
Sjöholm, Elsa: Rechtsgeschichte als Wissenschaft und Politik. Studien zur germanistischen Theorie des 19. Jahrhunderts. Diss. jur. Stockholm. Berlin 1972
Sohm, Rudolf: Die Fränkische Reichs- und Gerichtsverfassung. Leipzig 1911
Sprandel, Rolf: Ivo von Chartres und seine Stellung in der Kirchengeschichte. Stuttgart 1962
Stengel, Edmund E.: Abhandlungen und Untersuchungen zur mittelalterlichen Geschichte. Köln-Graz 1960
Stickler, Alfonso Maria: Historia iuris canonici latini Historia fontium. Turin 1950
Stobbe, Otto: Geschichte der deutschen Rechtsquellen. Leipzig 1860
Tellenbach, Gerd: Wann ist das deutsche Reich entstanden? in: Wege der Forschung, Bd. I, S. 171 ff. Darmstadt
–: Vom Karolingischen Reichsadel zum deutschen Reichsfürstenstand; in: Wege der Forschung, Bd. II, S. 191 ff. Darmstadt 1972
Timm, Albrecht: Der Friedensgedanke im Mittelalter; in: Wissenschaft und Friede, Drei Vorträge von P. Thieme, G. Mende, A. Timm, vorgetragen im Winter 1951/52 in der Martin-Luther-Universität Halle-Wittenberg
Töpfer, Bernhard: Volk und Kirche zur Zeit der beginnenden Gottesfriedensbewegung in Frankreich. Berlin 1957; zitiert: Volk und Kirche
Voigt, Karl: Staat und Kirche von Konstantin dem Großen bis zum Ende der Karolingerzeit. Repr. der Ausgabe von 1936. Aalen 1965
Wasserschleben, Friedrich Wilhelm Hermann: Zur Geschichte der Gottesfrieden; in: ZRG 12 (1891), S. 112–117
Wadle, Elmar: Heinrich IV. und die deutsche Friedensbewegung; in: Vorträge und Forschungen Bd. XVII, S. 141–173. Sigmaringen 1973
Waitz, Georg: Deutsche Verfassungsgeschichte, Band I bis VIII. Berlin 1876 ff.
Weiland Ludwig: Besprechung von L. Huberti, Die Entwicklung der Gottesfrieden in Frankreich; in: ZRG 14 (1893), S. 152–156
Werkmüller, Dieter: Über Aufkommen und Verbreitung der Weistümer. Berlin 1972
Wernli, Fritz: Die Entstehung der schweizerischen Eidgenossenschaft. Verfassungsgeschichtliche und politische Entwicklung in Wechselwirkung. Uznach 1972

Wilke, Karl: Das Friedegebot. Ein Beitrag zur Geschichte des Strafrechts. Heidelberg 1911

Winterfeld, Luise: Nochmals Gottesfrieden und deutsche Stadtverfassung; in: ZRG 54 (1934), S. 238–240

Wohlhaupter, Eugen: Studien zur Rechtsgeschichte der Gottes- und Landfrieden in Spanien. Deutschrechtliche Beiträge Band XIV, Heft 2. Heidelberg 1933

Zallinger, Otto v.: Das Verfahren gegen die landschädlichen Leute in Süddeutschland. Ein Beitrag zur mittelalterlichen deutschen Strafrechtsgeschichte. Innsbruck 1895

III. Wörterbücher, Nachschlagewerke, Atlanten

Buchberger, Michael, Höfer, Josef (Hrsg.), Rahner, Karl (Hrsg.): Lexikon für Theologie und Kirche. 2. völlig neu bearbeitete Auflage, Band 1 bis 14. Freiburg 1957–1968

Du Cange, Charles u. Du Fresne Sieur: Glossarium Mediae et Infimae Latinitatis. Ed. nova aucta pluribus verbis aliorum scriptorum, Band I bis V. Graz 1954

Erler, Adalbert, Kaufmann, Ekkehard (Hrsg.): Handwörterbuch zur deutschen Rechtsgeschichte (Aachen – Kirchenordnung). Berlin 1964 ff.; zitiert: HRG

Georges, Karl Ernst: Ausführliches lateinisch-deutsches Handwörterbuch, Band I und II. Hannover 1972

Grässe, Johann Theodor Georg, Plechl, Helmut (Hrsg.): Orbis latinus. Lexikon lat. geographischer Namen des Mittelalters und der Neuzeit. Großausgabe, Band I bis III. Braunschweig 1972

Habel, Edwin: Mittellateinisches Glossar. 2. Auflage, Paderborn 1959

Jedin, Hubert: Atlas zur Kirchengeschichte. Basel-Wien 1970

Niermeyer, Jan Frederik: Mediae Latinitatis Lexicon Minus. Leiden 1954 bis 1958

Oesterley, Hermann: Historisch-geographisches Wörterbuch des deutschen Mittelalters. Repr. der Ausgabe von 1883. Aalen 1962

Spindler, Max: Bayerischer Geschichtsatlas. München 1969

Abkürzungen

(Aufgenommen sind nur häufig verwendete Abkürzungen)

AUF	Archiv für Urkundenforschung
HRG	siehe Erler-Kaufmann, Handwörterbuch zur Deutschen Rechtsgeschichte
LThK	siehe Buchberger-Höfer-Rahner, Lexikon für Theologie und Kirche
MGH	Cap., Const., LL, SS: Monumenta Germaniae Historica Capitularia, Constitutiones, Leges, Scriptores
ZRG	Zeitschrift der Savigny-Stiftung für Rechtsgeschichte, Germ. Abteilung Kan. Kanonistische Abteilung

EINLEITUNG

1. Gegenstand

Die vorliegende Untersuchung widmet ihr Interesse den frühen Zeugnissen der das hohe und späte Mittelalter prägenden Friedensbewegung, die in den sogenannten „Reichsfrieden" den Beginn der „Reichsgesetzgebung" markieren[1]. Daß diese Qualifizierungen – und zwar beide – eher geeignet sind, Fragen aufzuwerfen als zu klären, hat E. Wadle[2] jüngst zu Recht betont. Die gesamte mittelalterliche Friedensbewegung birgt zahlreiche Problemkomplexe mit noch mehr Einzelfragen[3]. So muß sich auch diese Arbeit auf einen Teilaspekt beschränken, dessen Klärung aber Voraussetzung für die Beantwortung weiterer sich stellender Fragen ist. Sie beschäftigt sich mit den Friedenszeugnissen des ostfränkischen Reiches bis zur ersten größeren zeitlichen Zäsur 1105, dem Jahr vor dem Tod Heinrichs IV., womit die Reihe der ersten Frieden einen gewissen Abschluß zu erreichen scheint. Erst im Jahre 1119 wird Heinrich V. wieder mit einer Friedensaufrichtung tätig. Kennzeichnet somit das erste Jahrfünft des 12. Jahrhunderts den Endpunkt, so muß die Untersuchung für den Anfangspunkt zurückgreifen auf den westfränkischen Friedenskreis, dessen Bedeutung im Verlauf der Untersuchung auch für unsere Fragestellung sichtbar wird, und damit zurückschauen in das ausgehende 10. Jahrhundert und in den Raum Aquitaniens und Burgunds[4].
Im Betrachtungsschwerpunkt, dem ostfränkischen Raum, stehen für die oben skizzierte Zeit insgesamt zehn[5] ausführlichere Quellentexte zur Friedensbewegung zur Verfügung, ergänzt durch einige kürzere Zeugnisse über die Aktivitäten Heinrichs II. und Heinrichs III. Dazu werden aus der Vielzahl von westfränkischen Quellen[6] die für unsere Fragestellung wesentlichen 21 Quellen in Beziehung zum ostfränkischen Gebiet gesetzt[7].

[1] J. Gernhuber, Die Landfriedensbewegung in Deutschland, S. 81.

[2] E. Wadle, Heinrich IV. und die deutsche Friedensbewegung in: Vorträge und Forschungen, Bd. XVII, S. 141 ff.

[3] Vgl. H. Angermeier, Königtum und Landfriede, S. 14 ff.

[4] Mit den Begriffen „westfränkisch, ostfränkisch" soll der Unterschied im Gebietsbestand des Deutschen Reichs und Frankreichs moderner Prägung herausgestellt, vor allem aber ausgedrückt werden die Verflechtung des gesamten untersuchten Gebietes mit den noch in manchen Bereichen festzustellenden Nachwirkungen des fränkischen Reichs der Karolinger. Die Bildung des deutschen Reichs war außerdem zum Zeitpunkt der Untersuchung noch nicht abgeschlossen, insbesondere die Zuordnung der Mittelzone noch nicht geklärt. Den genauen Grenzverlauf zeigen die beigefügten Karten.

[5] Von der Friedensaufrichtung in Nordhausen, vgl. G. Meyer v. Knonau Bd. V, S. 224 ff., haben wir keinen Bericht, der nähere Schlüsse auf dessen Inhalt und Zustandekommen zuläßt.

[6] Eine ausführlichere Darstellung der westfränkischen Friedensbewegung findet sich bei H. Hoffmann, Gottesfriede und Treuga Dei.

[7] Eine übersichtliche Zusammenstellung der ostfränkischen Quellen-Zeugnisse findet sich

2. Fragestellung

Diese Quellen enthalten umfangreiches Wortmaterial zur Frage des Zustandekommens der Frieden, insbesondere zur Frage des Verpflichtungsgrundes der Institute. Es ist die Rede von „lex" und „pactio", von „decretum est"[8], von „tam clero quam populo pari voto consentientibus", von „edocuimus", „constitutio pacis", von „pacem cum aliis Deo promittere"[9], von „iurare" und „confirmatum est iureiurando"[10] von „manu firmare"[11] und von „statuere" und „convenit ut pacem faceret"[12].

Dies sind längst nicht alle Begriffe zum Fragenkreis Entstehung und Verpflichtungsgrund, sie stehen nur beispielhaft. Je dezidierter und ausführlicher die Quelle, um so mehr an Begriffen, um so verwirrender, ja auf den ersten Blick widersprüchlicher scheint sie, wie z. B. beim Frieden von Lüttich, wo zunächst völlig getrennt von „lex", dann von „pactio", zwei Begriffen mit konträrer Bedeutung im klassischen Verständnis, die Rede, schließlich aber „lex et pactio" zusammen stehen[13].

Die bisherige Forschung hat die Vielfalt dieser Aussagen nicht voll gewürdigt, sondern sie unter einseitiger Herausstellung eines Elements, meist des Eides, in vorformulierte Systematiken gebracht, die die spezifische Bedeutung meist verschütteten. Die Frage nach dem Verständnis dieses Wortmaterials ist entsprechend unbefriedigend[14]. Pauschalität, Statik anstelle von Dynamik und teilweise Anachronismus soll die folgende kurze Revue andeuten: O. Stobbe[15] behauptet für die frühen Zeugnisse unter Berufung auf A. Kluckhohn die Tatsache der Beeidung, ohne auf die Vielfalt des Verpflichtungsgrundes für den Frieden einzugehen, er spricht in einem Zug von Beeidung und Gebot des Bischofs. G. Waitz[16] typisiert die Frieden als „. . . durch Beschlüsse von Synoden eingeführt, als ein unmittelbares Gebot Gottes aufgefaßt, später vom Papst bestätigt und zu

---

für die Zeit bis 1235 bei J. Gernhuber, Die Landfriedensbewegung in Deutschland; für die Zeit von 1235 bis 1495 bei H. Angermeier, Königtum und Landfriede im deutschen Spätmittelalter.

8 So der Lütticher Friede: lex, decretum est, pactio (zweimal), lex et pactio.

9 So Kölner Friede und Mainzer/Bamberger Friede: in unum conventum est, tam clero quam populo pari voto consentientibus, edocuimus, decretum pacis, condita pax, haec pacis statuta traditio, ista pacis necessaria taxatio, pia institutio, pacem cum aliis Deo promittere, pax communiter collaudata.

10 So Bayerischer Friede von 1094; Elsässer Friede, Ende 11. Jhdt.; Pax Dei Incerta, Ende 11. Jhdt.; Mainzer Friede 1103; Schwäbischer Friede 1104.

11 So Mainzer Friede 1103.

12 So Konstanzer Friede von 1105, omnibus astipulantibus et collaudantibus, statuit, paci concordare et firmam custodire, de communi consensu decretum est.

13 Ein plastisches Bild von der Dynamik der Begriffe „pax" und „treuga" vermittelt für den westfränkischen Raum H. Hoffmann, Gottesfriede und Treuga Dei.

14 H. Hoffmann, Gottesfriede und Treuga Dei, S. 1, spricht von „Verzweiflung der Juristen gegenüber dem systemwidrigen Phänomen".

15 O. Stobbe, Geschichte der deutschen Rechtsquellen, S. 476.

16 G. Waitz, Deutsche Verfassungsgeschichte, Bd. VI, S. 538.

einem allgemeinen Kirchengesetz erhoben . . .“, für Ernst Mayer[17] beruhen alle Frieden auf einem eidlichen Gelöbnis, zurückzuführen auf den Untertaneneid. Bei R. Schröder-E. v. Künßberg[18] steht das Ergebnis von „Einrichtungen, durch Beschlüsse französischer Synoden ins Leben gerufen, dann in Burgund verbreitet . . . im deutschen Reich verkündet“. R. His[19] typisiert die frühen Friedensformen als beschworene Einung und bei C. v. Schwerin-H. Thieme[20] bleibt es bei der Verkündung durch die Kirche bezüglich der frühen Frieden. W. Ebel[21] beschäftigt sich zwar eingehender mit der Verbindlichkeit der späteren Frieden, für die frühen läßt er die Problematik offen.

H. Conrad[22] sieht in den frühen Frieden ebenfalls beschworene Institute, bei H. Planitz-K. A. Eckhardt[23] gründen die fraglichen Frieden auf die Schwurbrüderschaft. V. Achter[24] erklärt die Jahrtausendwende zu einem Wendepunkt und sieht in den vor der Wende liegenden beschworene Beschlüsse weltlicher und geistlicher Herren. K. Kroeschell[25] führt die letztliche Verpflichtung der frühen Frieden auf den Eid zurück, in der Quellenstelle des Kölner Friedensbriefs übersetzt er allerdings die entscheidende Passage des „Deo promittere“ mit einem einfachen „versprochen“, ohne die Eidesform sonst in der Übersetzung anzudeuten. J. Gernhuber[26] nivelliert die Bedeutung des Eides, geht aber von einem modern geprägten Begriffsdualismus Gesetz-Vertrag aus, in den er seine Untersuchung preßt. H. Hattenhauer[27] schließt sich dem ohne eigene Begründung an[28]. Zuletzt hat E. Wadle die Friedensordnungen alle auf eidlicher Selbstbindung beruhend bezeichnet[29].

Das unterschiedliche Ergebnis der hier zitierten Forschungsergebnisse deutet die Komplexität der Problematik schon an, die in der Frage nach dem eigentlich verpflichtenden Element liegt. Diese Untersuchung wendet sich der Frage zu, wo die verpflichtende Begründung der Frieden zu suchen, wie sie in wechselnden Begriffen mit wechselndem Inhalt sich zeigt. Sie setzt damit bei dem Punkt an, an

---

17 E. Mayer, Deutsche und Französische Verfassungsgeschichte, Bd. I, S. 182 f.

18 R. Schröder-E. v. Künßberg, Lehrbuch der deutschen Rechtsgeschichte, S. 713.

19 R. His, Strafrecht des deutschen Mittelalters, Bd. I, S. 3.

20 C. v. Schwerin-H. Thieme, Deutsche Rechtsgeschichte, S. 212.

21 W. Ebel, Geschichte der Gesetzgebung, S. 47.

22 H. Conrad, Deutsche Rechtsgeschichte, S. 348.

23 H. Planitz-K. A. Eckhardt, Deutsche Rechtsgeschichte, S. 134 f.

24 V. Achter, Gottesfriede in: HRG, Sp. 1762 ff., ferner Abhandlung über den Ursprung der Gottesfrieden.

25 K. Kroeschell, Deutsche Rechtsgeschichte I, S. 184 ff.

26 J. Gernhuber, Landfriedensbewegung in Deutschland, S. 41 ff.

27 H. Hattenhauer, Bedeutung der Gottes- und Landfrieden, S. 123 und 183.

28 Hans Hirsch, Die hohe Gerichtsbarkeit im deutschen Mittelalter, S. 150 ff., behandelt die Friedensproblematik unter strafrechtsgeschichtlichen Aspekten von der nomothetischen Seite her, ebenfalls E. Schmidt, Einführung in die Geschichte der deutschen Strafrechtspflege, S. 49.

29 E. Wadle, Heinrich IV. und die deutsche Friedensbewegung, in: Vorträge und Forschungen, Bd. XVII, S. 165.

dem J. Gernhuber mit der Feststellung „Die Reichsfrieden bezeichnen den Beginn der Reichsgesetzgebung“[30] aufgehört hat. Sie sucht aus der Dynamik der Quellensprache diese Frage zu klären, um die Eigenart der Frieden gegenüber dem, was die moderne Rechtswissenschaft unter Gesetzgebung bezeichnet, zu verdeutlichen. Für diese Darstellung eignet sich besonders der Beginn der Friedensbewegung, wo sich die Formen noch nicht verfestigt und vereinheitlicht haben, wo vielmehr tastende Schritte, Experimente und Veränderungen erst langsam zu einer gefestigten Form hinführen[31].

Die Untersuchung verzichtet auf die bisher gebräuchliche Kategorisierung von „Gottes-“ und „Landfrieden“, wie sie mit R. His[32] seit 1920 verbreitet ist, sie spricht nur von „Frieden“ und läßt die Quellen zeigen, welche Elemente jeweils im Einzelfall den Frieden ergeben, denn was heißt schon „durch weltliches Gesetz oder durch Einung“, was durch „geistliches“, was heißt „durch weltliches oder geistliches Gesetz oder durch Einung bewirkt“?

Ferner: Die Kategorie eines Idealtypus verlangt die Abstraktion, ein solches Verfahren schadet jedoch dem Versuch, die Entwicklung, den Werdegang eines Instituts und die Bedeutung seiner einzelnen Elemente darzustellen. Ein sprechendes Beispiel für die Gefährlichkeit solchen Unterfangens bieten J. Gernhuber und ihm folgend H. Hattenhauer für den Konstanzer Frieden von 1105. Er „sprengt den Rahmen“, die selbstgeschaffene Systematik und wird deshalb einfach ausgeschieden[33]. Entsprechendes gilt für den Streit um die Unterscheidung von „pax dei“ und „treuga dei“[34]. Der grundlegende Unterschied wird dort angesprochen, wo dies für unsere Fragestellung gerade notwendig.

Die Arbeit versucht der aus den Quellen sprechenden Vielfalt und der Eigenständigkeit des zeitgenössischen Rechtslebens nicht mit statischen Etiketten von Wortbedeutungen näherzukommen, einer Methode, deren Vertretern J. Béranger[35] vorwirft: „Ils ont opéré une classement sans tenir compte de la relativité des valeurs. Ils ont oublié que le mot projetait des reflets, changeant avec l'ambiance.“

Die Untersuchung hat vielmehr das Ziel, die Relativität der Begriffe zum Zustandekommen der Frieden, den ständigen Fluß der Wortbedeutung im Kontext der

[30] J. Gernhuber, Landfriedensbewegung in Deutschland, S. 81.

[31] V. Achter, Entstehung der Gottesfrieden, S. 6, der auf die Fragwürdigkeit einer Systematisierung in Form des Postulates „wesentlicher Bestandteil“ des Gottes- oder des Landfriedens und der damit eröffneten Möglichkeit einer gefälligen juristischen Subsumtion deutlich hinweist: „Wer die ersten noch unvollkommenen Versuche zu bloßen Vorläufern degradiert und sein Hauptinteresse nur den späteren angeblich vollkommenen Ausprägungen einer solchen Erscheinung zuwendet, verschließt sich selbst den Ausgang zu den geistigen Ursachen, die sich an den Unvollkommenheiten der Anfänge besser ablesen lassen.“

[32] R. His, Das Strafrecht des deutschen Mitteltalters, Bd. I, S. 7 ff.

[33] J. Gernhuber, Die Landfriedensbewegung in Deutschland, S. 43 f.; H. Hattenhauer, Die Bedeutung der Gottes- und Landfrieden für die Gesetzgebung, S. 129 f.

[34] Vgl. V. Achter, Über den Ursprung der Gottesfrieden, S. 18.

[35] Jean Béranger, Recherches sur l'aspect idéologique du principat, S. 132.

jeweiligen Quellenstelle zu sehen[36]. Sie möchte die Vielfalt der am Zustandekommen der Frieden mitwirkenden Kräfte und Formen am Beispiel der frühen Frieden aufzeigen. Gerade die frühe Periode mit tastenden Versuchen, ständigen Veränderungen vermag die Eigenart einer Entwicklung transparenter zu machen als eine schon abgeschlossene, bewährte Praxis[37] eines eingeführten Instituts.

3. Gang der Untersuchung

Der Weg zu diesem Ziel führt über die Frage nach den am Zustandekommen der Frieden im einzelnen beteiligten Personen oder Personengruppen und nach den jeweils spezifischen Formen der Beteiligung, zusammengefaßt unter dem Abschnitt Teilnehmerkreis und Teilnahmeform[38]. Dieser Fragestellung geht eine kurze Betrachtung des typologischen Befundes zu den verwendeten Quellen voraus, gekennzeichnet als Abschnitt „Typologischer Befund". Der Fragestellung nach Teilnehmerkreis und Teilnahmeform folgt dort, wo die Quellen selbst eine Typisierung des Friedens in rechtlicher Sicht mit rechtlichen Begriffen beinhalten, eine Beachtung dieser Typisierung (Textliche Typisierung der Friedensgebote) mit Blick auf die Fragestellung, was die für das Zustandekommen verwendeten Begriffe bedeuten.[38a]

Die Untersuchung ist für die schwerpunktmäßig interessierenden Frieden des ostfränkischen Gebietes chronologisch nach der Entstehungszeit der Frieden aufgebaut. Nur so läßt sich der oft nur nuancenhafte Wandel in der Bedeutung der Begriffe vor dem zeitlichen Kontext verdeutlichen, wenngleich dadurch eine gefällige Übersichtlichkeit verlorengeht.

Die Arbeit beginnt mit den einzelnen ostfränkischen Quellenzeugnissen. Das Ergebnis dieser Untersuchung wird dann anhand einer Zusammenfassung der drei wesentlichen Entwicklungsstufen im westfränkischen Bereich verdeutlicht und zur Abrundung des Bildes nach der Position der Kirche zu den gefundenen Verpflichtungsformen gefragt. Dabei wird exemplarisch das direkt vom Papst zusammengerufene Konzil von Clermont (1095), auf dem auch ein Friede verkündet wurde, herangezogen, wird die Gratian'sche Rechtssammlung und schließlich Ivo von Chartres als Zeitgenosse der Friedensbewegung nach den dort verwendeten Verpflichtungsformen gefragt.

Schließlich sollen die Resultate der Untersuchung zusammengefaßt und im Ergebnis die besondere Rolle des Eides herausgestellt und eine Charakterisierung des Eides bezüglich seiner Herkunft versucht werden.

[36] Vgl. dazu L. Wittgenstein, Philosophische Untersuchungen, S. 19; ferner S. Gagnér, Ideengeschichte, S. 55.

[37] Darauf hat auch schon V. Achter, Über den Ursprung der Gottesfrieden, S. 6, hingewiesen.

[38] Auf diesen Aspekt, den die bisherige Forschung zu wenig berücksichtigte, haben hingewiesen G. Åquist, Frieden und Eidschwur, S. 28; ferner K. Kroeschell, Deutsche Rechtsgeschichte, Bd. I, S. 198, letzterer mit seiner Forderung, den Geltungsgrund der Frieden durch Ermittlung der Struktur der Rechtsgemeinschaft zu eruieren.

[38a] Freilich sind diese Ergebnisse der Geschichtsschreibung nicht voll juristisch verwertbar.

1. TEIL: DIE OSTFRÄNKISCHEN FRIEDENSQUELLEN

Kapitel 1
Der Lütticher Friede nach dem Bericht des Ägidius von Orvall (1082)[1]

§ 1 Typologischer Befund

Auf einem Territorium besonderen Charakters beginnt die Geschichte der von Bischöfen ausgehenden und von ihnen getragenen Frieden, die im Rahmen dieser Untersuchung relevant sind, im Bistum Lüttich. An der Grenze des ostfränkischen Reiches zu Westfranken in der Kirchenprovinz Köln gelegen, nahm dieses Bistum eine verbindende Stellung zwischen dem west- und ostfränkischen Gebiet ein. Aus diesem Grenzbistum ist uns der älteste ostfränkische Friede erhalten. Allerdings besitzen wir den Friedenstext nicht in einer authentischen Urkunde, sondern haben ihn nur inhaltlich überliefert durch den Chronisten Aegidius Aureaevallis, einen Mönch der Zisterzienserabtei Orvall. Er schrieb eine Geschichte der Lütticher Bischöfe um die Mitte des 13. Jahrhunderts[2], also knapp 170 Jahre nach dem Ereignis der Friedenseinsetzung. Ob ihm dabei eine Friedensurkunde im Original oder ein authentischer Bericht als Zusammenfassung aller wichtigen Beschlüsse vorgelegen hat oder ob er sich auf Informationen aus zweiter Hand stützen mußte, bleibt offen, damit auch der Schluß auf die Authentizität des überlieferten Inhalts im einzelnen.

Ungeklärt bleibt ferner, wieviel an späteren Veränderungen in den Text kam, was bei einem Abstand von 170 Jahren durchaus möglich ist. Unter diesen Vorzeichen steht die weitere inhaltliche Betrachtung des Textes, der wohl kurz als eine Zusammenfassung des längeren originären Friedenstextes charakterisiert werden kann.

So viel ist aber sicher: Die von S. Herzberg-Fränkel[3] behauptete Einfügung des Festes des hl. Lambert zu späterer Zeit, die ihm als einziges Beispiel dafür dient,

---

[1] MGH Const I, 603 Anm. 1, Datierung auf 1082 richtig; S. Herzberg-Fränkel, Die ältesten Gottes- und Landfrieden in Deutschland, S. 131, und A. Kluckhohn, Geschichte des Gottesfriedens, S. 66, nimmt das Jahr 1081 an, zur Korrektur dieser Angabe vgl. G. Meyer von Knonau, Heinrich IV., Bd. III, S. 468 Anm. 45, Aegidius ließ das Jahr an Ostern beginnen! Zur Geltungsdauer des Friedens vgl. L. Hüttebräucker, Ein Kampf um das Lütticher Friedensgericht in AUF 1930, 258 ff.

[2] Nach Joh. Heller (Pertz SS XXV, S. 2) zwischen 1247 und 1251; der Verfasser Aegidius (Gilles d'Orvall) hat die Entstehung zweimal überliefert, in SS XXV, 90 und in Gesta abbreviata SS XXV, 131; vgl. E. Wadle, Heinrich IV. und die deutsche Friedensbewegung, in Vorträge und Forschungen, Bd. XVII, S. 144.

[3] S. Herzberg-Fränkel, Die ältesten Gottes- und Landfrieden in Deutschland, S. 132 f.

generell die Verfälschung des Textes zu behaupten, entbehrt der historischen Richtigkeit. Nicht erst nach der Eroberung Bouillons durch Bischof Adalbero II. ist das Fest des Heiligen eingeführt worden, das Fest bestand vielmehr schon, wie die von S. Herzberg-Fränkel herangezogene Quellenstelle des Triumphus Sancti Lamberti de Castro Bullonio für 1141 – richtig übersetzt – beweist[4]: Die Textstelle spricht vom Gedächtnisfest des Heiligen, setzt also die erfolgte Einführung des Festes voraus.

§ 2 Teilnehmerkreis und Teilnahmeform

1. episcopus und principes terrae bei Vorbereitung der Versammlung

Getreu der Thematik einer Bischofschronik steht der Bischof im Mittelpunkt des Berichts. Nach Schilderung der Situation in der Diözese, der verbreiteten Raubzüge, gibt der Chronist die Vorgeschichte des Friedens wieder: „Unde maximo dolore commotus Henricus[5] episcopus saepe convenit et multum instituit, ut principes terrae legem aliquam ponerent, cuius timore cessarent tot illa homicidia, et cetera mala intolerabilia."

Der Bischof erscheint als der Initiator einer Abhilfe gegen verbreiteten Raub und Plünderung, allerdings als die allein nicht mächtige Person, dem Unwesen Herr zu werden, vielmehr wird sein Angewiesensein auf andere Kräfte, die principes terrae, deutlich.

Die principes terrae sind namentlich aufgeführt: Comes Namucensis[6], dessen Bruder Henricus[7], ein comes palatinus[8], ein marchio[9], comes Conrardus[10], comes Henricus de Lemburch[11], comes Henricus de Lache[12], comes Arnulphus de Los[13],

---

[4] Bei dem hier genannten hl. Lambert handelt es sich um den anläßlich einer Fehde ermordeten Bischof von Maastricht, der bald nach seinem Tod verehrt wurde. Bereits 717/718 wurde bei Verlegung des Bischofssitzes von Maastricht nach Lüttich durch den später ebenfalls als Heiligen verehrten Hubert der Leichnam nach Lüttich übertragen. Sein Fest wurde seit dem 8. Jahrhundert im ganzen Frankreich gefeiert. Davon geht auch die von Herzberg-Fränkel angegebene Stelle aus, wenn sie für das Jahr 1141 berichtet: „Dum haec in exercitu ageretur, venit nox (sacratissima), in qua memoria agitur gloriosi Martyris . . . Igitur 15. Kal. Octobris in natalitio beati Martyris, ut se quisque ad assultum praepararet, edictum est in Castris (MGH SS XX, S. 509), vgl. dazu auch A. M. Zimmermann, Art. Lambert in: Lexikon für Theologie und Kirche, Bd. VI, Sp. 758.

[5] Bischof Heinrich I. trägt den Namen Henricus Pacificus.

[6] Albert III. von Namur vgl. dazu Anm. 1 in SS XXV, 90.

[7] Der Graf Heinrich von Durbuy, der Bruder Alberts.

[8] Pfalzgraf Hermann II. (1061–1085).

[9] Markgraf Godefridus IV. von Antwerpen.

[10] Graf Konrad von Lützelburg.

[11] Graf Heinrich von Limburg, Pfalzgraf ab 1095 – Limburger Graf.

[12] Graf Heinrich von Laach.

[13] Graf Arnulf von Los.

comes de Loviniaco[14], comes Cono de Horri[15]. Weniger die Namen, mehr das Amt und der Amtsbereich scheinen dem Chronisten überliefernswert. Diese beiden Punkte prägen auch das Verhältnis Bischof zu „principes terrae". Es sind ein Markgraf und neun Grafen von Niederlothringen. Das Grafenamt verband die Verwaltung der Grafschaft und das Richteramt im echten Ding; der Graf war oberster Verwaltungsbeamter und verantwortlich für die Ordnung in seinem Gebiet, Funktionen, die aus der Zeit des Frankenreiches weiterlebten[16]. Wollte der Bischof über den religiösen Appell hinaus zu einer faktischen Befriedung in seinem Bistum gelangen, so konnte er an diesen Männern und ihrer Funktion nicht vorbeigehen. Nun waren – mangels Nachweises von Schenkungsvorgängen – die angeführten Grafen lehensmäßig nicht vom Bischof abhängig, obwohl durch die seit Kaiser Otto üblichen Schenkungen gerade in der Diözese Lüttich zahlreiche Grafschaften an die Kirche gelangten und diese dann die Grafen damit belehnte. 985 hatte der Bischof von Lüttich durch Otto die „comitatus Hoiensis" erhalten. König Heinrich III. schenkte 1040 dem Bischof „comitatum Arnoldi comitis nomine Haspinga in pago Haspingow situm"[17]. Heinrich IV. fügte 1070 die Grafschaft Lustin dazu[18], außerdem waren Hennegau[19] und Valenciennes Lehen von Lüttich. Die Dotationen gehen auch nach der Entstehungszeit des Friedens weiter, für unsere Frage ist aber nur die Zeit bis zur Entstehung interessant, aus folgendem Grund: Von den in der Chronik genannten beteiligten Grafen und dem Markgrafen findet sich nach der Quellenlage keiner unter den Lehensträgern des Bischofs von Lüttich. Sie sind also vom Bischof unabhängig. So wird das „saepe convenit et instituit" zu einem mehr moralischen Appell des Bischofs, nicht zu einer aus der Lehenspflicht (Gefolgschaft) erwachsenden Aufforderung der principes, tätig zu werden im Sinne einer Bekämpfung des Raubes und der Beutezüge[20]. Der Bischof geht sie an, weil sein geistliches Diözesangebiet sich in den weltlichen Herrschaftsbereich der Grafen hineinerstreckt, weil dort die principes Garanten des äußeren Friedens sind.

„Ut legem aliquam ponerent" beschreibt der Chronist das Ziel der Bemühungen des Bischofs um die principes. Mit der Fixierung des Inhaltes von „lex" könnte man sich eine gewisse Typisierung dessen, was der Friede seinem Rechtscharakter nach darstellt, erhoffen.

„Aliqua lex" deutet nach klassischem Verständnis definitiv auf ein „bestimmtes

[14] Graf Heinrich III. von Loewen.

[15] Genaue Ortsangabe offengelassen in MGH SS XXV, 90, vielleicht Montaigu (vgl. G. Meyer von Knonau, Bd. III, S. 468 ff.).

[16] Vgl. H. Conrad, Deutsche Rechtsgeschichte S. 103 und 251.

[17] MGH Diplomata I, 264.

[18] MGH Diplomata IV, 1 Nr. 234.

[19] Vgl. J. Ficker, Reichsfürstenstand I, S. 111.

[20] Um einen ähnlichen Vorgang handelt es sich bei der in Chronicon Sancti Huberti (MGH SS VIII, 609/610) wiedergegebenen Unterstützung des Nachfolgers des Friedensbischofs Heinrich, Otbert, gegen den Grafen von Löwen durch andere Grafen.

Gesetz“ hin, inwieweit aber dieser erste Eindruck von Bestand ist, erhellt die Untersuchung H. Krauses[21] zur Bedeutung des Wortes „lex“ in der sächsischen und salischen Kaiserzeit. Das 10. und 11. Jahrhundert verstehen unter „lex“ überwiegend das Recht allgemein, die objektive Rechtsordnung und das „legem facere“ damit als „Recht setzen“, „jemandem zu seinem Recht verhelfen“. Und in diesem Sinne paßt es konsequent zu den Grafen, an die sich die Aufforderung richtet: Die Grafen haben das Richteramt im echten Ding inne, sie sind in der Lage, durch konsequente Anwendung des Rechts gegenüber den Störern Ordnung und Frieden in ihren Territorien herzustellen, ihre spezifische Aufgabe, in die sie der Bischof zugunsten der bedrängten Kirche nimmt, wobei die aus karolingischer Zeit stammende Rolle der Grafen als defensores ecclesiae[22] fortgewirkt haben mag. Die Furcht vor diesem gesprochenen Recht sollte von den Räubereien abhalten.

2. *Erlaß des Friedens*

a) episcopus pacem instituit Ägidius berichtet: „Quapropter cum magno labore et magnis sumptibus (episcopus) pacem instituit teneri infra episcopatum; hoc etiam assensu domini pape et imperatoris Henrici et horum principum quorum ista sunt nomina: . . .“

Die führende Rolle des Bischofs im Rahmen der Vorgeschichte wird fortgesetzt mit der Schilderung des Erfolges, den seine Bemühungen hatten – allerdings unter großer Anstrengung und großem Aufwand, wohl gewisse Dotationen an die Grafen. Der Bischof setzt autoritativ den Frieden, d. h. die Inhalte des Friedensgebotes fest, über deren Einhaltung die principes terrae durch Verhängung von Sanktionen wachten. Die principes waren nicht an der autoritativen Setzung beteiligt, ihre Rolle wird im Verlauf der Untersuchung noch einmal verdeutlicht[23]. Bemerkenswert erschien dem Chronisten aber auch die Tatsache eines assensus zum Friedensgebot des Bischofs:

---

[21] H. Krause, Kaiserrecht und Rezeption, S. 26 ff.; W. Ebel, Geschichte der Gesetzgebung, S. 13; über die verschiedenen Bedeutungen von „lex“ im frühen Mittelalter (8.–11. Jhdt.) vgl. die statistische Zusammenstellung bei G. Köbler, Das Recht im frühen Mittelalter, S. 76 ff., S. 201 ff., S. 227; über den Begriff von „lex“ als objektivem Recht im 12. Jhdt. vgl. K. Kroeschell, Recht und Rechtsbegriff im 12. Jhdt., in Vorträge und Forschungen Bd. XII, S. 319 ff. Der Dualismus ius = Recht, lex = Gesetz ist dem Hochmittelalter unbekannt. K. Kroeschell weist nach Klärung der Bedeutung des Wortes ius auf die Bedeutung von lex hin und charakterisiert lex als die Bezeichnung für objektives Recht, aber in konkreterem Sinn als in unserer Zeit die abstrakte Rechtsnorm verstanden wird, es ist das Recht, das wirklich in Gebrauch ist, das man übt.

[22] Capitula a Missis Dominicis ad Comites directa (MGH Cap. I, S. 183 Nr. 85), wo den Grafen in § 1 die Unterstützung der Bischöfe anbefohlen wird.

[23] Vgl. unten assensus imperatoris Henrici et principum und consilio et voluntate decretum est.

b) assensus domini pape[24] Die Zustimmung des Papstes als dem Oberhaupt der Kirche soll dem Angeordneten besondere Bedeutung verleihen, die Verbindlichkeit durch die Rückkoppelung an die päpstliche Autorität unterstreichen, insbesondere in Verbindung mit der Exkommunikationsdrohung bei Bruch des Friedens, die generell ausgesprochen ist neben den weiteren Unrechtsfolgen, darunter auch die Vertreibung aus der Diözese. Welcher Papst den assensus tätigte, bleibt beim Chronisten offen. Vorsicht ist am Platze, ob er hier nach einem Zeitraum von 170 Jahren nicht ein anderes, später liegendes Ereignis mit dem Friedenstext verbindet, nämlich die Verkündung des Friedens als allgemeines Gebot für die Christenheit durch Papst Urban II. (1088 bis 1099) im Jahr 1095 zu Clermont[25]. Geht man aber davon aus, daß eine päpstliche Bestätigung stattgefunden hat, so könnte die Untersuchung im Zusammenhang mit dem kaiserlichen assensus, der auch an anderer Stelle[26] bezeugt ist, in der Frage nach dem Namen des Papstes weiterhelfen.

c) assensus imperatoris Henrici et principum War der assensus des Papstes im Bericht des Chronisten – da nur dort erwähnt – noch mit Vorsicht zu behandeln, so bestätigt die Aktivität durch Kaiser Heinrich und die principes noch eine weitere Quellenstelle im Magnum Chronicon Belgic.[27]: „. . . pax anno pontificatus Henrici XIV. in expeditione romana per Henricum regem IV. et principes confirmata, et episcopo Henrico datae litterae . . .“[28].
Der unterschiedliche Sprachgebrauch – „assensus“ bei Aegidius einerseits und „conformatio“ im Chronicon andererseits – dürfte für ein- und denselben Vorgang stehen und mehr sein als eine formlose positive Haltung des Kaisers und der Fürsten zu der Aktion. Gerade der Hinweis auf die schriftliche Übermittlung der Bestätigung durch den Kaiser an den Bischof gibt diesem Akt eine stärkere formelle Bedeutung im Sinne einer Bestätigung. Wirkung dieser Bestätigung konnte nur sein die Anerkennung des Friedens-Gebotes auch als weltlich verbindliche Norm im Rahmen des vom Bischof und den angegangenen Großen bestimmten Geltungsbereiches. Kaiser und Reichsfürsten leihen ihre Macht dem kirchlichen Spruch[29]. Die Friedensgebote werden auf eine andere Ebene – die Reichsebene – gestellt und erhalten durch den Beitritt von Kaiser und Fürsten des Reiches eine höhere Bedeutung. Der Kreis der hier angesprochenen Fürsten unterscheidet sich nämlich von dem direkt in Lüttich durch den Bischof angegangenen, es handelt sich um den Kaiser begleitende Fürsten.

---

24 Der Name ist nicht beigefügt.

25 Vgl. W. M. Plöchl, Geschichte des Kirchenrechts Bd. II, S. 350.

26 Vgl. Pistorius, Rer. Germ. Scr. III, 136.

27 Pistorius, Rer. Germ. Scr. III, 136.

28 Friedrich I. erneuerte 1155 dem Bischof Heinrich II. von Lüttich diesen Frieden und bestätigte ihn (vgl. S. Herzberg-Fränkel, Die ältesten Gottes- und Landfrieden in Deutschland, S. 131).

29 Schon bei Karl dem Großen finden Synodenbeschlüsse kaiserliche Bestätigung und werden zu weltlich verbindlichen Normen.

Ein Romzug Heinrichs fand im Jahre 1081[30] statt und brachte für Heinrich die Kaiserkrönung durch den Gegenpapst Gregors VII., Clemens III.[31]. Vielleicht liegt hier der Schlüssel für die Antwort auf die Frage nach dem Namen des Papstes. Handelt es sich um die Zustimmung zum Frieden durch den Gegenpapst Clemens III., mit dem sich Heinrich verbunden hatte? Die enge Beziehung zwischen dem den Frieden bestätigenden Heinrich und den Heinrich zum Kaiser krönenden Papst macht diese Annahme wahrscheinlich, um den Bischof zu seinem und des Königs Bundesgenossen im Kampf gegen Papst Gregor zu gewinnen[32].

d) consilio et voluntate – consensu – decretum est „. . . consilio et voluntate – consensu – decretum est, ut . . ." fährt der Chronist im Anschluß an die Namensnennung der Grafen mit dem Inhalt des Beschlusses fort.
Die petitio ist dem horum omnium im Genitivus Objectivus zugeordnet, wonach der Bischof alle genannten Amtsträger in dem besagten Anliegen anging. Hier schildert der Chronist die Vollendung des Vorgangs, den er eingangs mit „saepe convenit et instituit" umschrieben hatte. Zu dem „consilio et voluntate" steht das „horum" dagegen im Genitivus Possessivus. Als Beteiligungsform begegnet uns der Terminus des „consilium" noch öfter im Verlaufe dieser Untersuchung. Seine Wurzeln reichen in die fränkische Zeit. In der über die Formelhaftigkeit hinausgehenden Bedeutung findet er sich in den Lehenseiden im „consilium et auxilium"[33], Verpflichtungen, die der Lehensmann zu leisten hatte. Rat und Tat werden generelle Folgepflicht aller Vasallen[34]. Diesbezüglich weist das „consilium" auf eine gewisse Abhängigkeit, auf eine Folgepflicht der namentlich genannten Beteiligten; es scheint das obige Ergebnis der Lehensunabhängigkeit vom Bischof zu widerlegen. Dies ist aber nicht der Fall, da als zweites Element zum „consilium" nicht „auxilium" tritt, sondern „voluntas". Voluntas erscheint in zeitgenössischen Urkunden in Verbindungsformeln wie „consensu et voluntate" oder „cum consilio et voluntate et rogatu". Zur Bedeutung des „voluntas" läßt sich eine ebenfalls aus Lothringen erhaltene Urkunde etwas jüngeren Datums anführen, die „voluntas" als eine starke Position des Herrn, des Trägers, versteht, nämlich dahin, daß der Herr die Höhe der Abgaben „secundum voluntatem suam", nicht „secundum iustitiam" festsetzen kann[35]. „Voluntas" wird zum Kennzeichen für einen rechts-

---

30 Auf die Unrichtigkeit der Datierung in das Jahr 1071 weist schon A. Kluckhohn, Geschichte des Gottesfriedens (S. 66) hin, weil zu dieser Zeit kein Romzug stattgefunden hat, ebenso ist die Jahresangabe 1088 abzulehnen.

31 Vgl. zu der auf dem Romzug erfolgten Bestätigung durch Heinrich IV. auch G. Meyer v. Knonau, Heinrich IV., Bd. III, S. 468, der hier allerdings ohne irgendeinen konkreten Beleg die Beeidigung des Friedens behauptet.

32 Daß allein Clemens in dieser Situation in Betracht kommt, stellt auch H. Hoffmann, Gottesfriede und Treuga Dei, S. 220, fest.

33 Vgl. Versammlung von Meersen 851 in MGH Cap. II, 72 und 73; ferner 858 Karl der Kahle in MGH Cap. II, 296.

34 H. Mitteis, Lehnrecht und Staatsgewalt, S. 59.

35 V. Achter, Geburt der Strafe, S. 55, schildert aus der in Preuves servans a l'histoire de

bildenden Faktor, den Willen des Herrschers. Dieses Verständnis von „voluntas" fügt sich in die Landschaft unseres Textes konsequent ein und gibt ein einheitliches Bild für die Interpretation des „consilio et voluntate": Die Grafen stehen als politisch-reale Macht neben dem Bischof, nicht unter ihm, und garantieren in dieser Position durch die Mitwirkung an den Sanktionen die Durchführung des bischöflichen Beschlusses. Gleichzeitig wird mit dieser Formel festgestellt, daß das verkündete Friedensgebot auf der Übereinkunft mit den Großen beruht. Wir finden diese Form sehr häufig in dem „consensu atque consilio", diese beschreiben exakt den Gesamtvorgang der Beratung und dann der Übereinkunft. Die freie, vom Bischof unabhängige Position, wie sie in dem „consilio et voluntate" zum Ausdruck kommt, bestätigt die Bemerkung des Chronisten, daß der Bischof nur auf Grund von „magnis sumptibus" Erfolg in seinem Bitten hatte. Die weltlichen Mächtigen ließen sich ihre Bereitschaft der Mitwirkung gut honorieren, was ein bezeichnendes Licht auf die Ernsthaftigkeit der bischöflichen Friedensabsicht wirft[36].

e) collaudante omni populo Der Chronist schließt: „Hec omnia venerabilis Henricus episcopus omnium consensu, et collaudante omni populo, infra Leodiensem episcopatum teneri instituit"[37].

Das „omnium consensu" muß wieder auf die principes terrae bezogen werden, wiederholt das, worüber eben gehandelt wurde. Ein weiteres Element tritt aber zu den principes hinzu. Es kann sich hier nicht um eine Wiederholung bereits geschilderter Vorgänge handeln, also um einen bereits genannten Personenkreis, der Terminus des omnis populus steht kumulativ zu den bisher besprochenen Rollenträgern. Damit scheidet die Einengung des Verständnisses von populus auf adelige Gefolgs- und Lehensherren nicht gänzlich aus, eine Begrenzung des Personenkreises, wie sie K. Bosl[38], allerdings ohne Quellenbeleg, für die Königswahl behauptet. Vielmehr nahmen an den Diözesansynoden neben dem hohen Adel, dessen Beteiligung bereits abgehandelt wurde, auch bischöfliche Beamte und Vasallen sowie die bischöflichen Ministerialien teil. Sie wird man in dem Begriff erfassen. Darüber hinaus wird man davon ausgehen können, daß auch die Bürger der Bischofsstadt darunter zählen. Der Lütticher Friede steht nicht am Anfang der Friedensentwicklung überhaupt, er baut auf der westfränkischen – wie

---

Lorraine IV, Nancy 1728 col. CCCXXV wiedergegebenen Stelle die Entwicklung des Verständnisses von voluntas vom Willen eines Menschen allgemein hin zum Willen des Herrschers.

36 Zur Rolle des consensus bzw. consilium als Feststellung, daß das verkündigte Gebot im Bewußtsein der Gesamtheit lebe und gelte vgl. F. Kern, Gottesgnadentum, S. 129 f., ferner Anhang VIII, Anmerkung 280.

37 Die Stelle in Gesta abbr. SS XXV, 131 berichtet diese Tatsache nicht; zum Streit über die Glaubwürdigkeit der beiden Berichte vgl. A. Jolis, Observation sur la XIe siècle, in: La Paix, Recueils de la societé Jean Bodin XIV (Brüssel 1961/1962) I, S. 513 f.

38 K. Bosl, Frühformen der Gesellschaft im mittelalterlichen Europa, S. 206.

unten noch zu zeigen sein wird – auf und wird sich die Erfahrungen dieser Frieden mit der Beteiligung auch des Volkes zu eigen gemacht haben. Freilich fehlen Anhaltspunkte, daß das gesamte Volk der Diözese teilgenommen hat, so daß man wohl nur mit der Teilnahme der Bürger der Stadt – vermutlich in repräsentativer Funktion – rechnen kann[39]. Zu klären bleibt die Teilnahmeform, die „collaudatio". Hier ist man auf den ersten Blick geneigt anzunehmen, endlich ein Zeugnis für ein „Gelöbnis", vielleicht in der Form des Eides beim einfachen Volk, gefunden zu haben, allein schon die Überlegung, daß sich diese Eidleistung auf die Bürger der Bischofsstadt beschränken würde und nicht alle vom Frieden betroffenen Diözesanangehörigen erfassen würde, mahnt zur Vorsicht.

Sollte Aegidius hier einen Vorgang zusammengefaßt haben, der – im Gegensatz zur bisherigen engen Schilderung der Vorgänge auf der Synode – den weiteren Schritt der Vereidigung im gesamten Diözesangebiet bezeichnet? Denn nur die Vereidigung der gesamten Diözesanbevölkerung ergäbe den einem Eide eigenen Sinn einer verstärkten subjektiven Verpflichtungsform aller Betroffenen. Dem steht weiter entgegen: Zahlreiche Quellen aus der Zeit des Lütticher Friedens gebrauchen für einen Eid jeweils präzise die Termini „iuramentum, sacramentum, iurare". Die Verwendung des collaudare für die feierliche Versprechensform des Gelöbnisses oder Eides wird bisher nirgends nachgewiesen[40]. Vielmehr deuten die gebräuchlichen Glossarien das „collaudare" als einen germanisch-rechtlichen Brauch im Zusammenhang mit der Königserhebung[41], das „solemni ritu ad regiam dignitatem evehere".

Dies war die Mitwirkungsform des Volkes, die darin gipfelte, daß der zur Krönung berufene Geistliche noch einmal den Willen des Volkes erfragt[42] und das Volk dann zustimmt, während die Wahl durch die Großen vorausging; eine ähnliche Form kannte der Vollbort der gesamten Gerichtsgemeinde, eine notwendige Zustimmung, um den Urteilsspruch des oder der Richter zum eigentlichen Urteil werden zu lassen. Diese Form der Beteiligung kannten zahlreiche Diözesansynoden[43]. Sie lehnten sich damit an bekannte Vorbilder an. Das „collaudare" als Gelöbnis oder Eid zu verstehen, läßt somit die nähere Untersuchung des Textes nicht zu. Weitere direkte Anhaltspunkte für einen Eid fehlen.

---

39 Vgl. H. E. Feine, Kirchliche Rechtsgeschichte, S. 215; Hinschius, Kirchenrecht Bf. III, S. 588 f.

40 collaudare wird bei Du Cange im Sinne von laudare mit promittere gleichgesetzt, dem germanischen Geloben, aber nie der stärksten Form des Gelobens, dem Eid (vgl. Du Cange IV/V S. 40 f.) ebenso J. F. Niermeyer, Mediae latinitatis lexicon minus, I, 1999.

41 Niermeyer, Mediae latinitatis lexicon minus, I, S. 198; Du Cange II, 403.

42 Über den Kettencharakter, die Handlungseinheit bei der Königswahl vgl. H. Mitteis, Die deutsche Königswahl, nominare eligere in collaudare, S. 51, über den Rechtscharakter der laudatio a.a.O. S. 58; H. Mitteis betrachtet den Streit über die Bedeutung von laudare als beigelegt.

43 Vgl. H. E. Feine, Kirchliche Rechtsgeschichte, S. 215; ferner P. Hinschius, Kirchenrecht Bd. III, S. 590, über die Relevanz des sich manifestierenden Volkswillens generell O. v. Gierke, Genossenschaftsrecht Bd. III, S. 569.

3. dexteram perdat als Eidesstrafe

Das gefundene Ergebnis vermag nicht voll den Einwand zu entkräften, der Frieden sei doch beschworen worden, der Chronist habe dies nur nicht ausdrücklich erwähnt, habe diese Tatsachen entweder für selbstverständlich oder für nebensächlich gehalten. Der Eid könne sich auch mittelbar beweisen lassen. Hinweis dafür sei eine der im Frieden ausgesprochenen für den Eidbruch typischen Unrechtsfolgen[44].

Dazu der Chronist: „Quod si hoc fecerit homo liber, hereditatem perdat, beneficio privetur, ab episcopatu expellatur.[45] Servus[46] autem sive ecclesiasticus amittat omne quod habet *et decteram perdat.*"

Mit Blick auf das „dexteram perdat" ist man geneigt, auf eine Eidesstrafe in Form der spiegelnden Strafe zu schließen, mit anderen Worten, die einheitliche Strafe des Handabhauens als Konsequenz dafür, daß man gegen ein durch die Geste des mit erhobener Hand Schwörens verpflichtend eingegangenes Verhalten verstoßen hat. Diese Überlegung des spiegelnden Charakters findet Ansätze sowohl in den Kapitularien als auch in den Volksrechten. So bestimmt das Kapitulare von 805 „de periuriis": „Et si quis convictus fuerit periurii, perdat manum, aut redimat." Und das Kapitulare von 819 regelt in Kapitel X: „De falsis testibus convincendis": „Et campioni qui victus fuerit, propter periurium quod ante pugnam commisit, dextera manus amputetur." Voraus geht, daß die Wahrheitsfindung für die Frage, welche von zwei Parteien die Unwahrheit gesagt und den Meineid geschworen hatte, durch Zweikampf erfolgt[47]. Dabei muß man für beide Regelungen von vornherein sehen, daß es sich um einen assertorischen Eid, einen Zeugeneid, und nicht um einen promissorischen, wie es der Friedenseid wäre, handelt.

Die Volksrechte zeigen kein anderes Ergebnis: Lex Francorum Chamavorum bestimmt: „Si quis in sanctis reliquiis se periuraverit, manum suam perdat, aut redimat quarta parte de sua leodo in dominico."[48] Die Bestimmung beinhaltet ebenfalls den Zeugeneid, d. h. den assertorischen.

Lex Frisionum bestimmt „de testibus"[49]: Si quis homo super reliquiis sanctorum falsum sacramentum iuraverit, ad partem regis weregildum suum componat et alio

---

[44] Der Terminus „Strafe" könnte anstelle von Unrechtsfolge stehen, wenn man darunter nicht Strafe im modernen Sinn verstände. V. Achter, Geburt der Strafe, weist auf den wichtigen Verständnisunterschied hin: Das Mittelalter bezog Strafe auf die Tat, nicht auf den Täter (vgl. i. e. S. 19). Ist im Verlauf der weiteren Arbeit von Strafe die Rede, so steht der Gebrauch dieses Begriffes unter der eben geschilderten Einschränkung.

[45] Voraus geht das Verbot von „arma ferre, incendia, predas, assultus facere, fuste aut gladio desevire".

[46] Hans Fehr, Das Waffenrecht der Bauern im Mittelalter, in: ZRG 35 (1914), S. 134 sieht darin ein Zeugnis für den Fluß der Ständegliederung, insbesondere ein Zeugnis für die Lebendigkeit fränkischer Ständegliederung; vgl. ferner K. Bosl, Die Gesellschaft in der Geschichte des Mittelalters, S. 61 f.

[47] Mansi, Conciliorum Collectio, Bd. XVII, S. 426, 602.

[49] MGH LL III 665/666.

weregildo manum suam redimat." Hier ist es dem perjuren Zeugen gestattet, die verwirkte Schwurhand mit dem Wergeld abzulösen. Lex Saxonum schließlich unterscheidet zwischen bewußtem und unbewußtem „Meineid" und regelt:[50] „Qui sciens periuraverit, capite puniatur, et qui nesciens periuraverit, manum suam redimat." Letzteres ist gleichbedeutend mit „manum suam perdat". Ph. Hofmeister nennt diese Art von Unrechtsfolge „mit gutem Grund" eine spiegelnde Strafe, weil der Meineidige mit seiner Hand die Reliquien berührt hatte[51].

Können wir die gleichen Schlüsse aus der Unrechtsfolge des „dexteram perdat" im Friedenstext von Lüttich ziehen? Die unterschiedliche Eidesart – hie assertorisch, dort promissorisch – dürfte hinsichtlich der Sanktion ohne Bedeutung sein. Für die Sanktion, Reaktion auf einen Verstoß gegen den Eid, kann es nicht darauf ankommen, ob es sich um eine Bekräftigung von in der Vergangenheit Geschehenem oder für die Zukunft Versprochenem handelt. Gewichtiger muß man schon folgendes werten: Die Konsequenz des Handverlustes trifft in den Kapitularien und Volksrechten jeden Meineidigen, ohne Unterschied des Standes, wenn es heißt: „Si quis." Nicht so bei der Friedensregelung; dort wird zunächst der Deliktstatbestand umschrieben. Dann wird aufgefächert: „Quod si hoc fecerit homo liber, hereditatem perdat, beneficio privetur, ab episcopatu pellatur. Servus autem sive ecclesiasticus[52] amittat omne quod habet et dexteram perdat."

Warum die unterschiedliche Behandlung der Delinquenten? Eine plausible Erklärung läßt sich nicht finden, sieht man hinter dem Handverlust nur eine spiegelnde Strafe.

Stellt man nämlich auf den Spiegelungscharakter ab, müßte jeden Delinquenten ohne Unterschied des Standes diese Strafe treffen. Dies ist – wie schon festgestellt – nicht der Fall. Der Charakter muß einen anderen Grund haben. Ein solcher leuchtet ein, wenn man auf die Situation des Betroffenen abstellt, auf die Frage, welches Übel mit der Maßnahme bezweckt war. Von diesem Erfolg her äußern die für Freie und Unfreie unterschiedlichen Straffolgen gleiche Wirkung, sie treffen je die Existenz des Delinquenten empfindlich. Die friedlos machende Strafe bedeutet für den Freien Rechtlosigkeit, Tod; er wird vertrieben, verliert all seine Güter. Hätte man den Unfreien vertreiben wollen, wäre dies einer Befreiung gleichgekommen, hätte dies die der Strafe entgegengesetzte Wirkung gezeigt. Der Unfreie stand im Herrendienst, war ortsgebunden und hätte bei Vertreibung Freiheit erlangt, dem Herrn wäre eine Arbeitskraft verlorengegangen. Wollte man ihn in seiner Existenz treffen, mußte man ihm seine Arbeitsfähigkeit nehmen, was so viel bedeutete, wie ihm seine Arbeitshand abtrennen. Er wurde nicht vertrieben, sondern – was für ihn viel schlimmer war – er verlor die rechte Hand, er wurde verstümmelt. Dieser Strafcharakter der Verstümmelung ist keine Schöpfung des 11. Jahrhunderts, sie läßt sich als spezifische Strafe für Unfreie zurückverfolgen

---

[50] MGH LL V 60/61.

[51] Ph. Hofmeister, Christliche Eidesformen, S. 24.

[52] Mit „ecclesiasticus" sind wohl jene Leibeigenen gemeint, die sich auf das Priesteramt

bis in die Volksrechte, sie schwächt die Todesstrafe ab und ist ein erster humaner Zug, der mit der Christianisierung in das Strafensystem kommt[53]. Nicht im Symbolgehalt der Spiegelung liegt daher der Grund für diese Strafe, sondern in ihrer generellen Eignung, den Delinquenten je nach Stand einschneidend in seiner Existenz zu treffen[54], ohne Rücksicht auf nur eine ganz bestimmte Deliktart.
Auch die Deutung der im Frieden angedrohten Strafe des Handverlustes läßt nach diesem Ergebnis keinen Schluß auf den Eidcharakter, d. h. die Beeidigung des Lütticher Gottesfriedens zu.

§ 3 Textliche Typisierung der Friedensgebote

Wurden bisher die im Text verwendeten Begriffe für das Zustandekommen, die Verpflichtungsform der Frieden, untersucht, so gilt es nun noch nach den für die rechtliche Charakterisierung durch den Text selbst relevanten Begriffen zu fragen.
Es finden sich zweimal die Bezeichnungen „pactio“ und einmal der Terminus „lex et pactio“[55]. Nicht sicher läßt sich sagen, ob diese Charakterisierungen vom Chronisten stammen oder ursprünglich sind. Die textliche Geschlossenheit in der sonstigen Begriffswahl des Textes legt aber nahe, daß der Chronist auch diese Typisierungen übernommen hat.
Was können die Bezeichnungen für die Frage nach dem Zustandekommen der Frieden und der speziellen Rolle eines Eides aussagen? „Pactio“ steht für Vereinbarung, für einen Zusammenschluß allgemein, aber nicht automatisch für einen

---

vorbereiteten, dieses aber noch nicht erreicht hatten und damit auch noch nicht die Freilassung aus der Leibeigenschaft.

53 Vgl. zur Verstümmelungsstrafe generell H. Brunner-C v. Schwerin, Deutsche Rechtsgeschichte, Bd. II, S. 785; ferner R. His, Gelobter und gebotener Friede im deutschen Mittelalter in: ZRG 33 (1912), S. 197, wo die obige Argumentation ihre volle Bestätigung findet. Denn die von R. His zitierten Stellen betreffen jeden gleich, kennen keine Standesunterschiede, wie z. B. das Straßburger Kapitulare von 1019: „qui . . . infra treuvam . . . hominem interfecerit . . . manum, qua homicidium fecit, amittat.“ So auch die Frankfurter Friedensordnung, die eineinhalb Jahrhunderte nach der Zeit unserer Untersuchung liegt, aber den Gedanken konsequent weiterträgt.

54 Auf den Charakter der Verstümmelungsstrafe weist schon W. Schnelbögl, Die innere Entwicklung der bayerischen Landfrieden des 13. Jahrhunderts, S. 216, hin. Doch bleibt er bei diesem Hinweis stehen und untersucht nicht die Konsequenz für den Eid. Den Handverlust als spiegelnde Strafe für das ganze Mittelalter zu typisieren, wie das H. Conrad, Deutsche Rechtsgeschichte, S. 438 tut, ist zu pauschal; vgl. zum Verstümmelungscharakter des Handverlustes noch H. Hirsch, Die Hohe Gerichtsbarkeit, S. 153.

55 Die entsprechenden Stellen: „Quod si culpati fuerint contra pactionem hanc, liber iuretur cum duodecim. Qui vero liber non est, iudicio se expurget.“ „Hanc pactionem si quis violaverit, noverit, se excommunicationi subiacere.“ „Denique etiam in ieiuniis quatuor temporum et in vigiliis praedictam festivitatem eadem lex et pactio tenebitur.“ Daß die Aussagen solcher Termini bezüglich ihres tatsächlichen rechtlichen Aussagegehaltes nur mit großer Vorsicht verwertet werden können, gilt auch für die Ausführungen dazu in den anderen Kapiteln.

aufgrund eines Eides. Gemeint damit ist das Zusammenstimmen des in der Frage nach dem, was im einzelnen gelten soll, angesprochenen Kreises. Bestätigt wird damit das oben gefundene Ergebnis, daß der Bischof mit den namentlich genannten Grafen und dem Markgraf zur Erreichung eines Zieles eine Verbindung eingegangen ist, bei der sich beide als gleichberechtigte Partner gegenüberstanden.

„Lex et pactio“ fügt sich in dieses Ergebnis ein, wenn man sich die bisherigen Ausführungen insgesamt vor Augen hält. „Lex“ kann man nicht im klassischen Sinne als Gesetz verstehen, sondern als das als gesprochen geltende Recht. Mit „lex et pactio“ ist damit gemeint jenes aufgrund der Übereinkunft mit den Grafen gewährleistete Recht, das die Friedensgebote verbindlich macht.

§ 4 Zusammenfassung

Die dezidierte Untersuchung der Chronikstelle beleuchtet das Zusammenwirken mehrerer Komponenten, um die Friedenspflichten verbindlich zu machen. Sie werden markiert durch das „episcopus pacem instituit“ einerseits und das „decretum est“ andererseits. Hier steht der Bischof als Inhaber des „bannus episcopalis“, mit dem er seine Diözese regiert. Auf der anderen Seite dringt angesichts der Wirrnisse die Erkenntnis durch, daß realpolitisch die Mitwirkung der weltlichen Mächtigen erforderlich ist, soll mit Erfolg Frieden einkehren.

Markgraf und Grafen als Inhaber der Gerichtsgewalt in weltlicher Hinsicht und der tatsächlichen Gewalt liehen dem Frieden ihr „assensus“, ihr „consilium“; der Kreis des „populus“, Beamte und Vasallen des Bischofs, ferner die Bürger der Stadt ihre an germanischen Mitwirkungsmodellen orientierte „collaudatio“. Sie alle zusammen gaben erst die realiter wirksame Verbindlichkeit.

Kapitel 2
Der Friedensbrief des Kölner Erzbischofs Sigewin an seinen Amtsbruder Friedrich, Bischof von Münster – Pax Dioecesis Coloniensis (1083)

Die Friedensbemühungen von Lüttich, das zur Kirchenprovinz Köln gehörte[57], mußten auch dorthin gedrungen sein, wo ein Jahr nach der Friedensaufrichtung von Lüttich[58] Erzbischof Sigewin aktiv wurde, der selbst darüber berichtet[59].

---

[57] Vgl. H. Conrad, Deutsche Rechtsgeschichte, S. 292.
[58] Die Datierung ergibt sich aus dem Text: 20. 4. 1083.
[59] Zur Person Sigewins vgl. W. Neuss-F. W. Oediger, Das Bistum Köln von den Anfängen bis zum Ende des 12. Jahrhunderts, Bd. I, S. 203.

§ 1 Typologischer Befund

Die Kunde über diesen Frieden erhalten wir aus einer Handschrift des Archivs von Münster aus dem 12. Jahrhundert, d. h. dem der Entstehungszeit folgenden. Ein weiterer Text, nach Angaben von L. Weiland allerdings verschollen, befand sich in Osnabrück, im 18. Jahrhundert aus der Handschrift übernommen und von Justus Möser abgeschrieben.[60] Der Form nach handelt es sich um einen Brief des Erzbischofs Sigewin an seinen Amtsbruder Friedrich, den Bischof von Münster, einer ebenfalls zur Kirchenprovinz Köln gehörenden Diözese[61].
Wir haben nicht das Original des Briefes, sondern nur eine Abschrift in den oben beschriebenen Formen. Bei S. Herzberg-Fränkel[62] wird der Brief als amtliches Rundschreiben, gerichtet an alle Bischöfe der Kirchenprovinz, typisiert. Dafür fehlen aber konkrete Anhaltspunkte, wenngleich der ganze Stil des Schreibens in seiner nüchternen und offiziellen Art für ein amtliches Schreiben spricht, dessen Ziel es war, auch in Münster einen Frieden dieser Art anzuregen. Nimmt man diese Absicht an, so läßt sich der Brief in seinem Aussagegehalt für die Form des Zustandekommens eines Friedens besonders verwenden, weil dann davon auszugehen, daß der Verfasser die wichtigen Schritte der Entstehungsweise präzis schildert.

§ 2 Zusammengehörigkeit von Friedensbrief und Iuramentumformel

In der Leges-Sammlung bei G. H. Pertz[63] folgt dem Friedenstext des Briefes eine Iuramentumformel mit der Überschrift „Iuramentum Pacis Dei“[64], wie sie in der oben zitierten Handschrift von Münster unmittelbar dem Friedenstext angehängt ist. Diese Folge weist auf den ersten Blick den Kölner Frieden als beeidet aus. Doch wurden an der Zusammengehörigkeit der beiden Texte wiederholt Zweifel geäußert[65], so daß diese Frage vorweg durch einen eingehenden Inhaltsvergleich geprüft werden soll, der bisher nur unvollkommen geschehen.

---

60 Die Kölnische Kirchenprovinz umfaßte damals die Bistümer Lüttich, Utrecht, Münster, Osnabrück, Minden; vgl. W. Neuss-F. W. Oediger, Das Bistum Köln von den Anfängen bis zum Ende des 12. Jahrhunderts, S. 242.

61 Vgl. L. Weiland, MGH Const. I, S. 602.

62 S. Herzberg-Fränkel, Die ältesten Gottes- und Landfrieden in Deutschland, S. 134; dort ist als zusätzliches Argument für die Sachlichkeit und gegen einen persönlichen Charakter des Briefes der unterschiedliche Werdegang der beiden Bischöfe erwähnt; Friedrich stammt aus Sachsen, war Kanonikus in Magdeburg – Sigewin wurde in Köln ausgebildet, Kontakte zwischen den beiden sind demnach kaum möglich gewesen.

63 G. H. Pertz, MGH LL II, S. 54/55.

64 In der Leydener Handschrift aus dem 11. Jahrhundert, die den Iuramentum-pacis-Dei-Text allein beinhaltet, steht ein Kreuz vor dem Wort Iuramentum.

65 Zuletzt ausführlich U. Eggert, Studien zur Geschichte der Landfrieden, S. 5 ff., dessen Untersuchungen aber einer Ergänzung bedürfen.

Da G. H. Pertz in der Leges-Sammlung in einer zweiten Spalte den Text einer Mainzer Friedenssynode von 1085 danebenstellt und auch diesem das „Iuramentum Pacis Dei" anfügt, kann die Frage der Zusammengehörigkeit von „iuramentum" und Frieden nur gemeinschaftlich, also auch hinsichtlich des Mainzer Textes, behandelt werden, obwohl über die weiteren Probleme des bei G. H. Pertz Mainzer Frieden genannten Textes erst im nächsten Kapitel gesprochen wird. Soweit erforderlich wird an dieser Stelle auf die Quellen des Mainzer Frieden auch gleich eingegangen. Dieser Text ist in einer Bamberger Handschrift des 12. Jahrhunderts[66] zum erstenmal erhalten, wobei schon G. H. Pertz – entgegen der tatsächlichen Wiedergabe im Druck – ausdrücklich darauf hinweist, daß bei dieser Handschrift der Iuramentumtext nicht auf den Friedenstext folgt[67].

1. Nichtzusammengehörigkeit aufgrund der handschriftlichen Quellenbefunde

Wie bei Behandlung der typologischen Fragen bereits angedeutet, weist auf einen dem Friedenstext folgenden Eid nur die (jüngere) Handschrift des 12. Jahrhunderts aus Münster, die den Kölner Friedensbrief enthält. Die Bamberger Handschrift kennt allein den Friedenstext, nicht aber ein Iuramentum. Darüber hinaus existiert noch eine (ältere) gesonderte Quelle des 11. Jahrhunderts, nach G. H. Pertz eine Leydener Handschrift, die nur das „Iuramentum Pacis Dei" enthält. Diese am nächsten an die Entstehungszeit des Iuramentum heranreichende Handschrift, das Iuramentum selbständig tradierend, ist ein erstes Indiz, die Zusammengehörigkeit von „Iuramentum Pacis Dei" und Friedensbrief bzw. Mainzer Text anzuzweifeln. Doch wäre dieser Befund allein ein zu äußerlicher Anhaltspunkt.[68]

---

[66] Vgl. L. Weiland, MGH Const. I, S. 606, der aufgrund des Bamberger Fundortes hinter dem Text einen Bamberger Frieden vermutet, aufgerichtet durch den Bamberger Bischof Rudbertus 1085; Weiland argumentiert, daß der Text wesentliche Angaben über die Tätigkeit der Bischöfe und die Präsenz des Kaisers vermissen läßt. H. Fehr, Das Waffenrecht der Bauern im Mittelalter in: ZRG 35 (1914), S. 111 ff., 135, übernimmt diese Bezeichnung ungeprüft, wie er hier auch fälschlicherweise von einem Trierer Frieden spricht, den es nicht gibt, wie unten noch ausgeführt wird.

[67] L. Weiland, MGH Const. I, S. 608 ff., verselbständigt die Iuramentumformel – vgl. dazu i. e. unten „Pax Dei Incerta"; im folgenden werden als einheitliche Bezeichnung verwendet: Für den Eidesformeltext, den G. H. Pertz dem Kölner und Mainzer Frieden angefügt hat, den Weiland aber als selbständigen Frieden aufnimmt, die Bezeichnung „Iuramentumformel", für den Kölner Frieden die Kurzform „Friedensbrief" im ganz engen Sinn zur Bezeichnung der äußeren Form, nicht im Sinne einer Weisung für Friedensrichter. Für den Mainzer Frieden wird die Bezeichnung „Mainzer Text" beibehalten.

[68] G. H. Pertz, MGH LL II, S. 55.

2. *Nichtzusammengehörigkeit aufgrund inhaltlichen Vergleichs*

Sollen Iuramentumformel und Friedensbrief sowie Mainzer Text im Verhältnis Friedenstext und Eidesformel zusammengehören, müßten sie inhaltlich identisch sein, da nicht anzunehmen ist, daß man sich in der Eidesformel zu einer anderen Verhaltensweise verpflichtete als man vorher im Katalog der Verhaltensgebote festgelegt hatte. Ein solcher inhaltlicher Vergleich erhärtet die Ergebnisse der Quellenbefunde, wie sie oben zusammengestellt wurden, da wesentliche Bestimmungen ganz erheblich voneinander abweichen, wie im folgenden nachzuweisen ist.[69]

a) Abweichungen bei den geschützten Zeiten

Friedensbrief	Mainzer Text	Iuramentumformel
a primo die adventus Domini usque ad exactum diem epyphaniae, et ab intrante septuagesima usque in octavas pentecostes et per totam illam diem et per annum omni die dominica feriaque sexta, et in sabbato, addita quattuor temporum feria quarta omnique apostolorum vigilia cum die subsecuta, insuper indifferenter omni die canonice ad ieiunandum vel feriandum statuta vel statuenda hoc pacis decretum teneatur.	a primo die adventus Domini usque ad exactum diem epiphaniae et ab intrante septuagesima usque in octavas pentecostes et per totam illam diem omnique feria quinta, sexta, sabbato, dominica die usque ad ortum solis secundae feriae, addita feria quarta, quattuor temporum, omnique apostolorum vigilia cum die sequenti, insuper omni die canonice ad ieiunandum vel feriandum statuta vel statuenda hoc pacis decretum teneatur.	ab adventu Domini usque ad proximum diem lunae post epyphaniam, item a septuagesima usque ad octavam pentecostes, item in omnibus vigiliis et ferialibus festis, et tribus diebus in omni septimana, scilicet a vespera quintae feriae usque ad diluculum secundae feriae, pax sit ubique ita ut nemo ledat inimicum suum.

Sind zwischen dem Text des Friedensbriefes und dem Mainzer Text inhaltliche Unterschiede bezüglich der geschützten Zeiten mit Ausnahme bei den Wochentagen nicht erkennbar, so fallen im Vergleich zu diesen beiden Texten die befriedeten Zeiten in der Iuramentumformel ganz anders aus. Den Beginn regeln alle drei Texte noch gleich. Anders liegt schon das Ende der ersten Friedenszeit an Epiphanie. Friedensbrief und Mainzer Text beenden den ersten Friedensabschnitt mit Ausgang des Epiphanietages. Die Iuramentumformel dehnt die befriedete

[69] Die Textwiedergabe folgt L. Weiland und verzichtet auf den kritischen Apparat, diesbezüglich wird auf L. Weiland, MGH Const. I, S. 602 ff., 605 ff., 608 f. verwiesen.

Zeit bis zum nächsten Montag nach Epiphanie aus, was je nach Fallen des Epiphanietages eine erhebliche Verlängerung bedeuten kann. Das Ende der zweiten Friedensperiode differiert zwischen Friedensbrief und Mainzer Text und Iuramentumformel lediglich hinsichtlich der Präzision der Bezeichnung: Friedensbrief und Mainzer Text stellen den Oktavtag noch ausdrücklich als befriedet heraus, die Iuramentumformel drückt aber das gleiche Ergebnis mit anderen Worten aus durch die pauschale Bezeichnung „ad octavam pentecostes".

Für die durchweg geschützten Wochentage gilt: Der Friedensbrief kennt den Schutz des Donnerstags überhaupt nicht; der Mainzer Text spricht vom Friedensschutz des gesamten Donnerstag und die Iuramentumformel läßt den Schutz am Abend des Donnerstag für drei Tage beginnen. Freitag, Samstag und Sonntag sind einheitlich geschützt. Es ergibt sich somit folgender Unterschied: Der Mainzer Text geht am weitesten, der Schutz an Wochentagen beginnt mit dem gesamten Donnerstag; ihm folgt die Iuramentumformel mit dem Beginn am Donnerstagabend, zuletzt steht der Kölner Friedensbrief, der den Schutz erst am Freitag beginnen läßt.

Die Vigil- und Feiertage zusätzlich zu den bisher genannten Zeiten schützt die Iuramentumformel unbeschränkt; Friedensbrief und Mainzer Text begnügen sich mit dem Schutz der Vigil- und Feiertage der Apostelfeste.

b) Abweichungen bei den verbotenen Handlungen Friedensbrief und Mainzer Text schließen an die Aufzählung der geschützten Zeiten einen Katalog an, welche Verletzungshandlungen zu unterlassen sind, während die Iuramentumformel lapidar feststellt: „nemo ledat inimicum suum." Dies spricht nicht unbedingt für einen Unterschied, könnte vielmehr eine zusammenfassende Formel dessen bedeuten, was vorher detailliert vereinbart war.

c) Abweichungen bei den geschützten Objekten Auch bei den geschützten Objekten ergeben sich deutliche Unterschiede zwischen Friedensbrief und Mainzer Text einerseits und Iuramentumformel andererseits. Dies gilt insbesondere für den allein in der Iuramentumformel herausgestellten Haus- und Hoffrieden in Kapitel 3, den Friedensbrief und Mainzer Text überhaupt nicht kennen.[70]

---

[70] Die Haus- und Hoffriedensregelung lautet: „Omnis domus, omnis area pacem infra septa sua habeat firmam. Nullus invadat, nullus effringat, nullus infra positos temere inquirere aut violenter opprimere praesumat. Qui praesumpserit, cuiuscumque sit conditionis, capite plectatur." G. Åquist sieht den Ursprung für den Schutz von Haus und Heim in den germanischen Stammesrechten, den die kirchlichen Bestimmungen nicht aufnehmen konnten; vgl. G. Åquist, Frieden und Eidschwur, S. 124 ff.; über die Konsequenz der Aufnahme des Haus- und Hoffriedens in den Friedenseid vgl. unten bei „Pax Dei Incerta". W. Schnelbögl, Die innere Entwicklung der bayerischen Landfrieden des 13. Jahrhunderts, S. 223, deutet ohne nähere Begründung an, daß damit uralte germanische Rechtsgedanken zum Durchbruch kommen.

d) Abweichungen bei der Regelung des Waffentragens

Friedensbrief	Mainzer Text	Iuramentumformel
In reliquis vero diebus . . . illis arma ferre licebit ea tamen conditione, ut nulli quolibet modo lesionem inferant. Si necesse fuerit alicui conditae pacis . . . exire de nostra episcopatu in alium, quo ista pax non tenetur, arma ferat ita tamen ne alicui noceat nisi si inpugnetur ut se defendat. Reversus autem in episcopatum nostrum, statim arma deponat.	in reliquis diebus, . . . non licet arma ferre nisi longe euntibus ea tamen conditione ut nulli quolibet modo lesionem inferat. Si necesse fuerit alicui infra spatium conditae pacis in alium locum, quo ista pax non observetur, ire arma ferat ita tamen ne alicui noceat, nisi inpugnetur, ut se defendat, reversus autem iterum arma deponat.	Si furtum acciderit aut rapina aut bellum patriae ingruerit, et clamor more patriae exortus fuerit armati omnes insequantur, et in eundo et redeundo pacem unusquisque habeat.

Diese Gegenüberstellung ergibt das totale Waffentrageverbot der Iuramentumformel, das nur im Fall von furtum, rapina oder bellum aufgehoben ist. Friedensbrief und Mainzer Text gestatten über gewisse Folgepflichten hinaus auch das Waffentragen während der befriedeten Zeiten für den Fall, daß jemand in unbefriedetes Gebiet reisen muß[71].

e) Abweichungen bei den Unrechtsfolgen

Friedensbrief	Mainzer Text	Iuramentumformel
Kap. 6:	Kap. 6:	Kap. 2:
Si liber vel nobilis eam (i. e. pacem) violaverit, id est si homicidium fecerit aut aliquem vulneraverit, vel quolibet alio modo defectaverit, absque omni sumptuum aut amicorum interventione a finibus confinium suo-	Si liber vel nobilis eam (i. e. pacem) violaverit, id est si homicidium fecerit aut aliquem vulneraverit aut alio quolibet modo defectaverit, absque omni sumptuum aut amicorum interventione finibus confinium suo-	Qui occiderit, capitalem subeat sententiam. Qui vulneraverit, manum perdat. Qui pugno percusserit, si nobilis est, libra componat; si liber aut ministerialis, decem solidis; si servus, cute et capillis.

[71] H. Hoffmann, Gottesfriede und Treuga Dei, S. 62 stellt im Zusammenhang mit dem Waffentrageverbot heraus, daß die Frieden von Lüttich und Köln das Waffentragen während der Treugazeit allein den Reisenden erlauben, sonst also ein generelles Waffentrageverbot besteht, während in karolingischer Zeit das Recht des Waffentragens im wesentlichen unbestritten war.

rum expellatur totumque praedium eius heredes sui tollant; et si beneficium habuit, dominus ad quem pertinet illud recipiat.

Kap. 7:
Si servus occiderit hominem, decolletur; si vulneraverit, manu puniatur; si alio modo vel pugno sive fuste sive lapide defectaverit, detondeatur et excorietur.

rum expellatur, totumque predium eius heredes sui tollant, et si beneficium habuerit, dominus ad quem pertinet illud accipiat.

Kap. 7:
Si servus occiderit hominem, decolletur; si vulneraverit, manu dextra truncetur; si alio modo vel pugno vel lapide sive fuste vel quolibet modo percutiendo defectaverit, verberetur et decapilletur.

Kap. 3:
Omnis domus, omnis area pacem infra septa sua habeat firmam. Nullus invadat, nullus effringat, nullus infra positos temere inquirere aut violenter opprimere praesumat. Qui praesumpserit, cuiuscumque sit conditionis, capite plectatur.

In diesem Punkt ergeben sich die bedeutendsten Unterschiede zwischen den verglichenen Friedenstexten einerseits und der Iuramentumformel andererseits. Der Friedensbrief und Mainzer Text treffen eine ständische Unterscheidung bei der Unrechtsfolge für Totschlag; Freie oder Adelige[72] büßen bei Totschlag oder Körperverletzung mit Vertreibung und Verlust der Habe, Unfreie bei Totschlag mit Enthauptung und bei Körperverletzung mit Handverlust. Anders die Iuramentumformel: Bei Totschlag kennt sie keine ständische Unterscheidung, sondern einheitlich Todesstrafe, bei Verletzung einheitlich Handverlust. Erst bei Verwundung im Kampf scheidet auch die Iuramentumformel nach Ständen und staffelt die Höhe der Bußen danach.

3. Zusammenfassung zur Frage der Zugehörigkeit der Iuramentumformel zum Friedensbrief bzw. zum Mainzer Text

Gravierende Unterschiede im Verpflichtungsinhalt und in den Unrechtsfolgen erweisen die aufgrund des Qullenbefundes auftretenden Zweifel für berechtigt. Die Iuramentumformel kann nicht zu den Texten von Köln und Mainz gehören. Dies hat A. Kluckhohn übersehen, der ohne inhaltliche Überprüfung annahm, die Eidesformel gehöre zum Kölner Frieden. Welche Position sie einnimmt, wird im Zusammenhang mit der sogenannten Pax Dei Incerta zu besprechen sein.

[72] Zum Stand der Freien vgl. G. Dilcher, Art. „Freiheit“ in: HRG, Sp. 1228 ff.; zum Stand der Adeligen R. Scheyhing, Art. „Adel“ in: HRG, Sp. 4 ff.; ferner G. Tellenbach, Vom Karolingischen Reichsadel zum deutschen Reichsfürstenstand in: Wege der Forschung, Bd. II, S. 191 ff. und K. Bosl, Kasten, Stände, Klassen im mittelalterlichen Deutschland, in: Die Gesellschaft in der Geschichte des Mittelalters, S. 61 ff.

§ 3 Teilnehmerkreis und Teilnahmeform

Ist durch die Nichtzusammengehörigkeit von Iuramentumformel und Friedensbrief schon ein wichtiges Indiz für die Frage nach der Mitwirkung eines Eides bei Errichtung des Kölner Friedens erbracht, so gilt es nun, den Text nach den einzelnen Begriffen, die sich aus der Quelle für die Verpflichtungswirkung des Friedens ergeben, zu fragen.

1. archiepiscopus und fideles nostri bei Vorbereitung der Diözesansynode

a) subvenire tractavimus et remedium providimus Im Pluralis Maiestaticus berichtet der Verfasser des Briefes über die Motive, einen Frieden einzusetzen, wobei er sich gegenüber der Vorgeschichte des Lütticher Friedens darauf beschränkt, ausschließlich von der Not der Kirche zu sprechen: „. . . subvenire illi (i. e. ecclesiae) Deo propitiante tractavimus et hoc tandem illi remedium consilio nostrorum fidelium providimus, ut pacem . . . intermissis saltem diebus, quantum nostri iuris fuit, aliquatenus recuperaremus."
Der Erzbischof als Verantwortlicher für das Wohl seiner Diözese sann intensiv auf Abhilfe gegen die Bedrängnisse der Kirche und fand als geeignetes Mittel den Frieden als Verbot feindseliger Auseinandersetzung an einigen Tagen der Woche. Der Erzbischof schildert sich als allein initiativ in der Sorge um das Wohl der Kirche. Allerdings steht diese Zeit der Vorbereitung des eigentlichen Friedens unter zwei Einschränkungen, die sehr Wesentliches über die rechtliche Stellung des Erzbischofs aussagen:

b) consilio nostrorum fidelium Den Frieden als Ausweg (remedium) hatte der Erzbischof vorgesehen „consilio nostrorum fidelium". Wie beim Lütticher Frieden begegnet auch hier die Formel vom „consilium", dem der „nostri fideles", worunter nicht die Gläubigen generell zu verstehen sind, sondern – präzisiert durch das „nostri" – ein Sammelbegriff für die engeren Ratgeber des Erzbischofs, Angehörige der höheren und niederen Bistumsgeistlichkeit, des Domkapitels, sicher auch hohe Adelige aus dem Laienstand, ferner sonstige bischöfliche Beamte und Vasallen und die bischöflichen Ministerialen, vielleicht befand sich unter den Ratgebern auch Bischof Heinrich von Lüttich, der – wie schon dargestellt – als „Pacificus" hohes Ansehen genoß.
Das hier geschilderte consilium läßt sich allerdings nicht einreihen in die bedeutenden consilia einer offiziellen Versammlung, die für eine wichtige Angelegenheit ein breites Bewußtsein aus- und dem in dieser Angelegenheit ergangenen Erlaß den Stempel einer breiten Trägerschaft aufdrückten[73].
Es handelt sich vielmehr um den den Erzbischof umgebenden ständigen Rat im

[73] Vgl. F. Kern, Gottesgnadentum und Widerstandsrecht, S. 129 f., 269 ff.

Sinne von fides als Gefolgschaft, engere Vertraute, die zwar großen Einfluß auf den Erzbischof ausübten, die aber in diesem Stadium noch nicht in irgendeiner Weise direkt mitbestimmten. Freilich schwingt bei dem fidelis auch hier schon jene Grundeinstellung der Betroffenen mit, auf der Seite des Erzbischofs zu stehen, insbesondere im Blick auf die Auseinandersetzung zwischen Kaiser und Papst[74].

c) quantum nostri iuris fuit Die zweite Einschränkung formuliert das „quantum nostri iuris fuit" in dem Satz „. . . ut pacem . . . quantum nostri iuris fuit aliquatenus recuperaremus".
Die Deutung, hier berufe sich der Erzbischof auf das „gute alte Recht"[75] ist zu sehr von der Kern'schen Lehre vom Recht im Mittelalter beeinflußt, die Erklärung wird man eher in dem Verständnis von „ius" im 11./12. Jahrhundert sehen müssen, wo „ius" fast immer die subjektive Berechtigung, die subjektive Rechtsposition, den Rechtsstatus betrifft[76]. Der Erzbischof markiert hier seine eigene Rechtsstellung. Der „bannus episcopalis" mit seinen Elementen des Verordnungs-, Gerichts- und Verwaltungsbanns[77] brachte dem Bischof die Berechtigung der Anordnung von befriedeten Zeiten an ganz bestimmten, von der Kirche herausgestellten Fest- und Feiertagen, aber auch an den durch das Leiden und die Auferstehung Christi geheiligten Wochentagen. Seine Position ging aber über den engen kirchlichen Bereich hinaus, was die Leibesstrafen zeigen, die für Friedensverstöße verhängt wurden; diesbezüglich angesprochen ist der Gerichtsbann als Folge der Inhaberschaft der weltlichen Gerichtsbarkeit.

2. *Erlaß des Friedens*

a) Convocatis parrochianis Der erste Schritt zur Realisierung des besprochenen Heilmittels war die Einberufung der „parrochiani" zur Diözesansynode. „Parrochia" bezeichnet das Gebiet, über das der Bischof regiert, seine Untergebenen sind die Diözesangeistlichen. Sie sind zu einer ordentlichen Synode eingeladen und waren auch zum Erscheinen verpflichtet wegen des Gehorsams gegenüber

[74] Parallele Bedeutungsstellen bei Pertz MGH LL II, 54: „Huic colloquio omnes regni principes nostri fideles intersint." – ferner: Annales Laureshamenses, MGH SS I, 38: „. . . inter fideles suos, id est episcopos, presbyteros, comites et alios vassos."

[75] Vgl. F. Kern, Recht und Verfassung im Mittelalter, S. 11 ff.

[76] K. Kroeschell, Recht und Rechtsbegriff im 12. Jahrhundert, in Vorträge und Forschungen Bd. XII, S. 314 f.; ferner G. Köbler, Das Recht im frühen Mittelalter, S. 226, der allerdings gegen K. Kroeschell zu dem Ergebnis kommt, daß neben der subjektiven Bedeutung von ius auch die objektive Bedeutung nicht ganz untergegangen ist. Für das ausgehende 11. Jahrhundert wird man aber in unserem Frieden mit K. Kroeschell von der subjektiven Bedeutung des ius ausgehen können.

[77] Vgl. dazu P. Hinschius, System des Kirchenrechts, Bd. V § 279; ferner H. E. Feine, Kirchliche Rechtsgeschichte, § 21.

dem Bischof[78]. Der Bischof hatte aufgrund seiner geistlichen Regierungsgewalt ausschließlich das Recht zur Einberufung des Diözesankonzils[79].

b) in publico recitari fecimus Der Erzbischof fährt seine Schilderung der Ereignisse fort mit: „... ordinatis aliis[80], quod de his facere disposuimus, in publico recitari fecimus." Nachdem also auf der Synode noch andere Angelegenheiten behandelt waren, die nicht den Frieden betrafen[81], machte der Erzbischof die Versammlung mit dem Ergebnis seiner Vorüberlegungen bekannt und ließ dieses in der Öffentlichkeit der Versammlung vortragen, damit darüber diskutiert werden konnte.

c) tam clero quam populo pari voto consentientibus Die Versammlung nahm einen weiteren reibungslosen Verlauf: „Quod postquam aliquamdiu ab omnibus diverso modo tractatum est et retractatum, Deo mediante in unum tandem conventum est, et tam clero quam populo pari voto consentientibus, quomodo et quibus per annum spaciis observari debeat edocuimus." Der hier angesprochene Beteiligtenkreis sind einerseits die höhere und niedere Bistumsgeistlichkeit, die andere geistliche Würdenträger, ferner die Priester und sonstigen Kleriker, zusammengefaßt in dem Begriff des „clerus"; angesprochen sind aber auch die beteiligten Laien, der hohe Adel der Diözese, bischöfliche Beamte und Vasallen, sowie die bischöflichen Ministerialien, erfaßt in dem Begriff des „populus". Der zuletzt genannte Kreis ist nicht als identisch anzusehen mit dem Kreis der fideles in der Vorgeschichte, dort war es der ständige Kreis der Berater, hier waren es die Teilnehmer der Synode. Im Gegensatz zum Lütticher Frieden spricht Sigewin in diesem Zusammenhang nur von den engeren Synodenteilnehmern, den ordnungsgemäß geladenen, so daß man für diesen Vorgang einen weiteren Kreis des einfachen Volkes ausscheiden muß. Dieser wird in der Form des „promittere" beteiligt.

In dem „pari voto consentire" erkennen wir wieder den Vorgang des Lütticher Friedens, dort bezeichnet mit „consensu omnium".

Das „Pari voto" ist nicht mit der Bedeutung eines Gelübdes zusammenzubringen,

---

78 Der Begriff der „parrochiani" darf nicht in dem engen Sinn des kirchenrechtlichen Verständnisses von Inhabern des Pfarreramtes verstanden werden, man muß ihn zum Verständnis des Gesamttextes hier weiter fassen; über die Rolle der städtischen Pfarrgemeinden für die Gottesfrieden vgl. Luise von Winterfeld, Gottesfrieden und deutsche Stadtverfassung, HGBl 1927, 9 ff. (18–20), allerdings geht die Verfasserin ungeprüft von einer Beeidigung der Gottesfrieden aus. Auf den Thesencharakter dieser Annahme wies schon Karl Frölich, Kirche und städtisches Verfassungsleben im Mittelalter, in ZRG Kan. XII (1933), 230 ff. hin.

79 P. Hinschius, System d. Kirchenrechts, Bd. II, S. 41.

80 Das „ordinatis aliis" kann man nur als Ablativus absolutus verstehen in der Form des Neutrum Plural, nicht als Maskulinum, da es sonst hinter den parrochianis stehen müßte und nicht so abgesetzt sein dürfte.

81 Vgl. zur Diözesansynode H. E. Feine, Kirchliche Rechtsgeschichte, § 21 II.

das hier geleistet worden wäre, ein in der Nähe des Eides stehendes Versprechen, vielmehr ergibt der Zusammenhang des „pari voto consentire“ zu dem „quomodo et quibus spaciis“, wenngleich dies direkt zu dem edocuimus gehört, die Bedeutung, daß der oben beschriebene Personenkreis in dem einheitlichen Wunsch, im Sinne von Bestreben, übereinstimmte, auf welche Weise und zu welchen Zeiten des Jahres Frieden zu halten sei. Es verstärkt die Aussage des „in unum conventum est“ des vorausgehenden Halbsatzes, in dem der Bischof zum Ausdruck bringt, daß die Einigung nur durch Gottes Hilfe zustandekam.

d) edocuimus Bevor die geschützten Zeiten detailliert genannt werden, schließt der Erzbischof die Erzählung des Ablaufs im Pluralis Majestaticus mit dem edocuimus ab des Inhalts: „quomodo et quibus spaciis per annum observari debeat“.

Darin liegt nicht allein die öffentliche Verkündigung im Sinne der Bekanntmachung dessen, was schon als gültig anerkannt ist, denn diese Art hätte nicht der Erzbischof selbst vorgenommen, sondern vornehmen lassen, wie dies auch in dem „recitari fecimus“ zum Ausdruck kommt. Vielmehr bedeutet das edocuimus die Verkündigung der einzelnen Gebote im Sinne einer autoritativen Anordnung, basierend auf dem „bannus episcopalis“, mit der wichtigen Konsequenz der Exkommunikation. Dazu war der Bischof befugt, hatte sich doch seit karolingischer Zeit in den ostfränkischen Bistümern die Vorstellung verbreitet, daß der Bischof die Diözese mit dem „bannus episcopalis“ regiere, d. h. der Befugnis, bei Strafe zu gebieten und zu verbieten. Orientiert ist diese Vorstellung kirchlich an dem päpstlichen „bannus Sti Petri“, weltlich am Königs- und Grafenbann. Wesentlichste Strafe war die Exkommunikation, ferner fanden Verwendung Absetzung der Kleriker, Fasten- und Geldbußen.

In der Form des Friedensbanns ist der „bannus episcopalis“ zuerst bezeugt mit dem Ziel, den Sprengel und die Einkünfte für eine Kirche bzw. deren Herrn zu sichern. Der Schritt vom Befriedungsakt eines konkreten Teiles des Bistumssprengels hin zu einer allgemeinen Friedenssetzung für die gesamte Diözese ist nicht allzu groß, insbesondere wenn sich die Fälle der Übergriffe ungewöhnlich mehren. Es bleibt aber noch die Aufnahme leiblicher Strafen zu klären, die neben die der Exkommunikation traten. Inwieweit war der Erzbischof hierzu befugt?

Zwei wesentliche Komponenten sind hier aufzuzeigen: Zum einen übte die Kirche auch über Laien Strafgerichtsbarkeit aus in Delikten, die nach kirchlicher Auffassung Sünde waren, darunter zählten vor allem: Unzuchtshandlungen, Tötungsdelikte und Verletzungsvergehen, aber auch Meineid, Ketzerei. Judiziert wurde in den Sendgerichten[82]. Die in dem Friedenstext angesprochenen Delikte decken sich mit den hier genannten weitgehend. Angesprochen sind das „homicidium“ genauso wie die „vulneratio“, sie sind die wesentlichen Delikte, die durch die Frieden bekämpft werden sollten.

---

[82] Vgl. dazu H. Brunner-C. v. Schwerin, Deutsche Rechtsgeschichte Bd. II, S. 434; ferner H. Planitz-K. A. Eckhardt, Deutsche Rechtsgeschichte, S. 180 f.

Zum anderen könnte auch hier gemeint sein die oberste weltliche Gerichtsbarkeit, über die der Erzbischof in der Stadt Köln verfügte. Zwar ist die Übertragung dieser Gerichtsgewalt urkundlich nicht nachgewiesen, doch wird im Privileg Ottos II. für Worms von 979, in dem der König dem dortigen Bischof den Gerichtsbann für „urbs" und „suburbium" überträgt, auf entsprechende Verhältnisse in Köln und Mainz Bezug genommen[83].

e) interdicimus Schließlich beansprucht der Erzbischof im Kapitel 17 die ausschließliche Gerichtsgewalt über die Kleriker und die sonstigen Angehörigen des geistlichen Standes (Religiosen), wenn er autoritativ verfügt: „Clericos vero et omnes sub hoc ordine degentes vitam banno nostro interdicimus laicali vindicta puniri, sed manifesto crimine deprehensi episcopo ipsorum praesententur." Der Text mit seinem „banno nostro interdicimus" bestätigt für diesen Passus die obige Annahme, daß der Erzbischof bei seinen Geboten unter Berufung auf den bischöflichen Bann handelt[84].

f) pacem Deo promittere Mit dem „edocuimus" schließt zunächst der Bericht des Erzbischofs über die Vorgänge des Friedenserlasses. Nunmehr schildert er die Friedensgebote, wie sie im einzelnen verpflichtend waren, einschließlich der Konsequenzen für die Verletzung. Angesichts dieses Ergebnisses ist man geneigt, die gleichen Folgerungen wie beim Lütticher Frieden zu ziehen. Der Inhalt der Kapitel 13, 14 und 15 mahnt jedoch zur Vorsicht.
Kapitel 13: „Si quis huic piae institutioni contraire nititur, ut nec pacem cum aliis Deo promittere nec etiam observare voluerit, missam illi nullus presbyterorum in nostro episcopatu cantare presumat et nullam salutis curam impendat; et si infirmatur, nullus eum christianorum visitare audeat et viatico etiam in fine, si non resipiscit, careat."
Kap. 14: „Summa vero Deo promissae pacis et communiter collaudatae ista erit, ut non solummodo nostris temporibus sed in perpetuum apud nostros posteros observetur, quia si quis eam irritare vel destruere aut violare presumpserit, ... a nobis inrecuperabiliter excommunicatus est."
Kap. 15: „Ac per omnes fideles meminisse oportet, non homini, sed soli deo hanc pacem primissam fuisse et tanto tenacius firmiusque observandam esse."

aa) pacem Deo promittere = eidliches Versprechen? In den Passagen der Kap. 13, 14 und 15, wo von „pacem Deo promittere" die Rede – was im Lütticher Frieden nicht der Fall ist – sehen diejenigen, die die Nichtzusammengehörigkeit

[83] Vgl. dazu U. Lewald, Köln im Investiturstreit, in: Vorträge und Forschungen, Bd. XVII, S. 375.

[84] Vgl. H. E. Feine, Kirchliche Rechtsgeschichte, § 21 I und III; ferner H. Brunner-C. v. Schwerin, Deutsche Rechtsgeschichte, Bd. II, S. 47 ff.; ferner J. Müller-Vorbehr, Art. „Bann" in Joh. Hoops, Reallexikon der Germanischen Altertumskunde, 12. Auflage, 1973, 1. Erg.-Lieferung S.'34 ff.

von Friedenstext und Iuramentumformel erkannt haben, das Zeugnis eines Eides, ohne daß sie dabei berücksichtigen, daß eine solche Intensivierung der üblichen Bedeutung von „promittere" als einfaches Versprechen nirgends nachgewiesen ist.[85] Abgesehen davon, daß man bei der Gesamtanlage des Briefes, der die sonstigen Vorgänge hinsichtlich des Zustandekommens (Vorüberlegung, Einberufung der Synode, Vorbehandlung und Erlaß) präzis schildert, gerade zu einem solchen Punkt eine ausführliche Erwähnung des Schwurprozesses vermißt, insbesondere wenn man den Brief in seiner Tendenz als Anregungsschreiben für einen Amtskollegen sieht, wird der gesamte Inhalt des Friedenstextes noch daraufhin zu untersuchen sein, ob nicht ein Eid hinter dem „promittere" steht.[86]
Die Androhung der Exkommunikation als Sanktion gegen die Friedensverletzung vermag für sich kein Indiz eines erfolgten Eides zu bilden. Wie schon erwähnt, war die Exkommunikation die Begleiterin des „bannus episcopalis", sie war Folge der Verletzung des Banngebotes allgemein, nicht speziell der Eidesverletzung.
Auch die sonstigen Konsequenzen einer Friedensverletzung sind nicht spezifisch auf den Eid zugeschnitten. Die Strafen von Kapitel 6 und 7 entsprechen in ihrer Anlage denen im Lütticher Frieden, so daß für die Strafe des „manu puniri, manu truncari" das dort für die Verstümmelungsstrafe Ausgeführte entsprechend gilt[87], es handelt sich um Verstümmelungsstrafen, nicht um spiegelnde[88].
Indizien dafür, in dem „pacem Deo promittere" einen Eid oder ein feierliches Gelübde zu sehen, gibt es a priori nicht. Es steht vielmehr für ein einfaches Versprechen.

bb) Personenkreis für das „pacem Deo promittere" Soll das bisher gefundene Ergebnis bestehen können, gilt es, auch den Personenkreis zu erforschen, der das Versprechen leistete, um daraus auf schon geübte Formen zu schließen, denen sich dieses Verfahren vielleicht anlehnte. Der Personenkreis läßt sich im wesentlichen aus den Kapiteln 13, 14 und 15 direkt erschließen und zwar unter Zuhilfenahme der Sanktionsnormen in Kapitel 6 und 7.
Kapitel 13 spricht mit dem „si quis" für einen weiten, alle Betroffenen umfassenden Personenkreis, was insbesondere folgt aus der Sakramentsverweigerung als Konsequenz des Si-quis-Satzes, da die kirchliche Heilssorge allen ohne Rücksicht auf den Stand galt. Das „cum aliis" fügt sich an, indem hier der weitere, nicht mit

---

[85] Vgl. J. F. Niermeyer, Mediae Latinitatis Lexicon Minus, Bd. I, S. 429, wo jedoch Erläuterungen beigefügt.
[86] K. Kroeschell, Deutsche Rechtsgeschichte, Bd. I, S. 184 ff. spricht nur im Zusammenhang der von Fürsten der päpstlichen Partei und der Großen einzelner Stammesgebiete aufgerichteten Frieden von „beschworenen", die hier angesprochene Stelle übersetzt er konsequent mit „versprochen" (vgl. S. 191 f.).
[87] Vgl. oben Teil I, Kap. 1, § 2, Ziff. 6.
[88] Daß es sich um Strafen entsprechend der Situation der Delinquenten handelt, bestätigt Kapitel 8, wonach Knaben unter 12 Jahren nicht die festgesetzten Strafen zu erleiden haben, sondern gepeitscht werden sollen.

einer präzisen Standesbezeichnung belegbare Kreis angesprochen wird. Kapitel 14 bestätigt diesen Befund in der Gegenüberstellung „Pacis Deo promissae" einerseits und „communiter collaudatae" andererseits. Erstere Passage schließt an das eingangs bereits besprochene „tam clero quam populo pari voto consentientibus" an und setzt dieses Verfahren gegen ein allgemeines „pacem promittere" eines weiteren Kreises ab[89].

Kapitel 15 spricht schließlich mit dem „omnes fideles" konkret aus, wer betroffene Gruppe ist, nämlich alle dem Bischof unterstehenden Gläubigen. Hier sind nicht die Getreuen allein gemeint, wie bei dem „consilio nostrorum fidelium", sondern der weite Kreis der Gläubigen, da als wesentlich das „nostri" fehlt. Es ist von der generellen, klassischen Bedeutung von „fideles" auszugehen: Alle Gläubigen sollen daran denken, daß der Friede nicht einem Menschen, sondern Gott versprochen wurde.

Das „pacem Deo promittere" ist damit auch hinsichtlich des Personenkreises, der diesem Verfahren unterworfen war, eingegrenzt; es waren generell die Gläubigen. Es handelt sich um einen bisher noch nicht festgestellten besonderen Versprechensakt, dem sich die Gläubigen zu unterwerfen hatten. Als solcher steht der Vorgang zum erstenmal vor uns, ob er allerdings wirklich so neu war, wird die folgende Untersuchung zeigen.

cc) Vorgänger des „promittere"-Verfahrens Wie schon mehrmals festgestellt, erscheint das Ergebnis gegenüber den bisherigen Forschungsresultaten neu, sah doch das gängige Friedensverständnis in dem „promittere" den letzten Anhaltspunkt für einen Eid, nachdem die Zusammengehörigkeit von Friedensbrief und Iuramentumformel erschüttert war. Nur so paßte der Kölner Friedensbrief in die geschaffene Systematik beeideter Frieden.

Verglichen mit der westfränkischen Friedensbewegung erscheint dieses Ergebnis so neu wieder nicht, hat es vielmehr einen Vorgänger in der an die Kirchenprovinz Köln angrenzenden Diözese Cambrai, die territorial bereits auf dem Boden des ostfränkischen Reiches lag, kirchlich aber zur Kirchenprovinz Reims in Westfranken gehörte.

Wie unten im Zusammenhang mit der ausführlichen Schilderung des Verlaufs der westfränkischen Friedensbewegung detailliert zu zeigen sein wird, gibt es keine ununterbrochene Kette nachweislich beeideter Frieden. Der Bischof von Cambrai spielte dabei für die Unterbrechung dieser Kette eine entscheidende Rolle. Ein Kontakt Kölns zu diesem Ereignis liegt angesichts der unmittelbaren geographischen Nachbarschaft nahe.

Die Gesta episcoporum Cameracensium[90] berichten über den Bischof Gerhard

[89] Daß das „pacis Deo promissae" in diesem Kapitel nach Angaben von L. Weiland in MGH Const. I, S. 602 fehlt, ändert am Gesamtbefund nichts; in den übrigen Kapiteln ist es belegt.

[90] MGH SS VII, S. 487.

der niederlothringischen Diözese Cambrai und seinen Standpunkt in der Friedensbewegung.
Zweimal wurde dem Bischof von seinen westfränkischen Amtskollegen der näher und entfernter liegenden Diözesen eine klare Stellungnahme zur Friedensbewegung, insbesondere zur eidlichen Begründung, abverlangt. Das erste Mal konnte er sich mit seiner Meinung, den Frieden zu gebieten sei Sache des Königs, weshalb er sich nicht an der Friedensbewegung beteiligen könne, auch von seinen Diözesanen einen Eid nicht verlangen wolle, nicht durchsetzen; er mußte schließlich auf Drängen zweier Äbte den Friedenseid gebieten. Zehn Jahre später hatte er mit seiner Position mehr Erfolg. Dies war 1036, also knappe 50 Jahre vor dem Ereignis von Köln. Über seine rechtliche und faktische Position, die sich von der seiner Amtskollegen in Westfranken deutlich abhob, wird unten[90a] noch ausführlich gehandelt. Hier interessieren die Fakten: „Deinceps populum ad audiendum sedat, et quam pacem inter se quaererent, qui comanducare eum volebant, edocet. Factoque verbo de salute animae, quae christianitatis lex iubet sua sponte se servare promittere monet; et cum deviarent, ad poenitentiam redirent." In einer sehr klaren Position gegen den Eid und für das einfache Versprechen dessen was Inhalt der „christianitatis lex" ist, sah Gerhard den richtigen Weg der Friedensverwirklichung. Es steht dem vom Gegenspieler Gerhards, dem Grafen Walter geforderten Eid, d. h. „pacem sacramento firmare iubere" ablehnend gegenüber. So wie der Bischof verlangt hatte, taten auch alle: „Alacres itaque facti, dicta eius pro vero tenentes, unanimes promiserunt, et ad propria cum pace redierunt."
Zieht man dieses erste ausdrückliche Zeugnis einer Kontrastellung gegen den Friedenseid und für das einfache Versprechen als Parallele für das Ergebnis von Köln heran und verfolgt die weitere westfränkische Bewegung, die im nördlichen Raum von da ab keine Eideszeugnisse mehr kennt, wird das Ergebnis gesicherter, in dem „pacem Deo promittere" nur ein einfaches Versprechen und keinen Eid zu sehen, ein einfaches Versprechen dessen, was Glaubensgebot an sich.
Daraus kann man schließen, daß ein Versprechen, den Frieden zu halten, bei Aufrichtung des Friedens von Köln zwar geleistet wurde, dieses als einfaches Versprechen aber unter dem Vorzeichen stand, das Versprochene sei Inhalt der „lex christianitatis". Die Drohung mit der Exkommunikation bei Verletzung des Versprechens erhält durchaus über den oben schon angesprochenen formellen Grund hinaus auch noch ihre inhaltliche Erklärung, sie ist die Konsequenz für die Nichteinhaltung der Glaubensgebote.[91] Damit ist das Verständnis des promittere als einfaches Versprechen auch quellenmäßig belegt.

[90a] Vgl. unten Teil 2, Kapitel 2, § 3 Ziffer 3.
[91] Die vorsichtige Formulierung bei E. Wadle, Heinrich IV. und die Friedensbewegung, in: Vorträge und Forschungen Bd. XVII, S. 165, berücksichtigt in ihrer Konsequenz, hinter dem „promittere" stehe eine eidliche Bekräftigung, nicht die Vorgänge von Cambrai.

§ 4 Textliche Typisierung der Friedensgebote

Bleibt zu fragen, welche Begriffe im Text selbst gebraucht werden, um den Rechtscharakter des Friedens zu beschreiben. Am häufigsten begegnet die Verbindung des Friedens mit „statuere" oder einem Kompositum wie „constitutio" oder „institutio"[92]. Diese Bezeichnungen wird man nicht nur als neutrale Termini auffassen können in dem Sinne, daß sie nichts über die Form des Zustandekommens aussagen. Vielmehr wird man in „statuere" die Hauptbedeutung eines autoritativen Anordnens durch eine Amtsperson sehen müssen[93]; verstärkt wird dieser Befund in dem Terminus „statuta traditio", da hier der Begriff „traditio" in seiner klassischen Bedeutung einer Überlieferung im gesamten Text nicht angesprochen ist, insbesondere der Verfasser des Berichtes nie den Versuch macht, auf frühere Friedensaufrichtungen Bezug zu nehmen. „Taxatio" bezeichnet das Produkt, den Frieden[94]. Neutraler dagegen gibt sich die Bezeichnung „pax condita"[95]. Hier wird mehr das Resultat eines Verfahrens markiert, ohne daß in dem „condere" schon ein näherer Hinweis auf das Wie des Verfahrens zu finden wäre. Faßt man die Termini in ihrer Bedeutung zusammen, wie sie den Friedenstext selbst rechtlich zu typisieren scheinen, so bestätigt sich der bisherige Befund, daß der Friedensbrief eine autoritative Anordnung zusammen mit anderen Mitwirkungsformen darstellt, das Element der Selbstbindung findet sich nicht in den Begriffen[96].

§ 5 Zusammenfassung

Der Verpflichtungsgrund für den Kölner Frieden setzt sich aus mehreren Komponenten zusammen, die alle zusammenwirken, um die Friedenspflichten verbindlich zu machen: Das autoritative Gebot des Erzbischofs, vor dessen Manifestation die auf der Diözesansynode versammelten höheren und niederen Geistlichen, mächtige Laien, bischöfliche Beamte und Vasallen den Geboten zustimmten; schließlich das einfache Versprechen der Friedensgebote als Inhalt der christianitatis lex. Wie man demnach einerseits nicht die eine Komponente von der anderen trennen kann, den Kölner Frieden weder allein durch autoritatives Gebot oder allein durch Versprechen zustandegekommen bezeichnen darf, so ist es anderer-

---

92 Haec pacis statuta traditio in Kap. 6, ferner Kap. 12, Kap. 10 und 13.

93 Vgl. zu constituere als autoritativer Anordnung G. Köbler, Das Recht im frühen Mittelalter, S. 58.

94 Ista pacis necessaria taxatio in Kap. 15.

95 Pax condita in Kap. 4.

96 Vgl. G. Meyer v. Knonau, Heinrich IV. Bd. IV, S. 24, Anm. 42, der für den Text ebenso wie für den Mainzer Frieden feststellt, daß aus dem Gesamtinhalt der Urkunde zu schließen, ein hoher Geistlicher, nicht etwa der Kaiser die Vorschriften erteilt habe; bemerkenswert weiter, daß der König überhaupt nicht beteiligt war, wie G. Meyer v. Knonau Bd. III, S. 508 näher ausführt.

seits nicht möglich, die Gewichtigkeit der einzelnen Elemente genau festzustellen, man muß diese auch hier als Einheit sehen, die in ihrem Zusammenwirken letztlich die Verbindlichkeit begründen.

Kapitel 3
Der Friede von Mainz oder Bamberg (1085)

Ein bei Pertz[97] und bei Weiland[98] wiedergegebener Text läßt sich territorial nicht präzis fassen, enthält für die Entstehung lediglich die Jahresangabe 1085. Eine präzisere Zuordnung kann erst im Verlauf der Textuntersuchung erfolgen.

§ 1 Typologischer Befund

Der Text ist – wie bereits beim Kölner Friedensbrief abgehandelt – in einer Bamberger Handschrift des 12. Jahrhunderts überliefert, es handelt sich um die Abschrift des Friedenstextes. U. Eggert[99] sieht in dieser Quelle keinen fertigen Frieden, sondern einen Entwurf oder eine verkürzte Abschrift für einen Friedenserlaß, die sich an den Kölner anlehnt. Die Erwägungen U. Eggerts können nicht überzeugen. Für einen Entwurf gibt sich das Friedenszeugnis zu komplett, verglichen mit dem Kölner Frieden ist es zu vollständig. Und die zahlreichen Parallelen zum Lütticher und Kölner Text erklären sich aus der Tatsache, daß in Mainz Erzbischof Sigewin von Köln anwesend war (und auch Heinrich von Lüttich), ja aufgrund des Mitvorsitzes Sigewins bei der Synode ein nicht unwesentlicher Einfluß auf den Inhalt durch ihn ausgeübt wurde; die Nähe des Textes zu Mainz ist deshalb größer als zu Bamberg, „Praesidebant quoque huic synodo Wezelinus Moguntiae ecclesiae archiepiscopus et Eilbertus Trevirensis archiepiscopus atque Sigevinus Coloniensis archiepiscopus[100]".
Im Ergebnis bleibt festzuhalten: Es handelt sich bei dem vorliegenden Text um eine selbständige Urkunde, die sich inhaltlich an die Beschlüsse von Köln anlehnt, sie in einigen Punkten erweitert[101], so daß sich die Ähnlichkeiten zwischen

---

97 Pertz MGH LL II, 55.

98 L. Weiland, MGH Const. I, 605 ff., beiden Benennungen liegt ein einheitlicher Text zugrunde.

99 U. Eggert, Studien zur Geschichte der Landfrieden, S. 8 ff.: „entkonkretisierter neutralisierender Entwurf".

100 Vgl. dazu S. Herzberg-Fränkel, Die ältesten Gottes- und Landfrieden in Deutschland, S. 140; ferner G. Meyer v. Knonau, Heinrich IV., Bd. IV, S. 210.

101 Am wichtigsten die Erweiterung der geschützten Wochentage auf Donnerstag; generelles Waffentrageverbot an allen Friedenstagen; ferner die ausdrückliche Befriedung der Kaufleute auf Handelsreise, der Bauern bei der Feldarbeit, der Frauen und Geistlichen; W. Schnelbögl, Die innere Entwicklung der bayerischen Landfrieden des 13. Jahrhunderts, S. 223, schließt daraus auf einen Einfluß der lothringischen Reichsbischöfe, d. h. auf westfränkischen Einfluß.

Lütticher, Kölner und Mainzer Text nicht nur zufällig erweisen, sondern sich der Einfluß des einen Friedens auf den anderen auch aus den äußeren Gegebenheiten belegen lassen: Die Bischöfe der Diözesen waren bei den einzelnen Friedensaufrichtungen anwesend.

§ 2 Geographische Zuordnung

Aus einem Bericht des Ekkehardi Chronicon, das nach eigenen Worten des Chronisten 1099, also 14 Jahre nach Entstehung des Friedens begonnen wurde, entnehmen wir für das Jahr 1085[102]: „A. D. 1085 Synodus Mogontiae habetur, cui interfuit imperator; ubi presentibus legatis Romanorum, omnes episcopi rebelles imperatori deponendi iudicantur, ceteri vero anathemate, ut videbatur, condempnantur. Ibi etiam communi consensu atque consilio constituta est pax Dei."
Die Synode von Mainz richtet sich gegen eine Versammlung des Gegenkönigs Heinrichs IV., Hermann, zu Quedlinburg in Gegenwart des päpstlichen Legaten und anderer Papst Gregor VII. treuer Erzbischöfe, Bischöfe, Äbte. Denn im Anschluß daran hielt Heinrich IV. mit seinen Anhängern, darunter dem päpstlichen Legaten des Gegenpapstes, Clemens III., eine Synode zu Mainz ab, wobei er die Papst Gregor VII. und dem Gegenkönig treuen Bischöfe (episcopi rebelles) absetzen ließ[103]. Bei dieser Gelegenheit wurde ein „pax Dei" eingerichtet. Dieser „pax Dei" könnte um so wahrscheinlicher unser Text sein, als die strenge Kirchenreformpolitik Gregors VII. die meisten Reichsbischöfe, unter ihnen den Mainzer und Kölner Erzbischof, auf die Seite des Kaisers trieb[104].
Ebenfalls von einer Synode in Mainz zum Jahre 1085 zeugt das bei Pertz[105] gedruckte Einladungsschreiben Kaiser Heinrichs IV. an Bischof Robert von Bamberg[106]. Dieses Schreiben bestätigt die Initiative des Kaisers, den Drangsalen der ganzen Kirche, den Irrtümern in ganz Sachsen und der Verwüstung der „Metensis ecclesia" ein Ende zu bereiten. Auf den Rat der Getreuen soll dann der Beschluß des Kaisers zustandegekommen sein, in Mainz eine Synode abzuhalten, auf der alle „principes regni nostri fideles" anwesend sein sollten und außerdem

---

[102] MGH SS VI, S. 205.

[103] Vgl. zu diesen Vorgängen das ausführliche Verzeichnis von Quellenaussagen bei G. Meyer von Knonau, Heinrich IV., Bd. IV, S. 547 ff., das aber nur mittelbar für die Frage der Beteiligten für diese Untersuchung von Bedeutung ist; die Liste der abgesetzten Bischöfe a.a.O. S. 23.

[104] Zur Vorgeschichte der Verbindung Reichsepiskopat – König vgl. Chr. Schneider, Sacerdotium, S. 94 ff.

[105] Pertz MGH LL II, 54.

[106] Nach der Absetzung Bischof Hermanns von Bamberg durch Gregor hatte Heinrich, ohne sich an die Beschlüsse der Fastensynode zu halten, Ende 1075 Robert in Bamberg zum Bischof eingesetzt, was Robert fest an den Kaiser band. Christian Schneider, S. 134, sieht gerade in diesem Einsetzungsakt, der auch im Auftrag des Papstes im Kampf gegen Hermann geschah, aber noch nach dem bisherigen Investitur modus eine einseitige Festigung des Bündnisses zwischen König und Reichsepiskopat.

alle, deren Treue oder deren kluger Rat dem Kaiser nützlich erschien; zu diesen Männern zählte der Kaiser den Bischof von Bamberg[107].
Im Friedenstext sucht man vergeblich nach einem Anknüpfungspunkt an das durch diese beiden Stellen relativ reichliche Datierungsmaterial, sei es daß der Kaiser namentlich genannt oder zumindest seine Teilnahme erwähnt ist, sei es daß die Kirche von Sachsen und ihre Bedrängnis näher herausgestellt wurde. Die zeitliche Übereinstimmung der geschichtsschreiberischen Zeugnisse und der Textangabe bleibt der einzige gemeinsame Faktor.
Auch der Versuch, aus den Angaben der Friedensinhalte den Text näher zu orten, scheitert, da die erzählenden Quellen nichts über den Friedensinhalt aussagen. Lediglich Kapitel 10 erweist, daß es sich um die Urkunde eines kaisertreuen Kreises handeln muß, da eine Ausnahme von der Friedensfestsetzung für den Fall gemacht wird, daß „dominus imperator"[108] öffentlich einen Heereszug befiehlt, um die Feinde des Reiches zu ergreifen oder eine Versammlung abzuhalten, um die Gegner des Rechts zur Verantwortung zu ziehen. Dies bleibt der einzige, aber doch sehr gewichtige Ansatzpunkt.
L. Weiland folgert, es handle sich bei dem vorliegenden Friedenstext nicht um einen Text des Mainzer Konzils, sondern um einen Frieden, der noch vor den Mainzer Ereignissen in Bamberg ausgerichtet worden sei. Dagegen spricht neben den bisher schon besprochenen Gründen auch noch der Umstand, daß der Geltungsbereich des Friedens nicht auf das Diözesangebiet beschränkt ist, wie man dies für einen Bamberger Text erwarten könnte. Die nicht eingeschränkte Geltung deutet auf einen Mainzer Frieden[109]. Das weist auf einen über die Diözesangrenzen hinaus geltenden Frieden. Schließlich belegt Bamberg als Fundort der Handschrift, die diesen Text beinhaltet am wenigsten die Möglichkeit eines Bamberger Friedens. Allzuleicht könnte es sein, daß es sich beim Text um den von Mainz handelt, den ein Begleiter des Bischofs in Abschrift mit nach Bamberg brachte.

§ 3 Teilnehmerkreis und Teilnahmeform

Die zahlreichen inhaltlichen Übereinstimmungen der beiden Texte, des Kölner Friedensbriefes und des Mainzer Textes, die bereits im Rahmen der Abhandlung

107 Weitere Zeugnisse von der Ausschreibung der Synode bei G. Meyer v. Knonau, Heinrich IV., Bd. IV, S. 14, Anm. 26.

108 Es ist von „dominus imperator", nicht von „dominus rex" die Rede, so daß man von daher eine Zuordnung des Textes zum Kreis des Gegenkönigs Hermann ausschließen kann.

109 Als Bamberger Friedenstext ordnet ihn wohl auch V. Achter ein; vgl. Ursprung der Gottesfrieden, S. 17; ferner derselbe Art. „Gottesfrieden" in: HRG, Sp. 1762 ff.; ferner C. W. Görris, De denkbeelden over orloog, S. 212 ff., die Frage ist offengelassen bei W. Schnelbögl, Die innere Entwicklung der bayerischen Landfrieden des 13. Jahrhunderts, S. 223.

des Kölner Friedensbriefes festgestellt wurden, sind ein gewisses Präjudiz für Parallelen beim Verpflichtungsverfahren.
Dieses Verfahren erfolgte nach dem Text im einzelnen wie folgt:

1. Der Initiator des Friedens bei der Vorbereitung der Diözesansynode

subvenire tractavimus, ut pacem confirmaremus
Auch dieser Text (ohne daß er in die Form eines Briefes gekleidet wäre) beginnt mit der Schilderung der Ursachen für die Errichtung des Friedens
„Cum nostris temporibus ultra modum tribulationibus sancta ecclesia affligeretur, compatiendo tot pressuris totque periculis subvenire illi Deo propitiante tractavimus, ut pacem, quam peccatis nostris exigentibus continuare non potuimus, intermissis saltem diebus aliquatenus confirmaremus."
Es begegnet wieder der Pluralis Majestaticus des Initiators, die Identität der Person wird nicht klar. Diese Person schildert jedenfalls angesichts der Bedrängnisse, die die Kirche zu erleiden hatte, die Vorüberlegungen, die durch Gottes Gnade folgenden Ausweg aufzeigten: „ut pacem intermissis saltem diebus aliquatenus confirmaremus." Das „confirmaremus" schließt sich an das „tractavimus" in demselben Pluralis Majestaticus an und besagt inhaltlich: Bekräftigung des Friedens. Dieser Begriff drückt aber nicht aus, daß man sich auf einen bereits bestehenden Frieden – gleichen Inhalts– stützen konnte, der neu bestärkt wurde, sondern meint die Einführung des Friedens generell, d. h. geordneter Zustände, in denen die Bedrängnisse der Kirche aufhörten. Hinsichtlich des Verfahrens läßt sich aus dem „confirmaremus" nur so viel entnehmen: Die mit dem Plural gemeinte Person begründet den Frieden.

2. Erlaß des Friedens

a) constitutum est pari voto consentientibus Auch Kapitel 2 mit der Formulierung: „. . . Deo mediante tam clero quam populo pari consentientibus voto constitutum est, ut hoc pacis decretum teneatur" bringt im Neutrum keinen konkreten Hinweis auf die Person desjenigen, der Hauptinitiator des Friedens. In dem „constitutum" – bezogen auf das „confirmaremus" – steckt die autoritative Setzung, was beim Kölner mit „edocuimus" bezeichnet ist. Für die Mitwirkungsform des „tam clero quam populo pari voto consentientibus" gilt das beim Kölner Frieden Angeführte[110] entsprechend. In diesem Zusammenhang muß wieder auf die erzählenden Quellen – hier auf den Bericht Ekkehards – eingegangen werden, der für Mainz berichtet: „Ibi etiam communi consensu atque consilio constituta est pax Dei." Da der hier besprochene Text den in Mainz entstandenen Frieden niederschreibt, darf man diesen Bericht unmittelbar zur Ergänzung des in Kapitel 2 Geschilderten heranziehen. Zwar deutet das „communis" auf eine sehr breite

[110] Vgl. Kapitel 2, § 3, 2c.

Basis derjenigen hin, die ihren „consensus" und ihr „consilium" liehen, doch wird man dieses „communis" unter der Einschränkung sehen müssen, daß gemeint nur sein kann, wer nach dem vorangehenden Text an der Synode beteiligt war. Hier gilt dann das oben schon Ausgeführte, d. h. es sind die engeren Beteiligten der Synode und nicht Klerus und Volk im weiten Umfang, repräsentativ für die gesamten Gläubigen des Bistums wird man davon ausgehen können, daß zum populus noch die Bürger der Bischofsstadt zählten.

In dem „communi consensu atque consilio" Ekkehards – gleichbedeutend dem textlichen „tam clero quam populo pari voto consentientibus – begegnet uns eine Form der Beteiligung, wie sie nicht nur den Frieden eigen war. Diese Form der Mitwirkung eines verschieden großen Kreises an einem Gebotsverfahren finden wir häufig im Mittelalter[111]. Ob freilich die beiden Termini consensus und consilium gleichbedeutend sind, wie F. Kern[112] behauptet, darf man bezweifeln. Vielmehr steckt hinter dem Topos jener Komplex, der mit der Beratung beginnt und zu der Übereinstimmung mit der Hauptperson des Erlaßaktes führt. Er ist die präzise Beobachtung und Beschreibung des Gesamtvorganges.

b) ab omnibus dicta est sententia Die in Kapitel 6 des Textes folgende Passage: „. . . ab omnibus dicta est sententia . . ." schließt sich konsequent diesem Ergebnis an und drückt aus: Nicht nur im Bereich des Friedensinhalts, auch im Bereich der Sanktionen fußt der Friede auf Übereinstimmung, wobei das „ab omnibus" auf den oben angesprochenen Kreis bezogen ist. Dabei hebt dieses Ergebnis die einseitige Trägerschaft durch die im Pluralis Majestaticus sprechende Person nicht auf.

c) a nobis exommunicatus est – banno interdicinus Noch fehlt uns ein konkreter Hinweis auf die Person desjenigen, der nach den bisherigen Ergebnissen als Initiator des Friedens bestimmt werden könnte.

Die Regelung in Kapitel 14: „Si quis autem illam (pacem) sive in presenti tempore sive in perpetuum apud posteros nostros violare presumserit, a nobis inrecuperabiliter exommunicates est", zusammen mit der in Kapitel 18: „Banno etiam nostro interdicimus, ne aliquis sacri ordinis huius sanctae pacis transgressor convictus laicali vindicta puniatur, sed episcopo praesentetur", lösen in Anlehnung an den Kölner Friedensbrief die Frage nach der Trägerperson überraschend eindeutig.

Waren die Strafen für die Friedensverletzungen mit ihrem gemischt weltlich-geistlichen Charakter noch keine eindeutige Aussage für die Trägerschaft, so ist das „a nobis", verbunden mit der ausschließlich geistlichen Strafe der Exkommunikation, und das „banno nostro interdicimus laicalem vindictam" ein präziser Hinweis auf

---

[111] Vgl. Nachweise bei F. Kern, Gottesgnadentum und Widerstandsrecht, VIII, Anmerkung 280.

[112] Unter Berufung auf G. Waitz, Verfassungsgeschichte Bd. III, S. 2; ferner H. Bresslau, Handbuch der Urkundenlehre für Deutschland und Italien, S. 2, 34.

die Trägerschaft des Friedens durch einen Bischof. Wie beim Kölner Frieden bereits ausgeführt, ist der Bischof der Inhaber des „bannus episcopalis“ mit der wichtigen Folge der Exkommunikation, steht damit hinter dem Frieden ein Bischof. Ist aber nun die Trägerperson für den Frieden bestimmt, sind die Parallelen zum Kölner Frieden bestätigt.

d) Mitwirkungsnachweis des Kaisers Eine Frage muß aber im Zusammenhang mit der nicht klärbaren Problematik der territorialen Zuordnung noch einmal aufgegriffen werden: Inwieweit bringt der Text neben der pauschalen Bezeichnung des „tam clero quam populo“ konkretere Zeichen für die Beteiligung des Kaisers, der ja nach den erzählenden Quellen in Mainz anwesend war?
Ein Hinweis darauf fehlt im gesamten Text. Aus der gesamten Traditionspraxis des 11. Jahrhunderts, die dort, wo der Kaiser agiert, dessen Anwesenheit auch überliefert, ferner aufgrund der Funktion, die die Nähe des Kaisers zum Frieden hat – der Lütticher Friede bewies dies – kann man das Fehlen nur daraus erklären, daß sich der Kaiser aus politischen Gründen im Hintergrund hielt und die Friedensaufrichtung bei den Bischöfen in besseren Händen sah[113], nicht zuletzt, weil dieser Friede an den von Köln anschloß.

e) Pacem Deo promittere Für diesen Passus gilt das, was zum Kölner Friedensbrief ausgeführt wurde. Dabei ist hier zu betonen, daß nicht wie beim Kölner Friedensbrief die Kapitel 13, 14 und 15 jeweils diesen Passus kennen, sondern daß er bei diesem Text nur in dem mit dem Kölner Friedensbrief gleichlautenden Kapitel 13 vorkommt.

§ 4 Textliche Typisierung der Friedensgebote

Für diesen Abschnitt kann ebenfalls auf die Ausführungen zum Kölner Frieden Bezug genommen werden, mit einer Ausnahme, daß hier in Kapitel 2 noch von „hoc pacis decretum“ die Rede ist. Auch für diesen Terminus kann man nicht ohne weiteres F. Kern[114] folgen, wenn er die rechtliche Verschiedenheit der Abstufungen consilium-consensus-decretum verneint. Vielmehr muß man davon ausgehen, daß „decretum“ das Produkt bezeichnet, dem „consensus et consilium“ als Teilakte vorangehen. Dabei wird man „decretum“ nicht so eng verstehen dürfen, als handle es sich um einen Beschluß eines Gremiums, bestehend aus gleichberechtigten Amtsträgern, vielmehr steht dieses „decretum“ für das Produkt eines bischöflichen Erlasses – autoritativ – unter Beteiligung von „clerus“ und „populus“ in dem oben besprochenen engen Sinne.

---

[113] Diesen realpolitischen Aspekt übersehen A. Kluckhohn, Geschichte des Gottesfriedens, S. 76; R. Goecke, Die Anfänge der Landfriedensaufrichtungen in Deutschland, S. 58; U. Eggert, Studien zur Geschichte der Landfrieden, S. 8.

[114] F. Kern, Gottesgnadentum und Widerstandsrecht, Anhang VIII, Anm. 280, S. 270.

§ 5 Zusammenfassung

Der Friedenstext erweist sich bei Betrachtung des Inhalts als der Mainzer Diözesansynode sehr verwandtes Zeugnis und damit auch hinsichtlich der Entstehungs- und Verpflichtungsform dem Kölner Text nahestehend, weil in Mainz der Erzbischof von Köln nachweislich mit den Vorsitz führte.
Auch hier lassen sich die einzelnen Komponenten vom autoritativen Gebot des Bischofs im Pluralis Majestaticus über die Mitwirkung der Synodenmitglieder und schließlich das einfache Versprechen des Volkes herauskristallisieren. Sie zusammengenommen ergeben hier wie beim Kölner Frieden die endgültige Verbindlichkeit des Friedens.

Kapitel 4
Bayrische Friedenszeugnisse aus den Jahren 1093 und 1094

§ 1 Typologischer Befund

Eine aus dem 12. Jahrhundert stammende Münchner Handschrift mit einem sieben knappe Kapitel umfassenden Friedenstext, dessen feste Zuordnung zu historischen Ereignissen mangels konkreter Zeit- und Personenangaben noch ungeklärt ist, gibt L. Weiland[115] als „Pax Bavarica" wieder, datiert auf das Jahr 1094. Eine präzisere Zuordnung soll im folgenden versucht werden.

§ 2 Zuordnung zu erzählenden Quellen

1. Ereignisse des Jahres 1122 bzw. 1097

Pertz und Stumpf rechnen nach Angaben von L. Weiland diesen Text Kaiser Heinrich V. und dem Jahr 1122 zu. G. Waitz[116] meint, es handle sich um einen königlichen Frieden, der vielleicht in das Jahr 1094 gehöre[117], als Kaiser Heinrich entsprechend einer Notiz Ekkehards[118] nach seiner Rückkehr aus Italien in Mainz „cum principibus colloquium de pace habuit". Diese These gab G. Waitz später allerdings auf und schloß sich S. Herzberg-Fränkel[119] an, wonach der Text ein Friede des Bayernherzogs Welf sei; L. Weiland bringt ihn vollends mit dem Bericht Bernolds zu den Jahren 1093 und 1094 in Beziehung[120]. Dies geschieht zu

---

115 L. Weiland, MGH Const. I Nr. 427, S. 609/610.
116 G. Waitz, Urkunden zur deutschen Verfassungsgeschichte, S. 14.
117 Ihm folgt U. Eggert, Studien zur Geschichte der Landfrieden, S. 23.
118 MGH SS VI, S. 209.
119 S. Herzberg-Fränkel, Die ältesten Gottes- und Landfrieden in Deutschland, S. 146 ff.
120 In der bisherigen Betrachtungsweise der Begriffe von Gottesfrieden und Landfrieden ordnet V. Achter, Geschichte der Gottesfrieden, S. 17, den Text unter die Kategorie der

Recht, da die erzählenden Quellen sowohl zum Jahr 1122 als auch zum Jahr 1097 zu wenig Anhaltspunkte für Friedensaufrichtung und Friedensinhalt bringen, sich dagegen Übereinstimmungen inhaltlicher Art bei Bernold und beim Friedenstext finden.

2. *Ereignisse des Bernold'schen Berichts*

a) Ereignisse des Jahres 1093 Für die Argumentation L. Weilands spricht ohne Zweifel, daß mit „regnum"[121] nicht nur ein königlicher Herrschaftsbereich bezeichnet wurde, sondern auch ein herzoglicher, „regnum" sowohl für „imperium" als auch für „ducatus" bzw. „provincia ducis" stehen kann[122].
Auch aus der Geltungsdauer des Friedens, für die Bernold[123] zum Jahr 1093 angibt: „. . . se observaturos a VII Kal. Decembris usque in pascha in duos annos iuraverunt", – und der Friedenstext lautet: „. . . et sacramentum servaturi sumus hinc ad pascha et inde ad duos annos"[124], lassen sich Anhaltspunkte einer Zusammengehörigkeit entnehmen. Schließlich finden sich bei den geschützten Objekten Übereinstimmungen. Bedenkt man aber, daß sowohl bezüglich der Dauer als auch bezüglich der geschützten Gegenstände und Personen bei zahlreichen, nicht unmittelbar zusammengehörenden Friedensberichten Übereinstimmungen festzustellen sind, ganz einfach, weil die Frieden in gleichgelagerten Fällen errichtet wurden, so spricht folgende gewichtige textliche Abweichung gegen eine Zusammengehörigkeit: Bernold nennt bei den vom Frieden ausgenommenen Personen: „. . . excepto Arnaldo invasore Constantiensis aeclesiae et omnibus eius fautoribus." Der Friedenstext dagegen spricht bei den Ausnahmen von „. . . exceptis his, qui equos extra regnum nostrum vendunt . . ."[125]. Diese Ausnahmen meinen nicht ein und denselben Vorgang.
Mit dem ausgeklammerten Arnaldus war gemeint der kaiserlich gesinnte Arnaldus von Heiligenberg im Linzgau, der 1092 von Heinrich IV. zum Gegenbischof des papsttreuen und gegenkaiserlichen Bischofs von Konstanz, Gebhard, einem Bruder des Berthold von Zähringen, eingesetzt wurde[126]. Diese Tatsache nahm die zähringisch-welfische Partei, eben die Partei, die auf der Versammlung von Ulm zugegen war, damals zum Anlaß, Arnaldus, einen Mönch des Klosters St. Gallen, zum Eindringling der Kirche von Konstanz zu erklären und als Friedbrecher zu behandeln. Bernold berichtet: Nachdem der Bayernherzog Welfo „in militem"

Gottesfrieden. Außer Schutzbestimmungen für Kirchen und Kirchenpersonen enthält der Friede aber keine spezifischen Merkmale einer gängigen Gottesfriedensdefinition, eine solche vermeidet V. Achter in der gesamten Abhandlung.

121 Vgl. Kap. 1: „. . . exceptis his, qui equos extra regnum nostrum vendunt . . ."

122 Vgl. Nachweise bei Du Cange VII, Sp. 97.

123 MGH SS V, S. 457.

124 Vgl. Kap. 1.

125 Vgl. Kap. 1.

126 Vgl. G. Meyer von Knonau, Heinrich IV. Bd. IV, S. 374 f.

aufgenommen war und zwar „per manus“[127], wobei der Bischof von Konstanz, Gebhard, als „legatus apostolicae sedis“ fungierte[128], ein Ereignis, das am Schwabenherzog Berthold schon vollzogen war[129], gelobte man, daß man dem Konstanzer Bischof (als Vertreter der päpstlichen Partei) aufs genaueste gehorche nach dem kirchlichen Recht und daß man dem Herzog Berthold und den Grafen nach Alamannischem Recht zu Willen sei („secundum legem Alamannorum“). Eine solche wichtige Ausnahme, von hochpolitischem Ausmaß, wie nach diesen Zusammenhängen feststeht, dürfte – wäre der Friedenstext mit der Zusammenkunft von 1093 zusammenzubringen – kaum verschwiegen worden sein gegenüber der Verpflichtung, keine Pferde außerhalb des Herrschaftsbereiches zu verkaufen. Mit den Ereignissen von Ulm zum Jahre 1093 hat die Handschrift, die Weiland als „Pax Bavarica“ wiedergibt, deshalb nichts zu tun. Wahrscheinlich wurde zu dem Bericht des Bernold für 1093 bis zum heutigen Tag keine Abschrift des Friedensinhaltes gefunden, falls die Friedensverpflichtungen überhaupt schriftlich festgehalten wurden.

b) Ereignisse des Jahres 1094 Bernolds Angaben zu den Vorgängen von 1094 und der Friedenstext haben eine bedeutende Gemeinsamkeit: In beiden Fällen kommt ein in Gang befindlicher Prozeß der Friedensausbreitung zum Tragen, der die Zusammengehörigkeit beider Zeugnisse sehr wahrscheinlich macht. Der Friedenstext besagt: „. . . et his, qui etiam eandem pacem nobis iurant vel iuraverunt vel iuraturi sunt . . .“, Bernold berichtet: „Welfo dux Baioriae firmissimam pacem, quam dudum cum Alamannico duce Bertholdo et reliquis Alemanniae principibus iniciavit, usque Baioariam, immo usque ad Ungariam propagavit. Francia quoque Teutonica[130] et Alsatia eandem pacem in suis partibus se observaturos iuramento decreverunt[131].“ Man kann deshalb wohl davon ausgehen, daß der Friedenstext die Ereignisse des Jahres 1094 wiedergibt.
Um ein abgerundetes Bild über die Vorgänge in Bayern zu erhalten, als zum erstenmal die weltlichen Mächtigen, insbesondere die Herzöge von Bayern und Schwaben für den Frieden tätig geworden waren, bedarf es der getrennten Untersuchung von Teilnehmerkreis und Teilnahmeform bei den Vorgängen von 1093 und 1094.

---

127 Über den Modus des „per manus“ vgl. i. e. G. Meyer von Knonau, Heinrich IV., Bd. IV, S. 402, Anm. 21.
128 Über die Ernennung Gebhards zum päpstlichen Vikar durch Urban II. am 18. April 1089 vgl. G. Meyer von Knonau, Heinrich IV., Bd. IV, S. 253 ff.
129 Über die Hintergründe vgl. S. v. Riezler, Bairische Geschichte, Bd. 1, 2, S. 173, insbesondere über die Hinwendung Welfs zur päpstlichen Partei als Vasall des hl. Petrus.
130 Mit „Francia Teutonica“ wird das nach unserem Verständnis ostfränkisch engere fränkische Gebiet angesprochen sein.
131 MGH SS V, 458.

§ 3 Teilnehmerkreis und Teilnahmeform bei Bernold 1093

1. iuraverunt tam duces quam comites

Bernold beginnt mit der Tätigkeit des päpstlichen Legaten Gebhard, dem wir noch als Initiator eines Friedens für seine Diözese Konstanz begegnen werden; Gebhard hielt mit Welf und Berthold eine große Versammlung bei Ulm[132]. Zunächst wurde aufs festeste gelobt, daß man dem Bischof von Konstanz unbedingt nach kirchlichem Recht Gehorsam leiste und daß man dem Herzog Berthold und den Grafen nach alamannischem Recht gehorsam sei – eine deutliche Abgrenzung zum ostfränkischen Reich. Der Vorgang der Friedensaufrichtung war dann so: „Deinde tam duces quam comites, tam maiores quam minores firmissimam pacem se observaturos iuraverunt", und zwar für die Zeit „a VII Kal. Decembris usque in pascha in duos annos".

Zum erstenmal in der bisherigen Betrachtung der ostfränkischen Friedensbewegung begegnet der präzise Terminus für den Eid: „iuraverunt".

Mit den schwörenden Herzögen sind gemeint Welf von Bayern und Berthold von Schwaben. Diese Feststellung ist eindeutig. Für die Grafen beläßt es der Chronist bei der Sammelbezeichnung, Namen werden nicht genannt. Das „tam maiores quam minores", das der Sammelbezeichnung der Grafen folgt, bedeutet keine nähere Präzisierung der Grafen, etwa in der Art, daß es reichsunmittelbare oder reichsmittelbare waren – einer solchen Präzisierung bedurfte es nicht, die Position zum Reich war bezogen durch die Parteinahme für den päpstlichen Legaten Gebhard und für den Papst. Das „tam maiores quam minores" wirkt auch nicht als nähere Bezeichnung bloß des Machtbereichs der Grafen[133], es bezeichnet vielmehr weitere am Eid beteiligte Personen, nämlich Angehörige des höheren und niederen Adels[134]. Zusammengefaßt werden Grafen und Adel höheren und niederen Standes in dem gleich folgenden Satz, den es nunmehr zu besprechen gilt.

2. principes iurare fecerunt

Bernold fährt in seinem Bericht fort: „Hanc pacem singuli principes qui convenerunt unusquisque per potestatem suam usquequaque iurare viritim fecerunt." Der

---

[132] Nähere Lokalisierung vgl. G. Meyer v. Knonau, Heinrich IV., Band IV, S. 403, Anm. 22.

[133] So interpretiert G. Tellenbach, Vom karolingischen Reichsadel zum deutschen Reichsfürstenstand, in: Wege der Forschung, Bd. II, S. 196, den Bericht Pauls von Bernried über die Wahl Rudolfs von Rheinfelden zum Gegenkönig Heinrichs IV. im Jahre 1077, wenn unter den Anwesenden aufgezählt werden duces, marchiones, comites maiores et minores; in unserem Fall verbietet aber die Absetzung der Substantive duces-comites und maiores-minores jeweils durch die Konjunktion tam-quam eine solche Interpretation, stehen die Substantive vielmehr nebeneinander.

[134] Zum Adelsbegriff vgl. R. Scheyhing, Art. „Adel" in: HRG, Sp. 41 ff.; zum Grafenbegriff des 11. Jahrhunderts E. Wadle „Graf und Grafschaft von der Mitte des 11. bis zum ausgehenden 13. Jahrhundert" in: HRG Sp. 1785 ff.

Friede wird über den Eid der Großen hinaus weiter gesichert durch den Eid, den die oben besprochenen Machtträger, zusammengefaßt unter dem Sammelbegriff „principes", in ihrem Machtbereich, „per potestatem", jeden Mann leisten lassen. Man kann die Stelle nur so verstehen. Die Interpretation J. Gernhubers[135] ist in sich widersprüchlich: Freilich waren an der Versammlung von Ulm und dem dabei geleisteten Eid die Männer des gewöhnlichen Volkes nicht beteiligt, doch ist dies auch nicht erforderlich, es genügt, wenn sich ihre eidliche Verpflichtung zu späterer Zeit an anderem Ort anschließt, wie geschehen und wie J. Gernhuber selbst eigentlich auch behauptet, wenn er davon spricht, „daß die einzelnen Machthaber die Beschwörung des Friedens überall erzwungen hätten". Man wird das „per potestatem" als Herrschaftsbereich[136] verstehen müssen, territorial verdeutlicht durch das „usquequaque", in der funktionalen Bedeutung aber vor allem, wie Bernolds Bericht zum Jahr 1094 ausdrückt: „Hec tamen pax in Alemannia maxime invaluit, eo quod principes eius quisque in sua potestate iusticiam facere non cessaverint." „Postestas" ist der Bereich, in dem der princeps befugt ist, „iusticiam facere"[137]. Der hier zum erstenmal nachgewiesene Friedenseid wird demnach geleistet von den beiden Herzögen, den Grafen, Angehörigen des höheren und niederen Adels, aber auch von den Männern des einfachen Volkes in getrennten Vorgängen, wohl kleineren Versammlungen der Machtbereiche der einzelnen „principes", von diesen veranlaßt.

3. Zusammenfassung zu Bernolds Bericht z. J. 1093 Zweistufige Ausbreitung

Zum erstenmal begegnet hier, wie schon festgestellt, der Eid expressis verbis bei Friedensaufrichtung und er ist es allein, der die Verbindlichkeit zu bewirken scheint und zwar vom Herzog über Graf und Adeligen bis zum einfachen Mann sich durchziehend. Dabei weicht der Friede vom Schutzgehalt her nicht von den bisherigen Frieden ab, daß darin eine Ursache für den Unterschied in der gewählten Verpflichtungsform gesehen werden könnte. Der Friede umfaßte die Personen der Kirche, Mönche, Novizen, alle Kleriker (Weltgeistliche und Ordensgeistliche werden unterschieden), für die Kleriker ist lediglich die Einschränkung gemacht, daß sie dem katholischen Bischof unterstehen. Diese Präzisierung wird man dahin zu verstehen haben, daß es sich um Kleriker handelt, die auf der Seite des Papstes stehen, demnach diejenigen nicht unter den Friedensschutz fallen, die

135 J. Gernhuber, Die Landfriedensbewegung in Deutschland, S. 68 und S. 74.

136 So S. Herzberg-Fränkel, Die ältesten Gottes- und Landfrieden in Deutschland, S. 145; ihm folgend E. Wadle, Heinrich IV. und die deutsche Friedensbewegung in: Vorträge und Forschungen Bd. XVII, S. 149.

137 Vgl. G. Buchda, Art. Gerichtsverfassung in: HRG Sp. 1563 ff.; eine interessante Parallele liefert V. Achter, Geburt der Strafe, S. 57, mit Urkunden aus dem Languedoc, wo potestas im 12. Jahrhundert verstanden wird als gerichtsherrliche Entscheidungsbefugnis.

von kaiserlich eingesetzten Bischöfen abhängig sind. Der Friede galt ferner allen Kirchen, den dazugehörigen Gebäuden und allen Geschenken, ferner den Kaufleuten. Der Friedensinhalt kann nicht die Ursache für den erstmals festzustellenden Friedenseid sein.

Halten wir fest: Ein dem Papst ergebener Legat, Bischof von Konstanz, beruft eine Versammlung des schwäbischen Stammesherzogs zusammen mit dem bayerischen und den Grafen und dem Adel. Damit stellt sich dieser Stamm gegen den König und Kaiser Heinrich IV. – läßt sich auf die „statuta canonum" verpflichten und auf „legem Alamannorum" und beschwört dabei einen Frieden – der Legat tritt ganz in den Hintergrund – für solche Personen und Gegenstände, die normalerweise unter dem besonderen Schutz des Königs standen, insbesondere auch Kaufleute. Dies berechtigt mit Blick auf den Eid zu folgendem Schluß: Die Gegenposition zum König bedingt – neben der an sich geschwächten Möglichkeit des Königs infolge der Auseinandersetzung mit dem Papst diesen Pflichten nachzukommen – den Ausfall der Schutzfunktion des Königs, dieser Ausfall muß aufgefangen werden. Dies geschieht eben mit jenem Mittel, das bisher das Verhältnis zum König begründete und den Schutz bewirkte, dem Eid. Schon seit fränkischer Zeit ist der Untertaneneid bekannt. Seit Karl dem Großen wird er den Untertanen nicht nur beim Regierungswechsel, sondern unabhängig davon von Zeit zu Zeit abgenommen, die Form dieses Eides wechselte, die Institution aber war den Stämmen bekannt und wurde praktiziert.

Inhaltlich ging der Eid, wie die Belehrung in einem Capitulare von 802 über die einzelnen Eidespflichten ergibt, auch auf den Schutz der Personen und Sachen, wie es die Frieden taten[138]. Der Streit Heinrichs IV. mit Gregor VII. und Urban II. hatte zu dessen Bannung geführt, deren Folge war die Entbindung von dem Treueid. Die Treue mit ihrer befriedenden Wirkung schwor man sich gegenseitig und gründete Frieden in seinem Bereich, dem Stammesbereich. Aus dem Treueid gegenüber dem König wird ein Treueid unter den Stammesgenossen.[139]

§ 4 Teilnehmerkreis und Teilnahmeform im Friedenstext der Handschrift

Wie oben schon ausgeführt, bestehen zwischen dem von Bernold zum Jahr 1094 geschilderten Vorgang und dem Handschrifttext inhaltliche Zusammenhänge, die eine Zusammengehörigkeit nahelegen.

---

[138] Vgl. Cap. missorum generale, 802, c. 2–9 und erläuternd H. Brunner-C. v. Schwerin, Deutsche Rechtsgeschichte, Bd. II, S. 73 ff.

[139] Über die Herkunft des Treueides vgl. H. Planitz-K. A. Eckhardt, Deutsche Rechtsgeschichte, S. 83.

1. pacem iuravimus

Auch in diesem Text, ebenso wie im Bernold'schen Bericht von 1093 begegnet der präzise Terminus für die eidliche Bekräftigung und zwar ohne weitere andere Beteiligungsformen, so als präsentiere sich der Friedenseid als einziger Verpflichtungsakt. Um so interessanter wird die Frage nach der Person bzw. den Personen, die den Eid leisteten. Für deren Klärung spielt der Nachsatz: „... mercatoribus, exceptis his, qui equos extra regnum nostrum vendunt, pacem iuravimus ..." eine Schlüsselrolle. Daraus ist zu entnehmen: Es wird im Pluralis Maiestaticus gesprochen, nur eine Person ist gemeint, da sonst auch bei „regnum" der Plural zu erwarten wäre. Hauptperson kann man also den Inhaber eines „regnum" nennen. Auf den ersten Blick vermutet man hier einen König, konkret Heinrich IV., der in den Quellen als „rex" bezeichnet wird.[140]

Für einen königlichen Frieden vermißt man aber irgendeinen Bezug auf Namen und Titel, was ungewöhnlich ist, da sonst schon eine einfache Bestätigung durch den König hervorgehoben wird. Stellt man die Ausnahmeregelung, daß Friede nicht zu gelten habe für Kautleute, die Pferde „extra regnum" verkaufen, in den historischen Zusammenhang zum Investiturstreit und die dadurch bedingten Auseinandersetzungen, so erhärtet sich die Annahme, daß mit „regnum" ein anderer Herrschaftsbereich als der des Königs, mit großer Wahrscheinlichkeit ein „ducatus" angesprochen ist[142].

Die Argumentation R. Goeckes[143], der das Gegenteil dieser Deduktion annimmt, überzeugt nicht. Sie verkennt in ihrer Gedankenführung, ein solches Verbot hätte sich nur das Reich selbst leisten können, nicht ein kleines Territorium, denn letzteres hätte sofort Feindschaft mit dem Nachbargebiet gehabt, die spezielle historische Situation. Daß sich innerhalb des Reiches Parteien kleinerer Territorien, Stämme, durch die Parteinahme für die in Streit liegenden Mächte Kaiser und Papst, Feindseligkeiten erlaubten, findet sich während des gesamten Investiturstreites. Als Beispiel sei nur der Bayernherzog Welf erwähnt, der als Parteigän-

---

140 Die Constitutiones Heinrichs IV. arbeiten mit den Bezeichnungen „rex" und „imperator" generell so: Der Brief Heinrichs IV. an Gregor VII. (MGH Const. I, S. 108), der an die Römer (MGH Const. I, S. 109), ein weiterer Brief an Gregor VII. aus dem Jahr 1076, sowie das Einladungsschreiben an die Bischöfe zu einer Wormser Versammlung (MGH Const. I, S. 111), die auf dem Oppenheimer Konvent geleistete „promissio" von 1076 (MGH Const. I, S. 114), die „promissio Canusina" von 1077 (MGH Const. I, S. 115), Conventus, Synodus Brixiniensis von 1080 (MGH Const. I, S. 117) kennen die Bezeichnung „rex" in den üblichen Formeln. Der Umschwung erfolgt im Jahr 1084, als Heinrich vom Gegenpapst Clemens die Kaiserkrone empfing. Der brieflichen Einladung zum „Conventus Moguntinus vom 24. November 1084, ergangen an den Bischof von Bamberg, ist zum erstenmal die Formel „Heinricus Dei gratia Romanorum Imperator" zu entnehmen. „Regnum" ist von da an als Bezeichnung für Teildistrikte des Reiches gebräuchlich.

142 Vgl. Du Cange, Glossarium, Bd. VII, S. 97.

143 R. Goecke, Die Anfänge der Landfriedensaufrichtungen in Deutschland, S. 67.

ger des Papstes in Feindschaft zum Kaiser und seinen Getreuen lag[144]. Aus der konkreten historischen Situation erhält die Herausnahme der Pferdeverkäufer aus dem Friedensschutz ihren Sinn. Jedes Territorium suchte seine Wehrbereitschaft, seine militärische Stärke so gut wie möglich zu halten. Solches Bemühen mußte der Versuch des „Exports" von Pferden unterlaufen, da dieser die eigene Position schwächte, die des potentiellen Gegners stärkte. Man wird die Ausnahme als gewichtiges Argument für die Annahme eines Friedens unterhalb der Reichsebene werten müssen[145].

Auch das Argument bei S. Herzberg-Fränkel[146], der König könne gar nicht geschworen haben, weil ein König nicht schwört, ferner weil es unter der Würde eines Königs sei, ihm Untergeordnete „coniuratores", d. h. Schwurgenossen zu nennen, kann wenig überzeugen Es läßt außer Betracht, daß politische Raison dazu zwingen konnte, tradierte Verhaltensweisen aufzugeben. Ein gutes Beispiel für solches Verhalten, daß ein Kaiser oder König durchaus bereit sein konnte, in der ihm eigenen Form einen Frieden besonders zu bekräftigen, zeigt der Bericht zum Frieden von 1103: „Heinricus imperator Mogontiae pacem sua manu firmavit et instituit . . ., filius regis iuravit . . ." Hier reiht sich, ohne daß im Detail schon geklärt ist in welcher Form, der Kaiser in die Schar derer, die den Frieden bekärftigen; der Sohn des Königs wird sogar ausdrücklich als Eidleistender genannt.[147]

Damit ist ein weiteres Indiz für die Annahme gefunden, daß der Frieden nicht mit der Schilderung in Ekkehardi Chronicon[148] von 1097 zusammengebracht werden kann, wo berichtet wird: „Heinricus imperator Mogontiae cum principibus colloquium de pace habuit circa calendas Decembris . . ." Aus diesem Bericht geht nicht einmal hervor, ob das „colloquium" mit einer Friedenserrichtung abgeschlossen wurde.

Wir werden in der Person, die im Pluralis Maiestaticus spricht und den Herrschaftsbereich eines „regnum" für sich in Anspruch nimmt, einen Stammesherzog sehen müssen. Er berichtet von sich, daß er allen Kirchen, ihren Höfen, Mönchen, Klerikern, Laienbrüdern, Kaufleuten mit der besagten Ausnahme Frieden geschworen hat.

Zwei Passagen unterstreichen dieses Ergebnis. Im weiteren Verlauf des Friedenstextes heißt es: „. . . vel si noster exercitus pro communi causa aliquo ierit . . .", dieselbe Person nimmt für sich ein Heer in Anspruch, ein Kriegsgefolge. Überblickt man die alte Heeresordnung, so spielten dort die einzelnen Stämme eine wichtige Rolle, da sich das Aufgebot des Königs als oberstem Heerführer bis ins Hochmittelalter hinein jeweils an die Stammesherzöge richtete[149].

---

144 Vgl. den Verlauf bei S. v. Riezler, Geschichte Baierns, Bd. I, 2, S. 172 ff.
145 Ähnlich Elsässer Friede Kap. 9 für Pferdeschutz.
146 S. Herzberg-Fränkel, Die ältesten Gottes- und Landfrieden in Deutschland, S. 147.
147 Vgl. MGH Const. I, Nr. 74, S. 125.
148 MGH SS VI, S. 209 – vgl. oben Ziffer 1.
149 Vgl. dazu H. Planitz-K. A. Eckhardt, Deutsche Rechtsgeschichte, S. 157; ferner H.

Schließlich regelt Kapitel 7, daß Streit über Eigen und Lehen „apud rectores nostros discutiatur", also vor eigenen Istanzen ausgetragen werden sollte. Die „rectores" sind aber seit der fränkischen Zeit immer wieder die Grafen als Inhaber der Gerichtsgewalt – und um keine andere Funktion kann es hier gehen[150]. Es muß sich bei der im Pluralis Maiestaticus sprechenden Person um eine unter dem König, aber über den Grafen stehende Person handeln.

2. *qui pacem iurant vel iuraverunt vel iuraturi sunt*

Im Rahmen des Friedensschutzes begegnet ein weiterer Kreis von Schwurpersonen, auf den sich die Pflicht des schwörenden Herzogs erstreckt. Kapitel 1 fährt nämlich nach Schilderung der bereits oben geschilderten geschützten Personen fort: „,. . . pacem . . . et his . . ., qui etiam eandem pacem nobis iurant vel iuraverunt vel iuraturi sunt." Daraus kann man entnehmen, daß die kirchlichen Personen, die unter dem besonderen Friedensschutz standen, den Eid nicht leisten mußten, ferner nicht die Kaufleute, wobei hier freilich daran zu denken ist, daß sich dieser Berufszweig nicht ausschließlich aus Stammesangehörigen rekrutierte, sondern auch Stammesfremde umfaßte, die in das Stammesgebiet kamen; ihnen sollte vor allem auch der Friedensschutz gelten.
Die stammeseigenen Kaufleute werden aber in erster Linie zu dem Kreis gehört haben, von dem nunmehr zu handeln ist. Der Kreis der Schwörenden ergibt sich aus Kapitel 5: „Si coniuratores nostri aliquem de supradictis causis reum insequentur vel noster exercitus pro communi causa aliquo ierit, tantum quis accipiat, quantum sibi et equo suo sufficiat, cetera ibidem relinquat." Daraus könnte man zunächst folgern, Schwurgenossen seien nur die gewesen, die Waffendienst leisteten und Pferde stellten. Liest man aber Kapitel 5 mit den vorausgehenden Kapiteln 2 bis 4 zusammen, so ergibt sich aus Kapitel 5 lediglich eine Sonderregelung für diesen Personenkreis, daß darüber hinaus auch andere Personen eidespflichtig waren, das „si quis" läßt in dieser Allgemeinheit sogar annehmen, daß der Kreis sehr weit ist; auch die Unrechtsfolgen sind nicht auf gewisse Stände beschränkt. Deshalb kann man davon ausgehen, daß zumindest alle Freien unter den Schwurpersonen zu finden sein mußten.[151]
Zur Form der Eidesleistung ergibt die Gegenwarts-, Vergangenheits- und Zukunftsform, die tatsächlich mehr sein dürfte als eine bloße Formel, daß der Beeidigungsvorgang läuft. Wie dieser im einzelnen vonstatten ging, bleibt offen, insbesondere, ob das „nobis" bedeutet, daß der Herzog jeweils anwesend war.

Conrad, Gottesfrieden und Heeresverfassung zur Zeit der Kreuzzüge in: ZRG 61 (1941), S. 71 ff.

150 Vgl. H. Brunner-C. v. Schwerin, Deutsche Rechtsgeschichte, Bd. II, S. 228, Anm. 74; S. 265, Anm. 10.

151 Zur Interpretation des „diffinitum patiatur" als Verlust von Eigen und Lehen vgl. U. Eggert, Studien zur Geschichte der Landfrieden, S. 23; anders L. Weiland, MGH Const. I, S. 610 Anm. 3, der die Passage als Verweis auf Kapitel 3 wertet.

Wahrscheinlich ist damit nur der starke Bezug des Friedens auf seine Person angesprochen, eine Bindung, die auch in einem Eidesakt geschehen konnte, bei dem der Herzog nicht anwesend war. Allerdings steht damit die Treuekomponente dieses Eides wieder im Vordergrund.

3. confirmatum est iureiurando

Kapitel 2 fährt nach der eben besprochenen Formel fort mit: „Confirmatum est etiam iureiurando, ut si quis furtum fecerit in pretio unius solidi, verberetur et dupliciter solvat." Hier liegt zunächst ein Beispiel dafür vor, daß „confirmatum" allein nicht schon den Sinn einer eidlichen Bekräftigung hat, sondern dies jeweils durch einen speziellen Zusatz zum Ausdruck kommen muß. Dieses „confirmatum est iureiurando" bedeutet inhaltlich nichts anderes als das, was in Kapitel 1 schon ausgesagt ist, der Eid war einziges Verpflichtungselement.

§ 5 Zusammenfassung

In dem Bericht Bernolds über die Friedensaufrichtung von Ulm 1093 und in dem Friedenstext begegnet zum erstenmal in der Reihe der ostfränkischen Frieden die Verpflichtungsform des iuramentum, des Eides. Er ist das einzige Verpflichtungselement, wenn der Verpflichtungsakt auch nicht zeitgleich für alle Friedpflichtigen stattfindet. Zunächst leisten Herzöge, Grafen und Adelige höheren und niederen Standes den Eid in einer Versammlung. Dann trägt jeder von ihnen den Frieden in Form der Beeidigung seiner Untertanen, wobei Bezugsperson des Eides der Herzog ist, in sein Machtgebiet. Ein Grund für die unterschiedlichen Verpflichtungsakte – zuerst die Großen, dann alle Untertanen – liegt in der unterschiedlichen Bedeutung des Eides, der bei den Großen neben der Friedenshaltung auch die Friedensüberwachung umfaßte.
Der Bericht Bernolds und der Friedenstext legen vor dem Hintergrund der Bannung des Königs die Vermutung nahe, daß der Eid als ausschließliches Verpflichtungselement die Funktion übernehmen mußte, die durch den aufgelösten Treueid gegenüber dem König gefährdete Friedenspflicht in einem entsprechenden Eid gegenüber dem Herzog aufzufangen.

Kapitel 5
Der Elsässer Friede, Pax Alsatiensis
(Ende des 11. Jahrhunderts)

§ 1 Typologischer Befund

Ein Text, der sich gegenüber den bisher besprochenen und auch gegenüber den noch zu besprechenden nicht bis nahe an die Entstehungszeit handschriftlich nachweisen läßt, ist die nunmehr zu besprechende Quellenstelle, die L. Weiland[152] als „Pax Alsatiensis", nach seinen Angaben aus Beatus Rhenanus „Rerum Germanicarum libri III", erschienen 1532, entnommen hat. Aus diesem Grund wurden Zweifel an der Echtheit des Textes geäußert[153]. Sie gehen aber nicht nur in ihrer dürftigen Begründung („. . . bleibt doch dem Friedenstexte noch so viel des Anstößigen . . ." bei U. Eggert; „. . . aus inneren Gründen unecht . . ." bei A. Kluckhohn), sondern auch im Ansatzpunkt ihrer Kritik fehl, weil beide Verfasser einen Idealtypus von „Gottes-" bzw. „Landfrieden" mit einer ganz bestimmten Anzahl von Elementen postulieren, bei deren Fehlen eben kein echter Text vorliege. Sie übersehen vollkommen die Möglichkeit der Entwicklung der Frieden und damit auch die Möglichkeit des Fehlens des einen oder anderen Elements. Man wird sich R. Goecke[154] anschließen können, der die Vorgeschichte präzise untersucht und zahlreiche Anhaltspunkte in erzählenden Quellen herausstellt; bezüglich der Datierung wird man aber bei der Festlegung am Ende des 11. Jahrhunderts bleiben müssen.

§ 2 Teilnehmerkreis und Teilnahmeform

1. Alsatienses cum suis primatibus pacem coniuravere

a) primates Eine Art Promulgatio bietet den einzigen festeren Anhaltspunkt für die Zuordnung des Friedens: „Notum sit omnibus pacem cupientibus, qualiter Alsatienses cum suis primatibus subnotatam pacis condictionem coniuravere . . ." Die Kurzformel „Alsatienses cum suis primatibus" drückt einmal aus, daß es sich um einen Frieden des Elsaß handelt. Sie berichtet aber dem Wortsinne nach auch von einer zeitgleichen Ableistung des Eides und ist schon hier expressis verbis ein Eideszeugnis.

Es gilt daher, den Kreis der Schwurpersonen noch einzuengen: Ansatzpunkt sind die „primates", es heißt nicht „principes bzw. nobiles". Ob diesen „primates" im Text ein engerer oder weiterer Sinn zuzulegen ist als den „principes", läßt sich detailliert nicht feststellen, die weiteren Kapitel verwenden diese Termini nicht mehr. Es wird sich um eine Sammelbezeichnung für die Inhaber bedeutender Ämter gehandelt haben, ohne daß man in dem Begriff „primates" eine besondere Statusbezeichnung bezüglich der Nähe zum König sehen kann. Der König war offensichtlich am Schwur nicht beteiligt, wenngleich aus Kapitel 2 hervorgeht, daß es sich um eine Festsetzung Königstreuer gehandelt hat, weil dort vom Frieden ausgenommen werden: „exclusis omnibus publicis regie maiestatis hostibus",

152 MGH Const. I, S. 611.

153 A. Kluckhohn, Geschichte des Gottesfriedens, S. 66, Anm. 13; U. Eggert, Studien zur Geschichte der Landfrieden, S. 22.

154 R. Goecke, Die Anfänge der Landfriedensaufrichtungen in Deutschland, S. 34 ff.; S. Herzberg-Fränkel, Die ältesten Gottes- und Landfrieden in Deutschland, S. 151 ff. – im Gegensatz zu L. Weiland und W. Schnelbögl ist die hier angewandte Schreibweise von Herzberg-Fränkel die richtige.

ferner im Kapitel 8 die Verpflichtung zur Heerfolge für den Fall einer „publica imperatoris expeditio" festgelegt ist. Hätte aber der Inhaber dieser Ämter an der Aufrichtung teilgenommen, hätten wir sicherlich aufgrund der damaligen Abfassungspraxis einen Bericht davon.

b) Alsatienses Vor dem Hintergrund der „primates" bleiben die „Alsatienses" als die Elsässer allgemein übrig. Davon umfaßt waren alle Elsässer ohne Ansehen des Standes. Kapitel 11 regelt nämlich: „Sui quis autem sese ab huius pacis sacramento subduxerit aut iurasse falso confessus fuerit, prenotato testium numero predictoque testimonii iudicio, si infra huius decreti terminum conversari voluerit, affirmet . . ." Das „si quis" als allgemeine Einleitungsformel deutet auf einen weiten Adressatenkreis des Verbotes, sich dem Friedenseid zu entziehen oder falsch zu schwören. Liest man dieses Kapitel 11 zusammen mit Kapitel 6, so ergibt sich folgendes Bild: Bei „Et si quis aliqua intentione quasi reus acclamatus fuerit et ipse innocentie sue expurgationem appellaverit, liber vel personatus serviens, si infra patriam est, post VII dierum inducias cum totidem sue comparitatis testibus, plebeius autem et minoris testimonii rusticus aque frigide se expurget iudicio", wird der Kreis der Betroffenen und von dem „si quis" erfaßten Personen präzisiert, werden als Gruppen angesprochen: „liber", „personatus serviens", beide gleichgestellt durch den Reinigungseid mittels gleichgestellter Zeugen, ferner „plebeius" und „rusticus minoris testimonii", beide gleichgestellt durch die Kaltwasserprobe. Der Freie und der in die Freiheit aufgestiegene Dienstmann[155] dürfte mit der ersten Gruppe gemeint sein; diese Personen sind damit auch Eidleistende. Dazu kommen Leute aus dem Stande der „plebeii" und „rustici minoris testimonii", also auch Leute aus dem Stande der Unfreien, aus dem handwerklichen und agrarischen Bereich.
Der uneingeschränkte Formelgebrauch des „si quis" weist auf eine Gleichstellung sowohl bei der Frage, ob ein Friedensdelikt begangen wurde, als auch bei der Frage nach dem Friedenseid hin. Daraus darf man schließen, daß mit dem Sammelbegriff „Alsatienses" sowohl Freie als auch Unfreie gemeint sind, die alle den Eid geleistet haben.

2. *iuxta conprovincialium suorum decretum*

Die Beschwörung der „pacis condictio" geschah „iuxta comprovincialium suorum decretum". Ein weiterer Hinweis fehlt in der Quelle. Zwei Deutungsmöglichkeiten stehen zur Verfügung.
Beschluß der Elsässer

---

[155] Vgl. G. Dilcher, Art. Freiheit in: HRG Sp. 1228 ff. Auf die Differenziertheit des Begriffs und Rechtsstandes, dem Grad der Freiheit, soll hier nicht näher eingegangen werden, da für unsere Frage die beiden Arten von Freiheit gleichgestellt waren (vgl. i. e. K. Bosl, Die Gesellschaft in der Geschichte des Mittelalters, S. 44 ff.

Einerseits könnte ausgedrückt sein, daß dem Friedenseid ein Beschluß der „conprovinciales" vorausgeht, woran sich die Beeidigung orientiert. Die engere Wortbedeutung legt eine solche Konsequenz nahe: Eine Gruppe der Landsleute – Mächtige – faßt zunächst den Beschluß, einen Frieden aufzurichten, diese Aufrichtung geschieht dann in der Form der eidlichen Bindung. Damit weist dieser Topos nicht über das Elsaß hinaus. Der Friede käme in zwei Stufen zustande: Zunächst ein Beschluß, dann ein allgemeiner Eid; die ausschließliche Bedeutung des Eides wie in Schwaben und Bayern wäre verdrängt. Was aber an einer solchen Erklärung zweifeln läßt, ist die Pauschalität der Aussage, die bestenfalls damit erklärt werden könnte, daß der Einleitungssatz späteren Ursprungs ist, nicht anfänglich im Text stand. Andererseits spricht einiges für die Erklärung dieser Passage bei U. Eggert[156], der „iuxta conprovincialium suorum decretum" deutet als eine Bezugnahme auf den Friedensbeschluß der Schwaben, die häufig die „conprovinciales" der Elsässer genannt werden. Ein Blick auf Bernoldi Chronicon[157], wo zunächst vom Frieden in Schwaben und Bayern die Rede und dann steht: „Francia quoque Teutonica et Alsatia eandem pacem in suis partibus se observatures iuramento decreverunt", macht diese Interpretation wahrscheinlicher, daß die Elsässer dem Beispiel der Schwaben folgten, womit eine gewisse inhaltliche Parallele zum Frieden von 1094 möglich wäre[158]. Der Eid behält demnach seine Rolle, der Zusatz erklärt nur, wem die Elsässer bei Aufrichtung des Friedens folgten. Die Frage wird sich nocheinmal im Rahmen der textlichen Typisierung der Friedensgebote stellen und ist dort leichter zu beantworten.

3. *coniuratam perpetuo confirmavere*

Nicht nur der Eid, die coniuratio, wurde geleistet, vielmehr berichtet der Text weiter: „. . . et coniuratam (i. e. condictionem pacis) perpetuo, prout homini licet, in hunc modum confirmavere."

Dieser Stelle dürfte nicht nur formelhafte, pleonastische Bedeutung zukommen. Vielmehr vermögen Kapitel 13 und 14 zur Klärung dieser Passage beizutragen.

Kapitel 13 regelt die Pflicht, die jüngeren Friedenspflichtigen immer wieder anzuhalten, notfalls sogar zu zwingen: „Ad huius sacramentum iuniores semper inducantur vel etiam cogantur, hoc attendentes, quia quanto iuniores tanto negligentiores."

Kapitel 14 normiert die Pflicht der Priester, immer wieder an den Frieden zu erinnern durch das eigene Wort, aber auch durch Glockengeläute am Abend des Donnerstag. Dahinter steht das Bewußtsein um die Schwachheit der dem Frieden Unterworfenen und deren Vergeßlichkeit, die ein ständiges Sich-in-Erinnerung-

---

[156] U. Eggert, Studien zur Geschichte der Landfrieden, S. 22.
[157] MGH SS V, S. 458.
[158] Vgl. i. e. Kapitel 4.

rufen notwendig machen. Diesen für den Menschen wichtigen Vorgang dürften wir vor uns haben in dieser Passage des Confirmare.

4. *banno Leonis pape sancitum est*

Kapitel 14 bringt ein weiteres Sanktionselement ins Spiel: „Et ne tam utile tamque sacrosancte pacis decretum odiose negligatur, a sacerdotibus diligenter caveatur, et quia Leonis pape banno sancitum est, cunctis dominicis diebus constanter doceatur; et semper in quarte ferie vespera Dei pacis adventus, ut oportet, cum sonitu campanorum publice indicetur."

Die Sanktion des Friedens durch den Kirchenbann Papst Leos, – es handelt sich um den aus dem elsässischen Grafenhaus von Egisheim-Dagsburg stammenden Leo IX., der von 1049 bis 1054 auf dem Papstthron saß – bekräftigt das Friedensgebot. Man wird angesichts der Entstehungszeit des Friedens diese Passage nicht so verstehen dürfen, als habe Leo diesen konkreten Frieden mit dem Bann bestärkt, es wird vielmehr eine zu Lebzeiten Leos in Südfrankreich ausgesprochene Banndrohung in Zusammenhang mit einer Friedensaufrichtung gemeint sein, worauf wegen des großen persönlichen Ansehens dieses Papstes in seiner Heimat Bezug genommen wurde, was um so weniger verwundert, als jener Leo IX. schon bald nach seinem Tod als Heiliger verehrt wurde. Damit nahm man rechtliche Sanktion im Bann und moralisches Ansehen des Papstes in die Friedensaufrichtung hinein[159].

§ 3 Textliche Typisierung der Friedensgebote

Im Gegensatz zum Frieden des Jahres 1094 enthält dieser Friedenstext Begriffe, die auf eine rechtliche Typisierung des Friedens in der Quelle selbst weisen.

Ausgangspunkt bildet Kapitel 11: „Si quis autem sese ab huius pacis sacramento subduxerit aut iurasse falso confessus fuerit, prenotato testium numero predictoque testimonii iudicio, si infra huius decreti terminum conversari voluerit affirmet. Et si affirmare noluerit vel aliqua occasione contradixerit, aut condictionali legi subiaceat aut discedens discedat." Die Möglichkeit der Wiederholung des Eides oder der Ableistung ist nicht nocheinmal vorgesehen.

Aus dieser Sanktion wird deutlich, daß der Eid nicht die conditio sine qua non für die Verpflichtung darstellt. Die Unterwerfung unter die „lex conditionalis", die unabhängig von der Leistung des Eides erfolgt, genauso die Konsequenz des discedens discedat, die pleonastisch formulierte Folge der Vertreibung, sind unmittelbar bindend und zwar gerade dann, wenn kein Friedenseid geleistet

---

[159] Zur Rolle Papst Leos IX. vgl. R. Goecke, Die Anfänge der Landfriedensaufrichtungen in Deutschland, S. 34 ff.; ferner B. Sutter, Art. Leo IX. in: LThK; für die Frage der Echtheit der Urkunde und die Datierung vgl. S. Herzberg-Fränkel, Die ältesten Gottes- und Landfrieden in Deutschland, S. 151 ff.

wurde, wenn sich jemand um den Friedenseid heimlich drückte oder gestand, einen falschen Eid geleistet zu haben. Dieses Ergebnis erschüttert alle Annahmen, die hier ausschließlich den Eid als Mittel der Selbstunterwerfung bzw. Selbstbindung der Frieden ansehen wollen[160]. Damit der Friede im Elsaß überhaupt eingeführt werden konnte, bedurfte es einer Verständigung der Elsässer untereinander, zumindest der Mächtigen, als wichtiger Voraussetzung. Hält man sich diesen Aspekt vor Augen, läßt sich auch die Bedeutung des „iuxta conprovincialium suorum decretum" leichter verstehen als Beschluß von Stammesgenossen – wohl mächtigerer. Dieser Beschluß ist angesprochen, wenn es im Text heißt: „condictio" in Kapitel 2, 4, 9 und 10 bzw. „decretum" in Kapitel 10, 12 und 14, wobei zum Teil „condictio" mit „pax" verbunden wird und „decretum" mit „condictio".

In „condictio" schwingt jener Sinn von Absprache mit, der im „decretum" deutlich zum Ausdruck kommt, nämlich daß ein Beschluß vorausgeht, der zur Formulierung der im einzelnen zu normierenden Pflichten führt. Und dieser Beschluß allein steht hinter der Regelung des Kapitel 11. Er wird zur Marke für die Frage des Eigentums in Kapitel 10, der Zeitpunkt des Beschlusses ist Kriterium für die Berechtigung des Eigentums.

Dieses „decretum", diese „condictio" ist der Verpflichtungsgrund für Kapitel 11 mit seinen Folgen der Eidesverweigerung oder des Falscheides, während Kapitel 3 für die Rolle des Eides zum Ausdruck bringt: Das drastisch mit Todesstrafe bzw. Verstümmelungsstrafe (die unterschiedliche Behandlung von Freien und Unfreien – hier pauschale Unterscheidung – in der Straffolge spricht für den Verstümmelungscharakter beim Unfreien und nicht für einen spiegelnden!) sanktionierte Verbot der Verletzung eines Schwurbruders wird auf Eidpersonen begrenzt, nur derjenige, der „coniurator" ist, liegt in diesem Schutzbereich.

„Condictio" und „decretum" sind somit grundsätzlich keine Sammelbezeichnung für den ganzen Frieden, können deshalb nicht als Typisierung des ganzen Friedens herangezogen werden, sie sind vielmehr Bezeichnung für einen Einzelvorgang innerhalb der Friedensaufrichtung, an dem ein ausgewählter Kreis beteiligt war, der dann nach Kapitel 12 auch besonders für die Friedensüberwachung verantwortlich zeichnete. Soweit sie aber für den ganzen Frieden stehen, kann man sie nur als Pars-pro-toto-Bezeichnung typisieren.

§ 4 Zusammenfassung

Der Elsässer Friede läßt sich nicht bis in die Entstehungszeit nachweisen, das Zeugnis ist vielmehr um 450 Jahre jünger. Trotzdem kann man davon ausgehen, daß dem Verfasser des erhaltenen Zeugnisses ein Bericht aus der Entstehungszeit des Friedens vorgelegen hat.

---

160 Zuletzt E. Wadle, Heinrich IV. und die deutsche Friedensbewegung in: Vorträge und Forschungen, Bd. XVII, S. 165.

Die Quellenstelle weist einen Eid der Elsässer allgemein gleichzeitig mit den Mächtigen des Stammes – den Herzog eingeschlossen – aus. Unter die Elsässer generell zählen die Ersten des Stammes – Freie und in die Freiheit aufgestiegene Dienstmannen – schließlich gewisse Leute aus dem Stande der Unfreien, die tätig sind im handwerklichen und agrarischen Bereich.
Der eidlichen Verpflichtung geht der Beschluß eines engeren Kreises voraus, der Verpflichtungsgrund für die Sanktion ist, die auf Eidesverweigerung steht. Darin liegt der Kern der Bedeutung. Wird ein solcher Terminus des Beschlusses für den gesamten Frieden gebraucht, handelt es sich um eine Pars-pro-toto-Verwendung. Beschluß der Friedensaufrichtung, Friedenseid, Berufung auf die Banndrohung Papst Leos IX. und ständige Erneuerung bilden die Verpflichtungselemente, wobei der Eid eine hervorgehobene Rolle spielt.

Kapitel 6
Der Friede Heinrichs IV. von Mainz (1103)

§ 1 Typologischer Befund

Eine sehr nahe an die Entstehungszeit heranreichende Münchner Handschrift aus dem Anfang des 12. Jahrhunderts – von L. Weiland übernommen[161] – kündet vom Inhalt dieses Friedens, über dessen Errichtung wir auch aus zahlreichen erzählenden Quellen wissen. So berichten uns die Annales Augustani[162]: „Henricus imperator Mogontiae commoratus in epiphania regnum per quadriennium cum iuramento pacificari constituit." Während der Bericht in Sigeberti Chronicon[163] noch kürzer ausfällt und dort nur berichtet wird: „Henricus imperator sedatis Saxonicis motibus pacem in quadriennium constituit", erfahren wir aus der Vita Henrici[164] Näheres über den Modus des Zustandekommens: „Igitur ut ubique pax et tranquillitas esset, convocatis ad curiam primatibus pacem per totum regnum sub iuramento firmari fecit ..." Die ausführlichere, auch über den Inhalt der Friedensfestsetzung berichtende Notiz, die Weiland unter die Constitutiones Heinrichs IV. aufgenommen hat, stellt seinem Charakter nach keine Abschrift der Friedensurkunde dar, es handelt sich wohl eher um eine von einem Teilnehmer des Mainzer Hoftages aufgeschriebene Historie[165].

---

161 MGH Const. I 125/126.
162 MGH SS III, S. 135.
163 MGH SS VI, S. 368.
164 MGH SS XII, S. 277.
165 Zur Typisierung des Textes darf auf die Vorbemerkung bei L. Weiland a.a.O. ebenso verwiesen werden wie auf S. Herzberg-Fränkel, Die ältesten Gottes- und Landfrieden in Deutschland, S. 157 ff., ferner W. Schnelbögl, Die innere Entwicklung der bayerischen Landfrieden des 13. Jahrhunderts, S. 231 ff.

§ 2 Teilnehmerkreis und Teilnahmeform

1. imperator pacem sua manu firmavit

Neben der Angabe des Jahres 1103 als Entstehungszeitpunkt ergibt die Einleitung Einzelheiten darüber, wie der Kaiser am Zustandekommen des Friedens beteiligt war: „Imperator pacem sua manu firmavit et instituit . . ."
Auf den ersten Blick könnte man in dem „manu firmavit" die Unterzeichnung des Friedenstextes sehen und ihr vielleicht sogar ähnliche Bedeutung beimessen wie der Ausfertigung im modernen Gesetzgebungsverfahren. Würde man so folgern, wäre man zu sehr von anachronistischen Vorstellungen gefangen.
Dem „sua manu firmavit" kommt vielmehr eine speziellere Bedeutung zu. Der Deutungsversuche zu diesem Bericht sind viele[166]. Zuletzt hat sich E. Wadle[167] mit dieser Frage beschäftigt und herausgestellt, daß neben dem Kaiser auch die Erzbischöfe und Bischöfe den Frieden „propriis manibus" firmaverunt". Diese Feststellung E. Wadles bedarf jedoch für den Schwäbischen Frieden von 1104 schon einer äußeren Korrektur, weil dort die Bischöfe von Augsburg und Eichstätt nur in der Form des „consensus" beteiligt waren[168].
Für den Mainzer Frieden muß man die innere Bedeutung dieses Aktes für Kaiser und Bischöfe stärker trennen als dies Wadle tut. Die Wurzel für die Bedeutung des „manu firmare" dürfte – im Gegensatz zu den Bischöfen – beim Kaiser dort zu suchen sein, wo bereits dem fränkischen König im Gerichtsverfahren eine Sonderstellung eingeräumt wurde, dergestalt, daß sein Wort erhöhte Glaubwürdigkeit besaß, was sich dort am deutlichsten äußerte, wo der König, falls in seinem Namen Klage erhoben wurde, vom Voreid, mit dem jeder andere Kläger seine Klage zu bekräftigen hatte, befreit war[169]. Diese Sonderstellung des Königs wird man nicht ohne weiteres als auf einer „Übertragung kirchlicher Rechtssätze auf den König"[170] beruhend klassifizieren können. Zwar ist es richtig, daß in der Glosse die Sachsenspiegel-Stelle mit einem Hinweis auf das kirchliche Recht begründet[171] wird, man darf aber nicht übersehen, daß der Spiegler einen Rechtszustand beschrieb, der auf eine längere Entwicklung zurückging, deren Wurzeln verästel-

---

166 Vgl. z. B. W. Schnelbögl, Die innere Entwicklung der bayerischen Landfrieden des 13. Jahrhunderts, S. 231, der darin ein Gelöbnis des Kaisers sieht, im Gegensatz zum Schwur der anderen weltlichen Fürsten; ferner J. Gernhuber, Die Landfriedensbewegung in Deutschland, S. 81 f.

167 E. Wadle, Heinrich IV. und die Friedensbewegung, in: Vorträge und Forschungen, Bd. XVII, S. 166/167.

168 MGH Const. I, S. 614: „. . . episcopo Augustensi et Eistetensi episcopo et utriusque prioribus consencientibus" vgl. i. e. unten beim Schwäbischen Frieden.

169 Vgl. dazu H. Brunner-C. v. Schwerin, Deutsche Rechtsgeschichte, Bd. II S. 456 Anm. 15 und S. 457 Anm. 21 mit den entsprechenden Quellen- und Literaturhinweisen.

170 Vgl. E. Wadle, Heinrich IV. und die deutsche Friedensbewegung, in Vorträge und Forschungen Bd. XVII, S. 168.

171 Nämlich c. 12 C. XXII q.5 – über diese Stelle bei Gratian wird im Rahmen der Stellung der Kirche zum Eid auch in dieser Untersuchung noch zu sprechen sein.

ter sind und im germanischen Denken fußen, später freilich vom kirchlichen Gedankengut überlagert wurden.
Die besondere Autorität des Königs gründete auf der schon bei den Germanen verbreiteten Meinung von der göttlichen Abstammung, dem sich vererbenden Königsheil, vor allem aber auf seiner Funktion als oberster Priester[172], wovon auch die Frage der Glaubwürdigkeit des Königs beeinflußt wurde und damit seine Eidespflicht als besonderer Form der Wahrheitsbekundung. Bei Bischöfen und Klerikern prägte die Eidesfrage die Position des Neuen Testamentes, die sich auch auf das Kirchenrecht auswirkte[173]. Der Spiegler übernahm gewachsene Positionen, ohne daß er den einzelnen Entwicklungsphasen nachging.
Die Anschauung von der erhöhten Glaubwürdigkeit des Königswortes war im vorliegenden Fall nicht konsequent verwirklicht, denn dann hätte das einfache Wort genügen müssen. Man hat die konkreten politischen Umstände zu berücksichtigen, um eine Erklärung des in unserem Bericht niedergelegten besonderen Verhaltens zu finden. Heinrich IV. ist der erste König, der sich an eine so dezidierte und umfangreiche Friedensaufrichtung macht. Freilich war die Position Heinrichs als König durch die Bannung seitens des Papstes angeschlagen, die Bindung an den bisherigen Treueid war aufgehoben, er mußte sich diese Bindung neu schaffen. Außerdem hatte er sich auf die im gegnerischen Lager praktizierte Friedensaufrichtung einzustellen. Es ist nicht auszuschließen, daß sich Heinrich dieser Stammespraxis voll anschließen wollte, ihn aber die oben skizzierte Rechtsanschauung daran hinderte, den Eid in der Form wie die anderen zu leisten. Das Ergebnis könnte die Kompromißformel des „manu firmare“ gewesen sein, die der Spiegler gekannt haben dürfte, die aber ihre Entstehung mehr der konkret-politischen Überlegung verdankt als der kirchlich-rechtlichen Anschauung.
Man wird deshalb bei dem „sua manu firmare“ Heinrichs von einem den Eid ersetzenden Gelübde des Kaisers ausgehen müssen, das beispielhaft für die anderen Adressaten des Friedens wirken sollte, bevor der Kaiser für das Reich die autoritäre Anordnung traf, den Frieden durch Schwur zu halten („et instituit“).

2. *et instituit*

Mit dem „pacem sua manu firmavit“ ist die Tätigkeit Heinrichs nicht abgeschlossen, seine gesamte Aktivität wird umschrieben mit „Heinricus Imperator Mogontiae pacem sua manu firmavit et instituit“.
Dieses „instituit“ kann man aus den von E. Wadle[174] angegeben Gründen nicht als ein abstraktes „Rechtsgebot“ auffassen, aber ebensowenig als bloßes „Eidgebot“,

---

172 H. Planitz-K. A. Eckhardt, Deutsche Rechtsgeschichte, S. 48 f.
173 Vgl. i. e. unten.
174 E. Wadle, Heinrich IV. und die Friedensbewegung, in Vorträge und Forschungen Bd. XVII, S. 168; die Funktion des „instituit“ als formale Abstufung des Wirkens des Kaisers gegenüber den anderen Beteiligten, wie sie Wadle folgert, erscheint gekünstelt, sie ist zumindest sekundär.

als Initiativgebot für den Eid. Letztere Interpretation E. Wadles übersieht nämlich die anerkannte Funktion des Königs als Wahrer des Friedens, die in Königsfriede und Banngewalt noch lebendig war und die dem König eine Gebotsbefugnis für den Frieden im Rahmen seiner Banngewalt gab. Nicht ein abstraktes Rechtsgebot im modernen Sinn ergeht, sondern das Gebot, den besonderen Schutzbereich königlichen Friedens zu respektieren, dies ist die Bedeutung des „instituit", die der mittelalterlichen Einschätzung von Frieden gerecht wird. Freilich ist das „instituit" in der Situation Heinrichs IV. nicht mehr ausreichend, seine Position ist durch den Bannfluch des Papstes entscheidend geschwächt. Dieser hatte die Entbindung der Untergebenen von dem geleisteten Treueid zur Folge, da der König noch immer unter dem zweiten Bann von 1080 stand, zu dessen Lösung er auch nach Jerusalem zum hl. Grab pilgern wollte, wofür nach seinen eigenen Angaben die Mainzer Synode die Voraussetzungen schaffen sollte[175]. Der König mußte sich diese Bindung erneut erwerben, es bedurfte eines neuen Eides, worüber unter 4. noch zu handeln sein wird.
Schließlich ist nicht auszuschließen, daß Heinrich bei dieser Konstellation die Vorgänge von Clermont aus dem Jahre 1095 vor Augen hatte, als vor dem ersten Kreuzzug ein allgemeiner Friede für die Teilnehmer an dem Kreuzzug verkündet wurde[176].
Es fällt auf, daß die eingangs geschilderten weiteren Berichte von dieser feinen Unterscheidung nicht präzis erzählen, sondern entweder nur die autoritäre Einsetzung des Kaisers kennen, wie die Annales Augustani[177]: „regnum . . . cum iuramento pacificari constituit" und Sigeberti Chronicon[178] „. . . pacem . . . constituit", oder aber von einem Eid wissen wie die Vita Henrici IV.: „. . . pacem per totum regnum sub iuramento firmari fecit". Gleichwohl vermag auch dieser Befund das obige Ergebnis nicht zu erschüttern, wenn man sich vor Augen hält, daß die Chronisten und der Biograph aus ihrer subjektiven Sicht festhielten, was ihnen richtig erschien, ohne daß sie auf präzise Terminologie festgelegt werden konnten.

3. et archiepiscopi et episcopi propriis manibus firmaverunt

Nach dem Bericht folgen die Erzbischöfe und Bischöfe der von Heinrich selbst geübten Verpflichtungsform des „manu firmare". Diese Form der Beteiligung kirchlicher Würdenträger begegnet zum erstenmal.
Da Heinrich IV. neben der Friedensaufrichtung noch zahlreiche Rechtshandlungen anderer Art vorgenommen hat, als deren Zeugen geistliche Würdenträger genannt sind, kennen wir die Namen der an der Mainzer Synode beteiligten

---

175 Vgl. G. Meyer von Knonau, Heinrich IV., Bd. V, S. 173 ff.
176 Vgl. dazu unten
177 MGH SS III, S. 135.
178 MGH SS VI, S. 368.

Bischöfe. Zugegen waren neben dem Mainzer Erzbischof die Erzbischöfe von Köln und Trier, die Bischöfe von Speier, Münster, Bamberg, Würzburg, Lüttich und Utrecht[179].

Wenn auch die äußere Form der Verpflichtung mit der des Kaisers identisch ist, ihrer Herkunft nach bestehen die oben angesprochenen Unterschiede; die dem Verbot von Klerikereiden zugrundeliegenden kirchlichen Rechtsvorstellungen hat E. Wadle[180] ausführlich dargelegt. Die Bedeutung der Verpflichtungsakte zwischen Kaiser, Erzbischöfen und Bischöfen dürfte darin liegen, daß durch die Bannung das ursprüngliche gegenseitige Treueverhältnis zerstört war, dieses daher eines Neuaufbaues bedurfte, als dessen wirksamste Form das feierliche Gelöbnis herangezogen wurde.

4. filius regis iuravit

In der gewöhnlichen Eidesform unterwirft sich der Königssohn der Friedenspflicht. Er genießt nicht die Sonderstellung, die sein Vater als Inhaber des Königs- und Kaiseramtes beanspruchen kann.

Auch dieser Eid wird nichts anderes bedeuten als daß sich der Kaiser nach der Bannung einen neuen Treueid schwören läßt und dabei seinen Sohn mit einbezieht.

5. primates totius regni, duces, marchiones, comites et alii quam multi iuraverunt

Die Herzöge werden mit Namen erwähnt: Herzog Friedrich von Schwaben (Friedrich I., Staufer, 1079–1105[181]), ferner Herzog Pertolfus, sowie Herzog Welf von Bayern (Welf V. 1101–1120). Bei den Grafen wird man auf die Namen zurückgreifen können, die für das Weihnachtsfest 1102, das der Kaiser in Mainz feierte, als Zeugen von Rechtsakten genannt werden – ebenso wie die Bischöfe – genannt sind: Pfalzgraf Siegfried, die Grafen Otto von Zütphen, Berchtold von Nüring, ferner Adalbert, Gerhard, Theoderich u. a.

Das „et alii quam multi“ ist zu verstehen als eine Sammelbezeichnung anderer Großer, es steht als pauschale Zusammenfassung und nicht als Erweiterung des Personenkreises, etwa auf das gesamte Volk, da man sonst eine Gegensatzbezeichnung erwarten müßte. Auf den wichtigen Umstand, jeweils zu fragen, ob der Eid nur von den Großen des Landes geleistet wurde oder ob der Eid auch von der

---

[179] Vgl. G. Meyer von Knonau, Heinrich IV., Bd. V, S. 173.

[180] Vgl. E. Wadle, Heinrich IV. und die Friedensbewegung in: Vorträge und Forschungen, Bd. XVII, S. 167, unter Berufung auf Ph. Hofmeister, Die christlichen Eidesformen, S. 83 ff.

[181] Er errichtet ein Jahr später selbst einen Frieden in Schwaben, vgl. unten.

Bevölkerung abgelegt wurde, hat bereits G. Åquist[182] hingewiesen, da daraus auf eine unterschiedliche Bedeutung des Eides geschlossen werden könnte. Der hier vorliegende, von Epiphanie bis Pfingsten 1103 und von da ab auf vier Jahre, also bis Pfingsten 1107 geltende Friede für die Kirchen, Kleriker, Mönche, Laienbrüder, die Kaufleute, die Frauen in Bezug auf Frauenraub und die Juden[183] wird nur durch die Großen beschworen und damit auch ihnen besonders anvertraut; sie haben den Frieden zu halten, sie haben ferner dafür zu sorgen, daß der Friede gehalten bzw. eingeführt wird.

Dies ergibt der Text: Für den, der das Haus eines anderen in feindlicher Absicht angreift oder durch Brand verwüstet, der einen anderen wegen einer Geldschuld festsetzt, der verwundet, schlägt oder tötet, gilt die Strafe des Augen- oder Handverlustes. Verteidigt jemand einen solchen Delinquenten, erleidet er die gleiche Strafe. Dann fährt der Friede fort: „Si in castrum fugerit, per tres dies obsessum a coniuratoribus dispergatur." In dieser Regelung kommt zum Ausdruck, daß es auch Aufgabe der durch den Eid verpflichteten Großen ist, die Einhaltung der Friedenspflicht zu überwachen und bei Sanktionen mitzuwirken. Gleichwohl galt der Friede auch für das gesamte Volk, hinsichtlich der Verpflichtungen kennt nämlich der Bericht keinen Unterschied, sondern spricht generell von „si quis".

Wenn aber für das Volk kein Eid tradiert, deshalb auch davon auszugehen ist, daß es keinen geleistet hat, so erlangt das oben besprochene „instituit" in diesem Zusammenhang die volle Bedeutung. Der Kaiser als Inhaber des Friedensbanns gebietet für das Volk den Frieden.

Für die im Eid beinhaltete Sorge um die Friedensverbreitung, spricht die unten näher ausgeführte Tatsache, daß einer der am Friedensschwur Beteiligten, nämlich Friedrich von Schwaben, 1104 einen eigenen Frieden errichtete, diesen dann von allen beschwören ließ. Daraus wird man zwar nicht generell folgern können, daß alle Beteiligten den Frieden in dieser Weise weitergetragen haben[184], verbürgt ist es jedenfalls nur hier.

§ 3 Zusammenfassung

In Mainz nimmt der Kaiser zum erstenmal unmittelbar die Aufrichtung eines Friedens in die Hand.

Die Verpflichtungsformen sind entsprechend neu, das „manu firmare" als ein den Eid ersetzendes Gelübde des Kaisers, ferner die gleiche Verpflichtungsform für Erzbischöfe und Bischöfe, sowie der Eid des Königssohnes, der Herzöge, Mark-

---

182 G. Åquist, Frieden und Eidschwur, S. 28.

183 Auf das erstmalige Auftreten des Schutzes der Juden wegen der durch den ersten Kreuzzug erfolgten Judenpogrome weist G. Meyer v. Knonau Heinrich IV., Bd. IV, S. 491 ff. hin.

184 So G. Meyer v. Knonau, Heinrich IV., Bd. V, S. 175.

grafen, Grafen und anderer Großer wirken zusammen mit dem Eidgebot des Kaisers in autoritativer Form für das einfache Volk. Auch hier ein Komplex von Verpflichtungsformen, die erst in ihrer Gesamtheit die letztliche Verpflichtung des Friedens ergeben.

Kapitel 7
Schwäbischer Friede, Pax Alamannica (1104)

§ 1 Typologischer Befund

Im Appendix des Constitutionenbandes nahm L. Weiland einen Frieden auf, dessen Text aus einer Handschrift des beginnenden 12. Jahrhunderts stammt, nach Meinung von Weiland vom gleichen Schreiber verfertigt wie der Mainzer Friede von 1103[185].

§ 2 Teilnehmerkreis und Teilnahmeform

1. Pax iurata est a duce Friderico et a multis comitibus

Der den Frieden einleitende Satz, in der angegebenen Handschrift auf dem unteren Teil S. 69, berichtet expressis verbis von einem Eid des „dux Fridericus" und von einem Eid der „multi comites". Herzog Friedrich von Staufen, wegen der wohl sicheren Datierung auf 1104 Friedrich I. (1079–1105), hatte sich mit vielen Grafen seines Stammes durch den Friedenseid gebunden. Dieser Eid des Herzogs und der Grafen wurde wohl auf einer Versammlung ausschließlich dieses Personenkreises geleistet. Die Formulierung „multi comites" läßt darauf schließen, daß nicht alle maßgeblichen Grafen anwesend waren, sondern eine große Zahl, Namen erscheinen im gesamten Text nicht. Auch die Eidesform ist nicht näher zu bestimmen.

---

185 Zur Typisierung des Textes i. e. vgl. G. Waitz, Deutsche Verfassungsgeschichte Bd. VI, S. 438 Nr. 2; U. Eggert, Studien zur Geschichte der Landfrieden, S. 19 ff.; L. Weiland, Einleitung MGH Const. I S. 613 – wegen der Datierung stehen die beiden Jahre 1104 und 1108 zur Diskussion, wobei sich R. Goecke, Die Anfänge der Landfriedensaufrichtungen in Deutschland, S. 82, auf ein Chartularium Decanatus Augustani bezieht, wo es S. 107 heißt, daß Bischof Herimann sich gegen Ende des Jahres 1104 hin einem Landfriedensbündnis angeschlossen habe, wozu die Initiative von Friedrich von Schwaben ausgegangen sei. Angaben, die unmittelbar auf den Friedenstext passen, L. Weiland hält dem die Geltungsdauer des kaiserlichen Friedens, gültig bis Pfingsten 1107, entgegen und geht davon aus, daß dieser Friede erst frühestens zu Beginn des Jahres 1108 entstanden sein kann. Gegen seine eigene Argumentation führt er aber an, daß vielleicht während des Aufstandes seines Sohnes Heinrich der Reichsfriede Heinrichs IV. erschüttert wurde. Die Aufzeichnung im Augsburger Chartular ist ein gewichtiges Argument, diesen Frieden noch innerhalb des untersuchten Zeitraums als entstanden zu betrachten.

Wie wichtig die Frage nach dem Teilnehmerkreis ist, beweist dieser Text: Die Großen leisten zunächst den Eid, dessen Inhalt auch näher definiert werden kann: Er bezieht sich nicht allein auf die Verpflichtung zum Frieden gegenüber den in Kap. 1 genannten Personen und Sachen, sondern auch auf die Überwachung des Friedens und die Sanktion von Friedensverletzungen, wie einmal Kapitel 8 belegt: „. . . dux vel comes vel advocatus vel quilibet rector, sub cuius regimine (corruptor pacis) prius fuerat, predia violatoris pacis auferat . . .“, zum anderen Kapitel 9 zeigt: „. . . et si municio expugnari non potest infra tres dies, dux vel comes cum maioribus ad destruendum castellum advocetur“. Beide Kapitel normieren die aktive Pflicht, für die Überwachung des Friedens zu sorgen.
Damit bestätigt auch dieser Friede die von G. Åquist geäußerte Feststellung, daß zwischen dem von den Großen des Landes abgelegten Eid und dem Eid der gesamten Bevölkerung ein Unterschied bestehe. Der Eid der Großen hatte zwar auch zum Inhalt die Bindung an die Friedenspflicht in Form der Friedenserhaltungspflicht, vor allem aber zwang er die Großen zur Mitwirkung bei der Friedenswahrung, d. h. bei Überwachung und Verfolgung von Friedensverletzungen[186]. Dieser Unterschied im Eidesinhalt wird durch die Gegenüberstellung von Eid der Großen und Eid der Bevölkerung sehr deutlich, wie gleich auszuführen sein wird.

2. *Pacem unusquisque debet iurare*

Wie schon angedeutet, ist der Eid des Herzogs und der Grafen nicht der einzige Schwurakt beim Zustandekommen dieses Friedens; Kapitel 5 zeigt den weiteren Personenkreis an: „Hanc pacem unusquisque ante proximum festum sanctae Mariae debet iurare vel cum iuramento VII veracium suae condicionis virorum debet se expurgare, quod ipse non audierit ab aliquo hanc pacem esse iuratam . . .“ Herzog und Grafen gingen nach alledem beispielhaft voran und bekannten sich zur Friedenspflicht und zur Verfolgung von Friedbrechern. Darüber hinaus hatte dann „unusquisque“ den Eid binnen gesetzter Frist zu leisten. War es beim Elsässer Frieden möglich, sich aus dem weiteren Text den Kreis der Eidpflichtigen zu suchen, so versagt hier der Text diese Leistung. Es heißt in Vollendung des eben zitierten Kapitels 5: „. . . qui hoc non fecerit, manum perdat.“ Dieses Kapitel berechtigt insgesamt zu folgendem Schluß: Ohne Unterschied leisten Freie und Unfreie den Eid, gibt es keine Ausnahme davon und zwar in einer fest terminierten Frist: ante proximum festum sanctae Mariae.[187] Wird jemand nach diesem Termin angetroffen, der den Eid nicht geleistet hat, so bleibt ihm nicht mehr die Möglichkeit den Eid nachzuholen. Er kann sich nur noch durch

---

186 G. Åquist, Frieden und Eidschwur, S. 28 f.

187 Hier vermutet Weiland das Fest der „purificatio“, das Fest Mariae Reinigung vom 2. 2., ohne daß er die Vermutung näher belegt. Geht sie davon aus, daß mit dem Marienfest nur das dem Osterfest am nächsten gelegene gemeint sein kann, so könnte auch das Fest der Verkündigung vom 25. 3. in Betracht kommen, das sich im Abendland schon seit Gregor dem Großen nachweisen läßt.

Siebenereid von Männern gleichen Standes – auch hier wieder ein Hinweis, daß alle ohne Unterschied des Standes eidespflichtig waren – dahin reinigen, er selbst habe nicht gehört, daß dieser Friede von irgendeinem Menschen beschworen worden sei oder aber er verliert die rechte Hand. In der Verbindung von Terminierung auf ein christliches Fest und Reinigungseid zeigt sich der Grundcharakter des Friedenseides als germanischen Ursprungs, von christlichen Elementen überlagert. Der Reinigungseid ist zu sehen im Zusammenhang mit den germanischen Instituten von Zweikampf und Gottesurteil[188].

Bevor auf den Zusammenhang zwischen Straffolge und Friedenseid näher eingegangen werden kann, bedarf es noch des Hinweises, daß sich über die Details des Verpflichtungsvorganges nichts aus dem Text entnehmen läßt. Ob hier jeweils besondere Schwurversammlungen abgehalten wurden, eventuell in kirchlichen Versammlungen, bleibt offen; fest steht lediglich: Es muß sich um ein allgemein bekanntes und praktiziertes Verfahren gehandelt haben, da sonst dazu nähere Ausführungen erwartet werden müßten.

Straffolge und Bedeutung des Eides: Kapitel 1 kennt wieder die Strafe: „Si quis predictam pacem infregerit, manum perdere debet." Wird der Friede in Form des Schutzes von Klerikern, Kirchen, deren Höfen und Stiftungen, des Schutzes aller Leute in ihren Häusern und jeglichem Bauwerk, innerhalb der Höfe und den ordnungsgemäßen Einfriedungen, allgemein „hovestete" genannt, des Schutzes aller Frauen, der Kaufleute und Bauern, schließlich des Schutzes vor Gefangensetzung nur wegen einer Geldschuld, verletzt, so steht darauf ohne Unterschied des Standes und anders als bei bisher untersuchten Frieden Handverlust.

Kapitel 6: „Si quis corruperit istam pacem et aufugerit et latere voluerit, donec ista pax transierit, si quandoque reversus fuerit, eandem penam paciatur, quam modo pati deberet." Auch die Flucht vor der Strafe und die Rückkehr erst nach Ablauf des Friedens schützt nicht vor der Vollstreckung.

Schließlich Kapitel 7: „Si quis iurare noluerit dicens: nulli noceo nec quisquam nocet mihi, et qui sciens corruptorem pacis paverit vel receperit vel tutatus fuerit vel pro pecunia vel aliquo modo aufugere eum permiserit, eandem penam quam violator pacis subire debet." Auch bei Eidesverweigerung, ferner bei Beherbergung eines Friedbrechers bzw. bei Hilfe zur Flucht um des Geldes willen oder aus anderem Grund, droht die gleiche Strafe. Letztlich gilt sie auch für gewisse Arten unerlaubten Wildfanges nach Kapitel 10, wobei diese aber abgelöst werden kann durch Bezahlung einer bestimmten Buße.

Bleibt noch Kapitel 4 mit der Unterscheidung in der Strafe, je nachdem ob der Gelddiebstahl unter oder über 60 Denaren liegt; bei letzterem droht wiederum Strafe des Handverlustes, womit für schwere Delikte einheitlich die Strafe des Handverlustes verhängt ist.

Die einheitliche Strafe des Handabhauens ohne Unterscheidung nach Ständen unterstreicht die Bedeutung des Eides. Wir sind im Verlauf der Untersuchung auf

---

[188] Vgl. dazu H. Brunner-C. v. Schwerin, Deutsche Rechtsgeschichte Bd. II, S. 505.

Friedenstexte gestoßen, die auch die Strafe des Handverlustes kennen, aber beschränkt auf einen bestimmten Stand, nämlich auf die Unfreien, während für die Freien andere Strafarten gelten. In diesem Zusammenhang hatte die Strafe den Charakter einer reinen Verstümmelungsstrafe. Gilt aber die Folge des Handverlustes allen ohne Unterschied, so muß sich hier der Strafcharakter gewandelt haben dahin, daß auf die Art der Verpflichtungsbegründung abgestellt und danach die Strafart bemessen wurde. Deshalb ist der Schluß berechtigt, daß hier – und nur hier – der Eid den Charakter des Handverlustes bestimmt, es sich um eine typische – spiegelnde – Eidesstrafe handelt, womit umgekehrt der Eid die ausschlaggebende Bedeutung als verpflichtungsbegründender Akt erhält.

Gleichwohl bleibt für einige Regelungen eine andere verpflichtende Wirkung: Unterzieht sich jemand nicht der Eidespflicht, so gilt für ihn die Folge, daß er – obwohl er nicht den Eid geleistet, ja ihn verweigert hat – die Hand verliert. Dies ändert aber nichts an der obigen Feststellung zur Rolle des Eides, da auch diese eben beschriebene Straffolge eine Konsequenz der ausschlaggebenden Verpflichtungsrolle des Eides ist; auch Nichtleistung des Eides bedeutet ein Vergehen gegen den Eid.[189]

3. *consensus der Bischöfe*

Der Eid des Herzogs und der Grafen mit seinem auch zur Friedensüberwachung verpflichtenden Gehalt einerseits und der Eid des übrigen Volkes andererseits mit seinem ausschließlich auf Einhaltung der Friedenspflichten ausgerichteten Inhalt sind nicht das einzige Element, das bei Errichtung des Friedens zu dessen verbindlichem Charakter beiträgt. Dazu kommt noch: „Talis pax iurata est a duce Friderico et a multis comitibus, episcopo Augustensi et Eistetensi episcopo utriusque prioribus consencientibus."

Auch die geistlichen Würdenträger des schwäbischen Stammesgebietes wirkten am Frieden mit; sie beschränkten sich jedoch auf das „consentire", leisteten keinen Eid. Dieses „consentire" ist stärker als das „consulere", es bedeutet Zustimmung und nicht lediglich Beratung, was dem Mitwirkungsakt eine erhöhte Bedeutung gab[190]. Grammatikalisch ist das „consencientibus" auch auf die Bischöfe, nicht allein auf die „priores" zu beziehen.

Mit den „priores" sind wohl nicht ausschließlich gemeint die Prioren von Klöstern, sondern generell in der Diözese maßgebliche Geistliche, meist des Domkapitels. Für eine Deutung ersteren Sinnes fehlt jeder weitere Anhaltspunkt, da für Klöster grundsätzlich die Äbte handelten und wenn sie sich vertreten ließen, dann dieses Vertretungsverhältnis deutlich zum Ausdruck kam.

---

189 Dieses Ergebnis steht gegen W. Schnelbögl, Die innere Entwicklung der bayerischen Landfrieden des 13. Jahrhunderts, S. 231, der generell nur den Charakter der Verstümmelungsstrafe anerkennt.

190 Insoweit wird der Meinung F. Kerns von der Gleichbedeutung der beiden Termini widersprochen, vgl. F. Kern, Gottesgnadentum und Widerstandsrecht, S. 270.

Was bedeutete der „consensus“ der wichtigsten geistlichen Würdenträger im Geltungsgebiet des Friedens?

Sicher handelt es sich nicht um einen Ersatz für einen den Geistlichen an und für sich verbotenen Eid, wenngleich dieses Eidesverbot nicht strikt durchgehalten wurde[191].

E. Wadle[192] scheidet in seiner Erörterung den „consensus“ im Schwäbischen Frieden nicht vom „manu firmare“ der Bischöfe im Mainzer Frieden Heinrichs IV. Schon aufgrund des äußeren Befundes aber muß man sich fragen, ob in jedem Fall die geistlichen und weltlichen Fürsten in gleicher Weise auf das Friedensprogramm verpflichtet waren. Für die Bischöfe als Repräsentanten der Kirche bedeuteten die Frieden Schutz, sie waren die Begünstigten, nicht die Gefahr für den Frieden, jedenfalls nicht in ihrer Funktion als kirchliche Amtsträger – und in dieser Eigenschaft traten sie hier in Erscheinung. Sie brauchten deshalb auch nicht besonders verpflichtet zu werden in den Formen, die üblicherweise praktiziert wurden. Freilich waren sie auch nicht die unmittelbar Frieden Gebietenden, was in dem Mangel an kirchlichen Strafen im gesamten Text zum Ausdruck kommt. Mit dem „consensus“ ist also keine Ausweitung der Trägerschaft des Friedens verbunden, er fand vielmehr statt anläßlich der Versammlung von Herzog und Grafen und hat seine Bedeutung in der Betonung, daß auch die Kirche mit der Friedensaufrichtung konform geht, woraus sich einmal eine erhöhte moralische Bedeutung der Friedenspflichten ergab, ohne daß sich dies auch gleich in kirchlichen Strafen niederschlagen mußte, zum anderen aber an die bereits besprochenen mittelalterlichen und in germanische Zeit zurückreichenden Mitwirkungsformen bei Verbindlicherklärung von Verhaltensweisen angeknüpft wurde.

§ 3 Textliche Typisierung der Friedensgebote

Für diesen Punkt läßt sich aus dem Text nichts anderes entnehmen, als daß ständig nur pauschal von „pax“ gesprochen wird. Dieser Begriff ist in seiner Bedeutung für Rückschlüsse auf die Art des Zustandekommens neutral.

§ 4 Zusammenfassung

Der Schwäbische Friede wird in zwei Phasen errichtet. In einer Versammlung Herzog Friedrichs und einer großen Zahl von Grafen wird ein Eid geleistet, wobei in dieser Phase inhaltlich die Pflicht zur Überwachung des Friedens den Eid bestimmt.

In einer zweiten Stufe, deren Ausgestaltung im einzelnen nicht präzisiert ist, leistet ein sehr pauschal bezeichneter Kreis, wohl Freie und Unfreie zusammen, den Eid.

---

191 Vgl. dazu die Ausführungen bei Ph. Hofmeister, Christliche Eidesformen, S. 83 ff.

192 E. Wadle, Heinrich IV. und die deutsche Friedensbewegung in: Vorträge und Forschungen, Bd. XVII, S. 167.

Inhaltlich als reiner Eid hinsichtlich der Friedenshaltepflicht zu typisieren ist er zu leisten bis zum nächsten Marienfest.
Hinzu tritt der „consensus" der Bischöfe und ihrer höheren Geistlichkeit, womit dokumentiert werden soll, daß der Friede auch in den Augen der Kirche anerkannt wird – eine kirchliche Folge für die Verletzung des Friedens wird aber nicht ausgesprochen. Der Eid steht somit ganz im Vordergrund als Verpflichtungsakt, demgegenüber muß der „consensus" zurücktreten. Die einheitliche Strafe des Handverlustes mit ihrem spiegelnden Charakter bestätigt diese hervorgehobene Rolle.

Kapitel 8
Friede der Diözese Konstanz, Pax Dioecesis Constantiensis (1105)

§ 1 Typologischer Befund

Das Zeugnis dieses Friedens[193], angelegt auf das Diözesangebiet von Konstanz, ist uns nicht in einer Originalurkunde erhalten, wir wissen von ihm aus einer erzählenden Quelle, die kein genaues Jahresdatum, sondern nur Tages- und Monatsangabe enthält. Den Bericht tradiert eine Münchner Handschrift des 12. Jahrhunderts und zwar des beginnenden. Geht man von dem Entstehungsdatum 1105[194] aus, so reicht die handschriftliche Quelle sehr nahe an die Entstehungszeit.
Für die Ursprünglichkeit dieses Berichts spricht auch die bereits angedeutete Feststellung, daß sowohl das Entstehungsjahr als auch der Name des erlassenden Bischofs nicht genannt sind. Vielleicht hat hier der Teilnehmer an der Friedensversammlumg seinen Zeitgenossen den Inhalt der Friedensaufrichtung übermitteln wollen, davon ausgehend, daß Jahr und Name des Bischofs bekannt sind und daher im Bericht nicht anzusprechen seien. Aus dieser Annahme, für deren

---

[193] MGH Const. I, S. 615 ff.

[194] Zum Datierungsproblem vgl. L. Weiland, MGH Const. I, S. 615 mit den Quellenangaben. Man wird das Jahr 1103 ausschalten können, da die Zuordnungen zu den handelnden Personen, wie sie in unmittelbarer Folge geschieht, Gebhard als erlassenden Bischof erweist, der 1103 gar nicht in Konstanz weilte, sondern vom Gegenbischof Arnold vertrieben als päpstlicher Legat im Reich herumreiste – vgl. i. e. G. Meyer v. Knonau, Heinrich IV. Bd. V, S. 181 f.; für die Verlagerung des Friedens in die Zeit nach 1110, wie R. Goecke, Die Anfänge der Landfriedensaufrichtungen in Deutschland, S. 85, annimmt, ist das Argument, ähnliche Friedensinhalte kenne nur ein Gottesfriedenstext von Auch/Westfranken um 1140, nicht stichhaltig genug, es könnte auch ein gegenläufiger Austausch von Konstanz nach Westfranken in dieser späten Zeit stattgefunden haben; zur Datierung vgl. auch G. Meyer v. Knonau, Heinrich IV. Bd. V, S. 239 Anm. 45.

Stichhaltigkeit einiges spricht, kann auch auf eine höhere Glaubwürdigkeit des Berichtes geschlossen werden, mußte doch der Verfasser für den Inhalt des Berichts damit rechnen, daß ein weiterer unmittelbarer Zeuge der Versammlung seinen Bericht erhält und die Fehlinformationen an den Tag kommen, falls solche enthalten wären.

§ 2 Die Stellung des Textes in der bisherigen Forschung

In der gesamten Friedensliteratur führt der Bericht ein Schattendasein, wird er teilweise sogar ganz ausgeklammert. Dies deshalb, weil er nicht ein gewisses Schema von Systemelementen enthält, die an den Unrechtsfolgen der Frieden von Lüttich, Köln und Mainz ausgerichtet sind.[195] So stellt H. Hattenhauer „Unregelmäßigkeiten" bei diesem Frieden fest, die dazu berechtigen, den Frieden unberücksichtigt zu lassen[196]. Auch J. Gernhubers Untersuchung scheidet den Frieden einfach aus, weil er „den Rahmen seiner Vorgänger völlig sprengt" und „als Vorstufe der Landfrieden" nicht in Betracht kommt[197].

Aus diesen beiden Beispielen wird besonders deutlich, wie eine vorformulierte Systematik für die frühen Frieden dazu verleitet, das Quellenmaterial unter dem verfälschenden Aspekt der Brauchbarkeit für die Systematik zu sichten, statt das gesamte verfügbare Quellenmaterial (das ohnehin nicht sehr reichlich ist) einer Auswertung zugrundezulegen.

Dieser Text sorgt für ein komplexes Bild der frühen Friedensbewegung, er widerlegt die These von deren Homogenität und erweist die Vielfalt der Erscheinungsformen von Verpflichtungsakten der frühen Frieden, überhaupt des mittelalterlichen Rechtslebens, das sich nicht ex post in ein System einzwängen läßt, sondern als lebendiger Bestandteil der Zeit – diese prägend und gleichzeitig von ihr geprägt – einer anachronistischen Systematik entgegensteht.

§ 3 Teilnehmerkreis und Teilnahmeform

1. episcopus Constantiensis statuit

Ohne beim Eigennamen genannt zu sein steht „domnus Constantiensis episcopus" als „statuens" im Vordergrund des Berichts.

a) Identifizierung der Person des Bischofs und der des Legaten Die lediglich der Funktion nach beschriebenen Inhaber kirchlicher Ämter, nach dem Bericht zwei

---

[195] So W. Schnelbögl, Die innere Entwicklung der bayerischen Landfrieden des 13. Jahrhunderts, S. 201, der diesen Frieden überhaupt nicht anspricht, obwohl er sonst die Vorgeschichte der Friedensbewegung und die hier berührte Zeit präzis einbezieht.

[196] H. Hattenhauer, Die Bedeutung der Gottes- und Landfrieden für die Gesetzgebung, S. 129; Hattenhauer lehnt sich in seiner Dissertation zu eng an J. Gernhuber an, übernimmt stellenweise Gernhubers Meinung ungeprüft.

[197] J. Gernhuber, Die Landfriedensbewegung in Deutschland, S. 43 f.

verschiedene Personen, der Bischof von Konstanz einerseits, der päpstliche Legat andererseits, die bei der Entstehung dieses Friedens eine Rolle spielen, lassen auf den ersten Blick nicht zu, den Frieden Gebhard zuzuschreiben. Gemeint ist nämlich jener Gebhard, der als Dritter dieses Namens auf einer durch den päpstlichen Legaten Otto, Kardinalbischof von Ostia, für den Tag des hl. Thomas 1084 einberufenen Synode zum Bischof gewählt wurde. Er sollte den Bischofsstuhl in einer Stadt erhalten, die der königlichen Partei wieder genommen worden war, als ein Mann, der der Hirsauer Bewegung anhing, wohin er als Mönch gegangen war, nachdem er vorher Propst des Stiftes zu Xanten gewesen und 1079 für den Bischofsstuhl von Magdeburg im Gespräch war. In der Xantener Zeit mußte er mit der westfränkischen Friedensbewegung in Berührung gekommen sein. Außerdem prägte die Zeit, wo Gebhard Mönch in Hirsau war, jenem ostfränkischen Kloster, von dem unter Abt Wilhelm die Cluniazensische Klosterreform für Deutschland ausging seine Einstellung. Als Begleiter dieses Abtes Wilhelm war Gebhard auch auf der Synode von Konstanz erschienen und hatte sich wegen seiner adligen Herkunft, die eine militärische Stärkung der päpstlichen Partei zu bringen versprach, als Bischofskandidat empfohlen[198].
Warum auf Gebhard die Schilderung des Textes auf den erstem Blick nicht zu passen scheint, ergibt die am 18. April 1089 durch Papst Urban II. dem Bischof Gebhard erteilte Vollmacht, als päpstlicher Vikar in Deutschland zu wirken[199]. Gebhard war somit in der Zeit der Entstehung dieses Friedens Bischof von Konstanz und päpstlicher Legat in einer Person, während der Friedenstext von zwei unterschiedlichen Personen spricht.
Aus einer weiteren erzählenden Quelle erfahren wir jedoch von einem anderen päpstlichen Legaten, der um die Zeit der Entstehung dieses Friedens deutschen Boden betrat, um die Absetzung Heinrichs zu betreiben, nämlich Bischof Richard von Albano. Daß er zusätzlich zu dem anderen Legaten, Gebhard von Konstanz, in Deutschland war, drückt auch das „supervenerat" wörtlich verstanden aus. Vor dem Hintergrund dieser Schilderung löst sich der Knoten, ergibt sich eine zusätzliche Sicherheit für die Datierung und Zuordnung des Friedens. Der agierende Bischof ist Gebhard III. von Konstanz, der päpstliche Legat Bischof Richard von Albano.[200]

b) Bedeutung des „statuit" Nach Fixierung der Person ist es möglich, auf die Bedeutung des „statuit" einzugehen. „Domnus Constantiensis episcopus in

---

198 Vgl. zur Wahl Bischof Gebhards G. Meyer v. Knonau, Heinrich IV. Bd. III, S. 605 ff.

199 Vgl. zur Ernennung zum päpstlichen Legaten G. Meyer v. Knonau, Heinrich IV., Bd. IV, S. 253; in dieser Eigenschaft war er auch auf der Synode von Nordhausen tätig, wo ebenfalls „pax dei confirmatur". Über Entstehungsmodus und Entstehungsteilnehmer wissen wir nichts, doch darf man wohl annehmen, daß der Friede einen ähnlichen Inhalt hatte wie der auf schwäbischem Boden unter Beteiligung Gebhards, nämlich in solcher gemischter Form, nicht so streng geistlichen Inhalts wie der von Konstanz.

200 Über die Tätigkeit des Legaten Richard von Albano vgl. G. Meyer v. Knonau, Heinrich IV. Bd. V, S. 254 Anm. 65.

magno conventu abbatum, clericorum, laicorum, in praesentia apostolici legati, qui etiam illo in tempore ut creditur Dei providentia supervenerat, haec subsequentia omnibus astipulantibus et collaudantibus statuit."
Daraus ergibt sich, daß der Bischof als eigentlich festsetzende Person, als autoritativ Anordnender handelt. Hier wird besonders deutlich, daß der Bischof seinen „bannus episcopalis" in Anspruch nahm, um Frieden zu setzen. Dieses Ergebnis bestätigt der weitere Satz des Berichts: „convenit enim, ut pacem usque in pentecosten faceret." Die Aussage ist nicht im neutralen Passiv gehalten, sondern bedeutet präzis das aktive Handeln ausschließlich des Bischofs. Die dominierende Rolle des Bischofs für die ganz besondere Form eines Friedens, die sich in der Tat von den anderen unterscheidet, verdeutlicht der Inhalt und die Anlage des Friedens. Zum einen handelt es sich um eine kurze Friedenszeit, die angeordnet wird vom 21. Oktober 1105 bis zum Pfingstfest des Jahres 1106. Der Friede wählt nicht die Mischung zwischen strengen peinlichen weltlichen und geistlichen Strafen, wie die bisher besprochenen Frieden, er beschränkt sich ausschließlich auf geistliche Mittel und zwar nicht nur in der negativen Form einer Strafdrohung wie des „communione careat"[201] bei Angriffen auf Kirchen und deren Umland, gegen Priester oder sonstige geweihte Personen, gegen Mönche, Novizen oder gegen andere in die Gerichtsgewalt des Bischofs fallende Personen, sondern noch viel mehr bei Einhaltung des Friedens in positiver Form von Gnadenerweisen religiöser Leistungen wie Messen, Gebete in den Klöstern und Kirchen der Diözese, Speisungen von Armen. Sogar die Verstorbenen sind in die Gnadenerweise für Friedenshaltung einbezogen; für sie werden Messen angekündigt. Schließlich wird den Bußfertigen auch ein Ablaß verheißen, ein Schritt unter anderen in der Entwicklung des Ablasses[202].

c) Ursache für die ausschließlich geistliche Form Worin liegt die Ursache für die Sonderform des Konstanzer Friedens? Sicherlich nicht ausschließlich darin, daß das Bistum Konstanz ein kleineres weltliches Gebiet besaß als etwa die Abtei St. Gallen, während der geistliche Sprengel einer der größten in Süddeutschland war[203], was den Bischof veranlaßt haben könnte, das Schwergewicht auf den geistlichen Einflußbereich zu legen, um diesen möglichst groß zu halten. Der

---

201 Mit dem „communione careat" war gemeint der große Bann (excommunicatio maior) als totaler Ausschluß aus der kirchlichen Gemeinschaft, nicht nur als Ausschluß von der Kommunion. Dies wird besonders deutlich durch den Schlußsatz: „Presbyter qui talibus sciens communicaverit, ab officio suo interdictum se sciat nullamque communionem inter ceteros fratres usque ad dignam satisfactionem habeat." Hier droht der Friede dem Priester, der mit Personen verkehrt, die im Vordersatz als „communione carentes" bezeichnet sind, die Suspension und auch die totale Ausschließung von der Gemeinschaft bis zur Wiedergutmachung an, vgl. dazu i. e. W. M. Plöchl, Geschichte des Kirchenrechts, Bd. I S. 423 f.

202 Zum aufkommenden Ablaßwesen H. E. Feine, Kirchliche Rechtsgeschichte, S. 429.

203 Vgl. A. Werminghoff, Geschichte der Kirchenverfassung Deutschlands im Mittelalter, Bd. I, S. 213.

Grund liegt auch nicht darin, daß Gebhard eine andere Form der Friedensbegründung nicht bekannt gewesen wäre. Er war nach dem Bericht Bernolds zugegen, als in Ulm 1093 der Friede von Herzögen, Grafen und anderen Großen beschworen wurde, wobei sein Gegenbischof Arnoldus ausdrücklich ausgenommen worden war. Dieser Friede galt für zwei Jahre, war also zum Zeitpunkt der Rückkehr Gebhards nach Konstanz 1105 längst abgelaufen, so daß man auch nicht annehmen kann, der Konstanzer Diözesanfriede habe nur deshalb ausschließlich geistlichen Charakter, weil der weltliche Friede, an dem Gebhard mitgewirkt hatte, bereits in Kraft war.

Die inhaltliche Sonderform des Friedens wird man so erklären können: Gebhard war nach längerer Abwesenheit von Konstanz, bedingt durch die Vertreibung seitens des Gegenbischofs und kaiserlichen Parteigängers Arnoldus, wieder auf den Bischofsstuhl zurückgekehrt und sah sich einem durch Friedrich von Schwaben 1104 aufgerichteten Frieden gegenüber, außerdem galt der kaiserliche Friede von 1103. Gebhards Bemühen mußte in die gleiche Richtung gehen wie der derzeit geltende Friede des Kaisers, doch konnte er diesen nicht übernehmen, stand er doch gegen den Kaiser auf der Seite des Papstes. Er mußte einen auf seine Person ausgerichteten Frieden schaffen. Dieser Notwendigkeit kam die geistliche Einstellung Gebhards zustatten. Gebhard war, wie oben schon angedeutet, vor seiner Erhebung auf den Bischofsstuhl Mönch in Hirsau und erlebte dort die unter Abt Wilhelm sich verbreitende Klosterreform. Nach der Schilderung Bernolds hatte ihn dieses mönchische Leben angezogen, der ihn charakterisiert: „Gebehardus Bertholdi ducis filius, nobilis quidem genere, set nobilior in monachia conversatione." Auch als Bischof von Konstanz – dieses Amt hatte er widerwillig und sträubend nach Bernold „hunc sane invitum, immo multum ejulantem ac reclamantem . . . episcopum" angenommen – war er dem Gedankengut des Klosters Hirsau voll zugetan. Die Hirsauer Bewegung, die nicht nur die Reform des mönchischen Lebens anstrebte mit der Treue zum Papst, sondern auch Wanderprediger ausschickte, um unter den Laien eine Verinnerlichung, Verkirchlichung herbeizuführen, insgesamt die Volksfrömmigkeit zu heben, leuchtet aus diesem Frieden entgegen, der ganz auf das geistliche Leben ausgerichtet ist. In dieser Beziehung war Gebhard nicht nur der Führer des geistlichen Widerstandes gegen den Kaiser, gegen den weltlichen Einfluß auf die Kirche und ihre Abhängigkeit, er war ein Anhänger des Reformgeistes von Cluny, in Deutschland getragen von Hirsau[204].

Dazu kommt die sich ausbreitende Entschärfung der Strafandrohungen gegen die Feinde des Papsttums, die der Bewegung der Verinnerlichung entsprach und die unter Urban II. insbesondere Buße und Verzeihung anstelle von strikter Bannung betonte. War damit sicher beabsichtigt, der kaiserlichen Partei unter den Geistlichen die Rückkehr zum Papst zu erleichtern und damit den Gegner wirksamer zu

---

204 Vgl. zu Gebhards Person die Literaturnachweise bei G. Meyer v. Knonau, Heinrich IV., Bd. III, S. 608 Anm. 122.

schwächen, so prägte diese Einstellung doch auch das Gesamtverhalten und die Politik der päpstlichen Anhänger.
Bischof Gebhard vereinigte beide Aspekte in seiner Person und verhielt sich auch danach. Es lag nahe, diese Absichten in einem so wichtigen Punkt wie dem Frieden klarzulegen. In diesem Ergebnis zeigt sich, wie vielfältig die zur Verfügung stehenden Formen waren, um zu dem einheitlichen Ziel eines Friedens zu gelangen.

2. *in presentia apostolici legati*

Die Person der Legaten wurde schon oben identifiziert[205]. Die Verbindung der Funktion mit einer konkreten Person wurde oben schon behandelt, das „statuere" des Bischofs fand statt in Gegenwart des von Papst Paschalis II. nach Deutschland gesandten Richard von Albano, der aus Lothringen stammte, vor seiner Tätigkeit in Rom Dekan der Kirche von Metz war.
Seine Funktion, sein präziser Auftrag, den er vom Papst erhielt, erklärt auch seine Rolle bei dieser Versammlung. Sie zeigt sich nach außen als passiv, erschöpft sich in der Anwesenheit.
Bei dieser Präsenz ging es aber darum, zusammen mit Gebhard von Konstanz, der noch die Funktion eines päpstlichen Legaten bekleidete, den Streit zwischen dem Papst und dem König um die Investitur zu beenden, das Ärgernis für Priestertum und Reich zu beseitigen den Frieden zu festigen[206].
Der Friede sollte zunächst einen Zustand der Sicherheit in der Diözese herbeiführen, die dem Bischof, gleichzeitig dem Legat den Freiraum gab, außerhalb der Diözese zu wirken. Gleichzeitig einte er die päpstliche Partei auf der Ebene der Diözese und stärkte sie dadurch.
Die Anwesenheit des päpstlichen Legaten, dessen Aufgabe schon die Tatsache unterstrich, daß er zur Hilfe Gebhards nach Deutschland geschickt wurde, unterstrich die Absicht des Papstes, Frieden zu schaffen, der Bischof wurde in seiner Rolle als Friedensstifter auf die Ebene des päpstlichen Bemühens gestellt, gleichzeitig verstärkte sich die Drohung der Exkommunikation, stand doch auch der Friede des Papstes hinter ihr.
So wird die äußerlich rein passive Rolle des päpstlichen Legaten auf der Synode zu einer Autorität für die Friedensaufrichtung, die den Frieden in engere Beziehung zum Papst bringt. Der Berichterstatter drückt dies deutlich aus, wenn er diesen direkt von Rom kommenden Legaten hervorhebt, ihm also die besondere Beziehung zu Rom zuschreibt, während er für den anderen Hauptakteur, den Bischof, der selbst päpstlicher Legat geblieben war, eine entsprechende Bemerkung nicht kennt.

---

205 Vgl. oben § 3, 1a.

206 Diese Aufgabe kommt in einem Schreiben des Papstes Paschalis II. an Erzbischof Ruothard zum Ausdruck, vgl. dazu G. Meyer v. Knonau, Heinrich IV., Bd. V, S. 255.

3. omnibus astipulantibus et collaudantibus

Ergänzte einerseits die bloße Anwesenheit der päpstlichen Legaten das autoritative Gebot des Bischofs durch eine Verbindung mit der päpstlichen Autorität, so wirken noch weitere Elemente für die Verbindlichkeit; die autoritative Setzung geschah: „omnibus astipulantibus et collaudantibus". Der Bezugspunkt für das „omnibus astipulantibus et collaudantibus" läßt sich konkret fixieren, da der Berichterstatter vorher die Versammlung umschreibt als in „magno conventu abbatum, clericorum, laicorum", d. h. der Friede wurde durch den Bischof festgesetzt im Beisein einer großen Versammlung von Äbten, Klerikern und Laien der Diözese. Ist der Kreis der Äbte und Kleriker hinreichend in der Funktion bestimmt, verbleibt für die Gruppe der Laien die Frage, wer davon erfaßt ist.
Da sich der Kreis kumulativ an die Gruppe der Äbte und Kleriker anschließt und damit auch eine gewisse Funktionstypisierung erfährt, läßt sich daraus schließen, daß die Gruppe der „laici" auf gleicher Stufe steht wie die der Äbte und Kleriker, damit ihre Teilnahme sich aus der Innehabung einer gewissen Funktion, eines Amtes ergibt, woraus das Recht und die Pflicht zur Anwesenheit bei der Synode resultiert. Dann sind damit gemeint der Adel der Diözese, bischöfliche Beamte und Vasallen, bischöfliche Ministeriale. Dieser Kreis war der engere, der an der Synode teilzunehmen hatte.
In der pleonastischen Formel des „adstipulare et collaudare" begegnet uns die schon bekannte Form der Mitwirkung an den Frieden wieder. Die Versammlung war nicht nur Adressat des Bischofserlasses, sie nahm auch aktiv am Zustandekommen teil durch Beratung und Zustimmung in Anlehnung an längst praktizierte Formen. Der Bischof versicherte sich der Zustimmung der tragenden Schicht der Diözese und erreichte durch die Zustimmung dieser Kräfte eine stärkere Verbindlichkeit, weil diese Klärung die Gruppe der Erklärenden band. Weder aus dem „collaudare", noch aus dem „adstipulare", noch aus der pleonastischen Formel läßt sich aber ein Hinweis auf den Eid entnehmen, so daß dieser Friede als unbeeidetes Zeugnis vor uns steht.

4. de communi consensu decretum est

Im Zusammenhang mit der Schilderung der Unrechtsfolgen nennt der Verfasser des Berichts eine weitere Beteiligungsform: „. . . de communi consensu decretum est, ut vivus et defunctus, nisi resipuerit communione careat." Die Drohung ist gerichtet gegen den, der sich an Kirchen, deren Umland, an Priestern oder sonstigen geweihten Personen, an Mönchen oder sonstigen Novizen, schließlich an allen in die Gerichtsgewalt des Bischofs fallenden Personen vergeht.
Dieses „de communi consensu decretum est" erinnert an das „consensu et consilio" früherer Frieden. Insoweit schließt sich der Friedenstext an sie konsequent an, weil er ebenfalls feststellt, daß die Unrechtsfolge im Bewußtsein einer größeren, der schon angesprochenen maßgebenden Schicht der Diözese angenommen, von ihr demnach auch getragen ist.

Dem großen Kreis der Friedpflichtigen steht damit vor Augen, daß der Friede auf einem breiten Bewußtsein basiert und angenommen ist, eine Feststellung, die im Verlauf der Untersuchung schon begegnet ist.

5. Keine eigene Typisierung

Die bisherige Möglichkeit, den Frieden durch im Text enthaltene Termini rechtlich zu typisieren, scheitert am Material. Nirgends wird ein Begriff gebraucht, der auf das Verständnis der Zeitgenossen vom Frieden hindeutet.

§ 4 Zusammenfassung

Der Friede fällt bezüglich seines geistlichen Charakters völlig aus dem Rahmen der bisherigen Ergebnisse. Der Bischof von Konstanz bedient sich des Elements eines autoritativen Gebots des Friedensgehalts, dazu treten Elemente einer Anbindung an die päpstliche Autorität durch die Anwesenheit eines Legaten und einer Hervorhebung des Zustimmung der engeren Synodenteilnehmer. Das einfache Volk wird überhaupt nicht beteiligt. Als einziger Friede im ostfränkischen Bereich ist er von ausschließlich geistlichem Charakter und kennt nicht nur negative Sanktionen bei Friedverletzung, sondern auch positive Gnadenleistungen, falls sich jemand an den Frieden hält.

Kapitel 9
„Pax Dei Incerta" Weilands (Ende 11. Jahrhundert)

§ 1 Typologischer Befund

Das „Iuramentum Pacis Dei", bei Pertz dem Friedensbrief von Köln und Mainz gleichermaßen als Eidesformel angefügt, gehört nicht zu den genannten Quellen[207]. Da neben der Münsterschen eine weitere Handschrift aus dem 11. Jahrhundert, also einer der Entstehungszeit näheren Fassung existiert, nahm ihn L. Weiland[208] unter dem Namen „Pax Dei Incerta" als eigenen Friedenstext in seine Sammlung auf. Mit dem Beiwort „incerta" deutet er die offenen Fragen um Lokalisierung und Datierung an, da der Text keine Zeit für die Entstehung nennt. Die Leydener Handschrift aus dem 11. Jahrhundert spricht für ein entsprechendes Alter, d. h. für eine Entstehungszeit im 11. Jahrhundert.

§ 2 Teilnehmerkreis und Teilnahmeform

Die Eidesformel schildert die einzelnen Friedensgebote in der konjunktivischen Form ohne weitere Einleitung in zehn Kapiteln. Erst das elfte Kapitel gibt

[207] Vgl. oben beim Kölner Friedensbrief, Kapitel 2, § 2.
[208] L. Weiland, MGH Const. I, Nr. 426, S. 608.

Auskunft über den Verpflichtungsvorgang; Kap. 11: „Hic finis iuramenti. Quae vero sequuntur, ore omnium laudata et in manus episcoporum promissa et banno roborata sunt: In omni pacis tempore praedicto nullus arma ferat, nisi illa quam praescripsimus necessitas exigat.“

Kapitel 11 gliedert den Verpflichtungsakt in zwei Stufen, die aber zusammengehören, einerseits das „iuramentum“, andererseits den Vorgang, beschrieben mit „ore omnium laudata et in manus episcoporum promissa et banno roborata.“

1. iuramentum

Pax Dei Incerta belegt expressis verbis die Verwendung des Eides, freilich nicht die Eidesform – ob Reliquieneid oder Evangelieneid[209]. Das gleiche gilt für die Frage nach dem beteiligten Personenkreis im einzelnen. Es bleibt nur der Weg, mittelbar aus den vom Frieden betroffenen und im Text genannten Personen auf die Schwörenden zu schließen.

Der Kreis der durch den Eid Verpflichteten wird bei den Einzelgeboten pauschal mit „nemo“ bzw. „nullus“ (Negativform) und mit „aliquis“ bzw. „omnis“ (Positivform) bestimmt. Erst die Unrechtsfolgen gliedern die Betroffenen nach Ständen, angefangen beim „princeps terrae“ über „nobilis, liber, ministerialis“ bis zu „lito aut servus“. Betroffen sind alle Stände. Dies berechtigt zu dem Schluß, daß sich alle Stände eidlich im Frieden banden und nur die Unrechtsfolgen Standesunterschiede kannten, um die Konsequenzen für jeden Stand entsprechend einschneidend zu gestalten. Demnach waren an dem „iuramentum“ beteiligt die Gruppe jener führenden Schicht, die durch die Hinzufügung von „regnum, provincia, terra, civitas“ im Genitiv der Herrschaftsausübung näher bestimmt wird[210]. Hier fällt auf, daß nicht von den „principes regni“ die Rede, sondern von den „principes terrae“, einer auch nach außen wirkenden Unterscheidung. Damit ist ausgedrückt: Nicht jene Oberschicht ist gemeint, deren Herrschaft einen Bezug zum Reich hatte, sondern eine untergeordnete, auf ein unter dem Reich rangierendes Territorium gerichtete Herrschaft. Weitere Gruppe war die des „nobilis, liber, ministerialis“ d. h. die Gruppe der Adeligen von Geburt, der Freien und der Ministerialen, der adeligen Unfreien[211]; schließlich waren dem Frieden unterworfen auch die Unfreien[212].

---

209 Das in der Leydener Handschrift der Überschrift „Iuramentum pacis dei“ vorangehende Kreuz vermag zu wenig für die Formfrage herzugeben, da unsicher, ob die Überschrift überhaupt authentisch zum Text gehört“ sollte dies der Fall sein, so könnte es auch ein Symbol des Anfangs im Namen des Kreuzes sein, gesetzt vom Verfasser.

210 G. Theuerkauf, Art. „Fürst“ in Handwörterbuch zur deutschen Rechtsgeschichte, Sp. 1340 f.

211 Vgl. dazu: O. von Dungern, Comes, liber, nobilis in Urkunden des 11. bis 13. Jahrhunderts, in AUF Bd. XII, (1932), S. 181 ff.

212 Vgl. G. Tellenbach, Vom karol. Reichsadel zum dt. Reichsfürstenstand in: Wege der Forschung, Bd. II, S. 191 ff., ferner K. Bosl, Die Gesellschaft in der Geschichte des Mittelalters, S. 61 ff.

Für die verpflichtende Bedeutung des Eides wird man aber, wenn dies auch nicht ausgesprochen ist, zwischen dem Eid der „principes", wohl auch der „nobiles, liberi, ministeriales" und dem der anderen Gruppen einen wichtigen Unterschied treffen müssen, den G. Åquist[213] anspricht, nämlich bei der ersteren Gruppe nicht nur die verpflichtende Wirkung zur Einhaltung des Friedens, sondern auch zur Überwachung, ob der Friede eingehalten wird; sie waren es, die die Möglichkeiten hatten, den Frieden zu erzwingen.

2. Manupromissio und Banno roboratio

Für das Versprechen, zur vereinbarten Friedenszeit[214] keine Waffen zu tragen, außer es zwinge die beschriebene Notwendigkeit dazu[215], wird die besondere Form der „Manupromissio" und „banno roboratio" überliefert und diese Verpflichtungsart klar abgesetzt gegenüber den Friedenspflichten, die im einzelnen beschworen wurden.

Bedingen die Verschiedenheit in der Bestärkungsart Unterschiede im Inhalt der Verpflichtung oder folgern sie aus einem andersgearteten Adressatenkreis, der sich anderer für ihn spezifischer Bestärkungsformen bediente, ohne daß letzterenfalls ein Unterschied im Verpflichtungsgehalt vorlag? Solche besonderen Verpflichtungsformen kannte das Mittelalter u. a. in Form der feierlichen Verpflichtungen geistlicher Würdenträger, die symbolisch durch Unterzeichnung einer Urkunde geleistet wurden[216]. Freilich wird diese spezielle Verpflichtungsart allgemein mit „manu propria firmare" bezeichnet, nicht mit „manu promissio"; dieser formale Aspekt allein vermag aber die Überlegung noch nicht zu entkräften. Blickt man auf den Verpflichtungsinhalt, kann man keinen Klerikereid vermuten, da der Verpflichtungsinhalt sich nicht ausschließlich an Geistliche wenden kann, sondern die Waffenträger generell betrifft. Auch sonst erwähnt der gesamte Friede eine Betroffenheit geistlicher Würdenträger nicht. Zwar war das Waffentrageverbot für Angehörige des geistlichen Standes durch Päpste und Konzilien im Mittelalter häufig untersagt worden, dieses Verbot beachtete aber vor allem der höhere Klerus, der im Rahmen seiner weltlichen Stellung zum Königsdienst verpflichtet war, großenteils nicht[217].

---

213 G. Åquist, Friede und Eidschwur, S. 26.

214 Die Dauer der Friedenszeit ist in Kap. 1 festgelegt: „Ab adventu Domini usque ad proximum diem lunae post epiphaniam, item a septuagesima usque ad octavam pentecostes, item in omnibus vigiliis et ferialibus festis, et tribus diebus in omni septimana, scilicet a vespera V. feriae usque ad diluculum II. feriae, pax sit ubique, ita ut nemo ledat inimicum suum."

215 Diese Notwendigkeit regelt Kap. 6, nämlich: „Si furtum acciderit aut rapina aut bellum patriae ingruerit, et clamor more patriae exortus fuerit, armati omnes insequantur . . ."

216 Vgl. H. Mitteis, Lehnrecht und Staatsgewalt, S. 61; diese Praxis wurde über die fränkische Zeit hinaus in das hohe Mittelalter geübt.

217 Vgl. W. Koch, Klerikale Standesprivilegien, S. 41 und 66. Die Bedeutung der Bestärkungsformen nicht nur als besonders bindende Verpflichtungsübung, sondern auch als

Deshalb konnten auch geistliche Würdenträger von diesem Verbot betroffen sein, aber nicht ausschließlich.

3. ore omnium laudata

Der „Manupromissio“ und „Banno roboratio“ ging das „ore omnium laudata“ voraus. Dieser Vorgang erscheint so wesentlich, daß er besonders herausgehoben wird. Es handelt sich um eine Form wie sie uns bei den früheren Frieden schon begegnet ist, etwa in dem „astipulare et collaudare“. Dem eigentlichen Versprechensvorgang ist noch eine allgemeine Zustimmungserklärung vorgeschaltet, dokumentierend eine breite Zustimmungsbasis für den Versprechensinhalt. Die Parallele zum Institut der Willkürung, ferner zur Art der Mitwirkung des Volkes bei der Königswahl liegt nahe.

4. Ältere Formen von Iuramentum und Manupromissio als Modelle für die Verpflichtung

Das Formpaar „iuramentum“ und „manupromissio“ kennt nicht erst das 11. Jahrhundert, es begegnet schon in früherer Zeit bei Begründung der Vasallität und bei der Huldigung des Volkes gegenüber dem neuen König, so daß diese bekannten Formen für den Frieden nicht neu eingeführt zu werden brauchten, man vielmehr auf sie zurückgreifen konnte.

Seit Pippin dem Jüngeren existiert eine ganze Reihe von Quellenzeugnissen, wonach der freie Vasall seinem Herrn nicht nur die Kommendation in Form des Handganges, sondern auch den Treueid leistet[218]. Die Reihenfolge liegt dabei in der Regel fest: Zuerst erfolgt die Kommendation, dann wird der Treueid geleistet. Zeugnisse für die Kommendationshandlung beginnen mit dem Ende des 8. Jahrhunderts[219]: Der Mann legt die gefalteten Hände in die Hände des Herrn, der sie mit seinen eigenen umschließt. Nicht anders kann der in Pax Dei Incerta geschilderte Vorgang erfolgt sein, das „in manu promittere“ bedeutet nichts anderes, als daß der Versprechende seine Hände in die Hände der Bischöfe legte.

Beweiswirkung wird in diesen unterschiedlichen Formen deutlich: Die des Schreibens kundigen Kleriker konnten durch entsprechende Schriftzeichen mit Beweiswirkung gebunden werden, des Schreibens Unkundige mußten sich anderer Formen, vor allem des Eides bedienen.

218 Vgl. H. Mitteis, Lehnrecht und Staatsgewalt, S. 43, für frühere Formen der merowingischen Zeit, insbesondere zur Begründung des Antrustionates durch Kommendation und Treueid, ferner S. 21 ff., wo die Trennungskonstruktion von V. Ehrenberg zu Recht abgelehnt wird, so daß für diese frühe Zeit Kommendation und Treueid in der ausgeprägt getrennten Form nicht angenommen werden können. – Ferner dazu R. Scheyhing, Eide, Amtsgewalt und Bannleihe, S. 29 ff., F. L. Ganshof, Was ist Lehnswesen?, S. 77 ff.

219 Quellennachweise bei H. Mitteis, Lehnrecht und Staatsgewalt, S. 30.

Inhalt der Kommendation war in erster Linie[220] Gefolgschaftspflicht seitens des Versprechenden und Schutzpflicht seitens des Versprechensempfängers.
Die durch den zusätzlichen Treueid begründete Treupflicht beruhte auf anderer Überlegung; sie stellte sich primär dar als *Unterlassungspflicht aller Handlungen,* die dem Herrn oder seinen Interessen Schaden bringen konnten[221], und zwar im weitesten Sinne, nicht nur für Handlungen, die direkt gegen den Herrn gerichtet waren, sondern für alle, die – wenn auch nur mittelbar – den Herrn treffen konnten.
Kommendation und Treueid unterscheiden sich im strengen Sinne darin, daß die Kommendation einzelne periodisch wiederkehrende Leistungen beinhaltet, während die Treue ein auf Unterlassen gerichtetes Dauerverhältnis bezeichnet. Dabei wird systematisierend überspitzt getrennt, die Grenzen sind nicht exakt, eher fließend, da die Einführung der beiden Teilakte praktischen Erwägungen entsprang.
In der Regel folgte – wie schon festgestellt – der Treueid der Kommendation nach. Im Lauf der Zeit wurde die Kommendation verselbständigt und zu allen möglichen Rechtsgeschäften verwendet, die mit dem Vasallenverhältnis gar nichts mehr zu tun hatten, und auch der Treueid fand sich bei Verpflichtungsakten außerhalb der Vasallität.
Die äußerlich gleiche Form vermag jedoch einen Zusammenhang zwischen den Verpflichtungsakten nicht zu belegen, entscheidend dafür ist allein die inhaltliche Parallelität, die im folgenden untersucht werden soll.

a) Inhaltliche Parallelen für Treueid und Friedenseid Ein Capitulare missorum generale[222] aus der Zeit Karls des Großen, das ausführlich über den Inhalt des an den Kaiser zu leistenden Treueides referiert und offenbar dazu verwendet wurde, den „Missi" Unterlage für deren mündliche Belehrung an das Volk zu sein, dient als Vergleichsgrundlage für die Verpflichtungsinhalte. Stellt man den Inhalt beider Eide gegenüber, so fällt – über die Übereinstimmungen der gebotenen Handlungen und Unterlassungen hinaus – die einheitliche Tendenz der Friedenswahrung in beiden Urkunden auf, freilich sind die Unrechtsfolgen unterschiedlich, im Iuramentumtext viel strenger, „peinlicher", was wohl mit der konkreten Situation und Einstellung, wie dieser Situation beizukommen ist, erklärt werden kann, nämlich die weit verbreitete Unordnung und die Gewalttaten zu bekämpfen.

---

220 Über die verschiedenen weiteren Arten der Dienste im Rahmen der Kommendation vgl. R. Schröder-E. v. Künßberg, Lehrbuch der deutschen Rechtsgeschichte, S. 169 f.; H. Mitteis, Lehnrecht und Staatsgewalt, S. 37 ff. dort auch der Versuch, die Herkunft dieser Formen aus germanischer Zeit nachzuweisen.

221 Die von H. Mitteis vorgenommene Parallele mit modernen schuldrechtlichen Anschauungen kann man nicht ohne weiteres übernehmen. Diese Unterlassungspflichten aus dem Treueid sind spezifisch personenrechtliche auf Dauer angelegte Beziehungen, nicht allgemeine u. U. einmalige vertragliche Beziehungen.

222 MGH Capitularia Regum Francorum Bd. I S. 91 ff.: „ut sciant omnes istam in se rationem habere hoc sacramentum."

Zum inhaltlichen Vergleich im einzelnen:
Kapitel 5 des Capitulare schützt die heiligen Kirchen Gottes, die Witwen, Waisen und Fremden vor Betrug und Raub und sonstigen Ungerechtigkeiten mit der Begründung, nach dem Herrn und den Heiligen sei der König der Beschützer und Verteidiger dieser Personen. Wir können hier festhalten: Ein Teil des Personenkreises, der vom Friedensschutz umfaßt war, genoß schon Jahrhunderte vorher diesen Schutz, allerdings in anderer Form, durch die unbestrittene Anerkennung des Königs, begründet. Die Friedensgebote nehmen diesen Schutz wieder auf, ohne daß die Verbindungslinien zum König noch zu Tage treten. Kapitel 1 des Iuramentum geht – um in der konkreten Situation überhaupt Erfolg zu haben – weiter: es setzt Friedenszeiten fest, in denen niemand seinen Feind – selbst wenn er nicht unter die o. a. Personengruppe zählte – verletzen dürfe, also auch dort, wo ein gewisses Recht für die Verletzung an sich bestände, wird dieses zeitweise aufgehoben.
Ähnlicher sind die Bestimmungen Kapitel 27 des Capitulare und Kapitel 8 des Iuramentum: In beiden werden die Fremden unter besonderen Schutz gestellt und der Gastfreundschaft der Eidespflichtigen anvertraut. Damit läßt sich eine in beiden Fällen gleichgelagerte Absicht verfolgen: Der schutzlose Fremde trat in den Schutz des Königs, er stand unter königlichem Recht nach der karolingischen Regelung. Das Friedensgebot nahm diesen Gedanken wieder auf[223].
Kapitel 4 des Capitulare stellt die Verfügungsgewalt des Kaisers über flüchtige Leibeigene heraus, die niemand verbergen oder aufnehmen dürfe, Kapitel 9 des Iuramentum trifft ebenfalls für den flüchtigen Unfreien die Bestimmung, daß er nicht verteidigt werden dürfe.
Aus den beiden Ergebnissen läßt sich folgern: Der Initiator des Friedens nahm für sich auch früher dem König zugeschriebenen Funktionen in Anspruch.
Treueid und Iuramentum weisen demnach auch inhaltliche Parallelen auf, so daß eine gewisse Wahrscheinlichkeit besteht, daß man die Form des Treueides als Modell für den Friedenseid übernahm.

b) Inhaltliche Parallelen für Kommendation und Manupromissio Wir hatten bereits festgestellt, daß Hauptinhalt der Kommendation die Gefolgschaftspflicht des Versprechenden war, der eine Schutzpflicht seitens des Versprechensempfängers entsprach. Die Manupromissio beinhaltete expressis verbis die Beschränkung des Waffentragens auf die Zeit, in der das Tragen notwendig war. Diese Notwendigkeit beschreibt Kap. 6: Es handelt sich um die Fälle des Diebstahls, eines Raubs oder Bürgerkriegs. Dann sollten alle Gefolgschaft leisten, d. h. „omnes armati insequantur“. Hinter dem eingeschränkten Waffenverbot steht also eine Regelung der Gefolgschaftspflicht in ganz bestimmten Fällen. Auch zwischen Kommendation und Manupromissio lassen sich demnach inhaltliche Parallelen feststellen. Die festgestellten Parallelen lassen vermuten, daß man sich zur Be-

[223] Vgl. dazu B. Koehler, Art. „Fremde“ in: HRG, Sp. 1266 ff.

gründung der Friedenspflichten an Formen anlehnte, die frühere Zeiten praktizierten, deren Sinn aber den Betroffenen noch bekannt war, mit denen auch sie verpflichtende Vorstellungen verbanden.

c) Rolle der Bischöfe beim Verpflichtungsvorgang Auf den ersten Blick könnte man die Bischöfe als in eigener Regie, für ihre jeweiligen Amtsbereiche handelnd, vermuten. Dem steht aber vor allem ein gewichtiger Punkt entgegen: Die Unrechtsfolgen sind auf rein weltliche Strafen beschränkt. Wir hatten im Gefolge der bisherigen Untersuchungen festgestellt, daß die bischöfliche Frieden sich bei Durchsetzung ihrer Forderungen der geistlichen Gewalt entweder ausschließlich oder neben der weltlichen bedienten; die Exkommunikation begegnete in diesen Frieden aber immer und stellte die besondere Beziehung zu den Bischöfen her. Wo Bischöfe eine hervorgehobene Rolle bei Friedenserrichtung spielten, wie beim Lütticher, Kölner, Mainzer und Konstanzer Frieden, steht auf Verletzung des Friedens Exkommunikation.

Obwohl bei diesem Frieden die Bischöfe in hervorragender Position gehandelt zu haben scheinen, fehlt die Unrechtsfolge Exkommunikation gänzlich, der Friede kennt nur Todesstrafe, Handverlust und Bußzahlungen.

Einmal wird die Exkommunikation erwähnt, aber nicht als Unrechtsfolge für den Verstoß gegen ein Friedensgebot, sondern als bereits verhängt, basierend auf anderen, außerhalb des Friedens liegenden Bestimmungen, die aber nicht genannt sind[224]. Den Fehler, den W. Schnelbögl J. Gernhuber vorwirft, nämlich nur nach der äußeren Begrifflichkeit zu fragen und die Inhalte zu übersehen, macht er in der Rezension des Werkes von Gernhuber selbst, wenn er aus dem Vorkommen des Begriffs „excommunicatio“ auf einen bischöflichen Frieden schließen will. W. Schnelbögl übersieht ganz, daß die herangezogene Passage von der verhängten, dem bereits erfolgten Ausspruch der Exkommunikation ausgeht, ohne die Voraussetzungen für die Verhängung zu nennen. Die Berechtigung zur Exkommunikation muß sich deshalb aus einem anderen Zusammenhang als dem des Friedens ergeben. Wir begegnen hier der weitverbreiteten Erscheinung einer Wechselwirkung von weltlicher und geistlicher Strafe in der Form, daß die verhängte geistliche die weltliche Strafe nach sich zieht und umgekehrt. Diese Exkommunikation kann als Hinweis auf einen bischöflichen Frieden nicht herangezogen werden, wenngleich darin eine gewisse Konzession an die handelnden Bischöfe gesehen werden muß, von ihnen mit der Strafe der Exkommunikation mißbilligte Verhaltensweisen auch weltlich zu sanktionieren. Die Rolle der Bischöfe muß hier eine andere gewesen sein.

[224] Hier könnte es sich um einen Bezug auf die Capitularien handeln, die in der späteren Karolingerzeit unberechtigte Forderungen von Abgaben, die Schädigungen des Kirchengutes bedingen, ferner Kirchenraub, Raub von Jungfrauen und Witwen, Raub und Vergewaltigung einer Gottgeweihten mit Exkommunikation (vgl. Capit. I, S. 333 c. 4; II, S. 291 c. 11; S. 292 c. 5; S. 300 c. 1; S. 307 f. c. 4; ferner K. Voigt, Staat und Kirche, S. 404).

B. Töpfer[225] deutet die Möglichkeit an, daß die Aktivität der Bischöfe in der frühen Friedenszeit in gewissem Sinne an die Wirksamkeit der Bischöfe als missi in der Karolingerzeit anknüpft. Was B. Töpfer damit meint: Die Bischöfe handeln in der Rolle königlicher missi und nicht eigenverantwortlich aus ihrem Amtsbereich. Diese Annahme trifft auf den Fall des Pax Dei Incerta direkt nicht zu. Die Zeit der Entstehung des Friedens ist offen, sie liegt im 11. Jahrhundert. Deshalb läßt sich für die Frage, ob die Bischöfe in der Rolle der missi aufgetreten sind, folgendes feststellen: Die Tätigkeit der Königsboten geht zurück auf die Karolinger, wo die missi zur zentralen Reichsverwaltung eingesetzt waren, in dieser Zeit wurden sie – im Gegensatz zur Merowingerzeit – eine ständige Einrichtung. Die Nachfolger Karls des Großen setzten Bischöfe als Königsboten in ihren eigenen Sprengeln ein und K. Voigt[226] äußert die Vermutung, daß eine Zeit lang das Amt des Königsboten dauernd mit dem bischöflichen Amt verbunden war, so daß der König die Bischöfe nicht besonders zu Königsboten bestellen mußte. War diese Entwicklung im ostfränkischen Reich von Anfang an viel unbedeutender als im westfränkischen, so fand diese auch im westfränkischen Reich einen Abschluß nach der Zeit Karls des Kahlen. Sie war in der Zeit der frühen Frieden schon nicht mehr wirksam.

Die Institution des missus im fränkischen Sinne konnte der Funktion der Bischöfe als Manupromissioempfänger im Friedenstext nicht mehr unmittelbar zu Grunde liegen.

Trotzdem bildet die Beziehung zu einem weltlichen Herrscher – begründet in den Friedenssanktionen – den Ansatzpunkt für die Problemlösung. Schon seit der fränkischen Zeit waren die Bischöfe zusammen mit weltlichen Beamten dafür eingesetzt, für Recht und Ordnung zu sorgen. Diese Positionen haben sich weiterentwickelt. Aufgrund ihrer Tätigkeit konnten die Bischöfe gewisse Selbständigkeiten gegenüber dem König für ihr Bistum gewinnen. Das größte Ziel, das sei dabei erreichen konnten, war, eine ganze Grafschaft in ihren Besitz zu bekommen[227]. Oft gingen aber die Rechte nicht so weit, Bischöfe waren vielmehr bisweilen auch nur Verwalter eines Gebietes, wie etwa eines Herzogtums, so unter Heinrich III. Gebhard von Eichstätt für Bayern. Um die Ausübung einer solch weltlichen Position kann es sich auch bei der Rolle der Bischöfe in unserem Frieden gehandelt haben, sie können als Vertreter einer weltlichen Macht fungiert haben[228]. Der weltliche Charakter angesichts der ausschließlich weltlichen Strafen wurde schon erwähnt. Es kommt hinzu, daß Kapitel 7 dazu verpflichtet, einen Exkommunizierten nicht wissentlich aufzunehmen und zu verteidigen. Auch diese Regelung vermag den Frieden nicht zu einem bischöflichen zu machen, wie schon

---

225 B. Töpfer, Volk und Kirche, S. 88 Anm. 37, ferner W. Schnelbögl ZRG 70, (1953), 347.

226 K. Voigt, Staat und Kirche, S. 412.

227 G. Waitz, Deutsche Verfassungsgeschichte Bd. VII, S. 259 ff.

228 Dies nicht verstanden als seien die Bischöfe Inhaber weltlicher Macht gewesen, wie etwa in Köln und in Mainz, sondern so, daß die Bischöfe ohne selbst Träger der Macht zu sein, in Vertretung für den Machtinhaber auftraten.

angedeutet. Sie fällt in den Bereich der wechselseitigen Beziehungen zwischen weltlicher und geistlicher Macht, zeigt ein Zusammenspiel in dem Sinne, daß die Bischöfe eine weltliche Macht vertretend, auch das Versprechen für die weltliche Macht entgegennahmen, einen Exkommunizierten nicht aufzunehmen. Die Rechtspflege des Staates ließ ihre Wirksamkeit durch kirchlich-geistliche Strafen verstärken.

Schließlich bleibt das „banno roborata sunt". Hier den Kirchenbann zu vermuten, verbietet die Gesamtkonstruktion des Friedens im Blick auf den Inhalt der Verpflichtung des Waffentragens, die besonders – getrennt von den sonstigen Friedensgeboten – unter die Banndrohung gestellt wurde. Sie ist weltlichen Inhalts.

Dazu kommt das philologische Element, daß der kirchliche Bann mit „anathema" oder „excommunicatio" bezeichnet wird, wie dies auch hier geschieht in Kap. 7. Im Gegensatz dazu steht der Terminus „bannus". Dies ist kein bloßer Wortwechsel mit Inhaltsidentität, sondern ein Bedeutungsunterschied. Wird „bannus" im Sinne einer kirchlichen Straffolge gebraucht, ist er jeweils als „bannus episcopalis" oder „bannus papae" näher bezeichnet.

Freilich bestimmt der Text den Bann nicht näher, insbesondere nicht die Höhe des Bannes, so daß man daraus auf seinen Charakter schließen könnte. In der angesprochenen Allgemeinheit dürfte aber gerade nur der Königsbann, der der weitestverbreitete war, gemeint sein: Das unter der Androhung einer bestimmten Geldbuße stehende Gebot des Königs. Damit ließe sich die Rolle der Bischöfe als Vertreter des Königs kennzeichnen, beauftragt, Frieden in einem bestimmten Gebiet zu stiften, wahrscheinlich weil der König durch andere Aufgaben gebunden war, eventuell sich außerhalb des deutschen Gebietes in Italien aufhielt, oder weil die unmittelbare Einsetzung durch den König sonst nicht möglich war.

§ 3 Zusammenfassung

War bereits im Zusammenhang mit dem Kölner Friedensbrief festgestanden, daß die Iuramentumformel nicht zum Kölner Brief, aber auch nicht zum Mainzer Text gehören kann, so ergibt sich weiter: es handelt sich bei dem Friedenstext um einen Frieden rein weltlichen Charakters, bei dem die Bischöfe als Vertreter einer weltlichen Macht, wahrscheinlich des Königs tätig werden.

Besonders ausgeprägt erweisen sich bei diesem Frieden äußere und inhaltliche Parallelen zu früher praktizierten Verpflichtungsformen, so daß deren Übernahme naheliegt. Auch hier zeigt sich wieder das Zusammenwirken verschiedener Elemente, wobei für die eigentlichen Friedensverpflichtungen der Eid eine hervorstechende Rolle spielt, ohne daß der Kreis der Eidleistenden im einzelnen expressis verbis bestimmt wäre. Für die Waffentragepflicht wird die Form der Manupromissio gewählt, vorher jedoch eine allgemeine Zustimmung herbeigeführt.

Allerdings bleibt immer noch ungeklärt, wohin die Formel lokal, ferner in welcher

Zeit sie zu fixieren ist, wenngleich letztere Frage durch die Handschriftenfunde eingeengt wurde. Die Annahme von C. W. Görris[229] wie auch von W. Schnelbögl[230], schließlich von O. v. Zallinger[231], die Iuramentumformel sei mit der Friedensaufrichtung zu Goslar im Jahre 1084 in Verbindung zu bringen, bedarf weiter einer gewissen Vorsicht, weil die knappen Aussagen für diese Friedensaufrichtung in der vorliegenden Iuramentumformel zu wenig gemeinsame Ansatzpunkte für eine stichhaltige Verbindung liefern.
Aus dem Fundort der Quellen lassen sich weder positive noch negative Schlüsse ziehen. Den Eid aufgrund der Fundorte in Bamberg oder Leiden lokalisieren zu wollen, hieße dem historischen Zufall huldigen.

---

[229] C. W. Görris, De denkbeelden over orloog, S. 210.
[230] W. Schnelbögl, Die innere Entwicklung der bayerischen Landfrieden des 13. Jahrhunderts, S. 221.
[231] O. v. Zallinger, Verfahren gegen die landschädlichen Leute, S. 19.

2. TEIL
VERGLEICH DER OSTFRÄNKISCHEN FRIEDENSBEWEGUNG MIT DER WESTFRÄNKISCHEN

Vorbemerkung

Was wir auf der schmalen Basis des im Ostfrankenreich für die Anfangszeit der Friedensbewegung zur Verfügung stehenden Materials bezüglich der Friedenseide feststellten, widerspricht dem fast einhelligen bisherigen Forschungsstand, der von einer einheitlichen Beeidigung der frühen Frieden ausgeht[1]. Das bisherige Untersuchungsergebnis ist deshalb an den westfränkischen Friedenszeugnissen zu überprüfen, da ein Zusammenhang zwischen beiden Bewegungen bestanden haben muß, wie schon ein grober inhaltlicher Vergleich der westfränkischen Friedenszeugnisse mit dem ersten ostfränkischen Frieden hinsichtlich Geltungsdauer, geschütztem Personenkreis und geschützten Gegenständen zeigt[2].
Der Verlauf der Friedensbewegung im Westfrankenreich erweist zudem eine interessante Entwicklungstendenz von Süden nach Norden (von Aquitanien, Burgund nach Niederlothringen) in das Grenzgebiet zu Lüttich, die ebenfalls ein Ausgreifen der Friedensbestrebungen aus dem westfränkischen Raum nach Ostfranken nahelegt. Diese Parallelen zwingen dazu, hinsichtlich der Verpflichtungsformen eine vergleichende Untersuchung anzustellen, die vielleicht einen Schluß auf die Stichhaltigkeit des für Ostfranken gefundenen Ergebnisses zuläßt.
Im folgenden soll die bereits angedeutete Entwicklung der westfränkischen Frieden in drei wesentlichen Abschnitten herauskristallisiert werden und zwar immer mit Blick auf die Kernfrage nach Teilnehmerkreis und Teilnahmeform. Die erste Stufe der frühesten Ansätze von Friedensbestrebungen schon hundert Jahre vor dem Lütticher Frieden, nachgewiesenermaßen ohne Eid; die zweite Stufe einer Welle von Bestätigungen der ersten Friedensbestrebungen im engeren Raum, gleichzeitig das Einsetzen der Eideszeugnisse; die dritte Stufe des Ausgreifens der Bewegung nach Norden, wo es auch zur Auseinandersetzung unter den Bischöfen über die Effektivität des Eides kommt, nämlich in unmittelbarer Nachbarschaft zu Lüttich, in Cambrai, und des Aussetzens von Eideszeugnissen. Die Darstellung der stufenweisen Entwicklung erlaubt, die einzelnen Friedenszeugnisse in den

---

[1] Vgl. zuletzt K. Kroeschell für „Gottesfrieden", Deutsche Rechtsgeschichte, Bd. II, S. 184 mit Literaturhinweisen.

[2] H. Fehr, Das Waffenrecht der Bauern im Mittelalter in: ZRG 35 (1914), S. 132, nennt Bischof Heinrich von Lüttich den Vermittler der Friedensbewegung zwischen Frankreich und Deutschland.

geschilderten Abschnitten zusammenzufassen und erfordert nicht die detaillierte Behandlung jedes einzelnen Quellentextes, da sie lediglich einer vergleichenden Orientierung zu dienen hat.

Kapitel 1
Erste Stufe: Ansätze der Friedensbestrebungen in Aquitanien und Burgund ohne Eidesnachweis

§ 1 Das Friedenskonzil von Charroux[3]

1. decrevimus

In prägnanter Kürze stellt dieser Friede, der in einer Abschrift der Friedensurkunde (carta) samt Subscriptio überliefert ist, die Kirchen, die Bauern und „ceteri pauperes"[4], schließlich die Priester und Diakone unter den besonderen Schutz, dessen Verletzung mit dem „Anathema" bedroht ist.
Praefatio und Subscriptio zusammengenommen ergeben folgendes Bild für Teilnehmerkreis und Teilnahmeform: Auf Veranlassung des Erzbischofs von Bordeaux, Gunbaldus, versammelten sich die Bischöfe von Poitiers, Limoges, Perigueux, Saintonge und Angouleme in Charroux. Die Form ihrer Aktivität: „Nos ergo in Dei nomine specialiter congregati *decrevimus* . . ." Ein gemeinsamer Beschluß der Bischöfe autorisierte die Friedensgebote, einen weiteren Verpflichtungsakt kennt die Quelle nicht[5].
Aus dem bischöflichen Gebot schöpften die Friedensbestimmungen ihre Geltungskraft. Die Stellung der Bischöfe als Inhaber des „bannus episcopalis" zeigt

---

[3] Mansi Conciliorum Collectio, Bd. XIX, 89/90; zur Datierung vgl. L. Huberti, Studien zur Rechtsgeschichte der Gottesfrieden und Landfrieden, S. 34, dessen umfangreiche Untersuchung trotz der Kritik von L. Weiland in ZRG 14 (1893), 152 ff. ferner von B. Töpfer, Volk und Kirche, S. 59, eine Fülle von Material bietet, an dem man trotz der besseren Arbeit von C. W. Görris nicht vorbeigehen kann. Dies stellt zu Recht schon E. Wohlhaupter, Studien zur Rechtsgeschichte der Gottes- und Landfrieden, S. 324, heraus.

[4] „Ceteri pauperes" steht nicht im Sinne von arm = mittellos, sondern von arm = machtlos und bezeichnet den Stand der einfachen Bauern und Handwerker, wie im Rahmen der ostfränkischen Friedensbewegung schon aufgeführt wurde, vgl. K. Bosl, Die Gesellschaft in der Geschichte des Mittelalters, S. 76 ff.

[5] Vgl. dazu R. His in ZRG 34 (1913), 605 Anm. 3, wonach in den Beschlüssen von Charroux der Einungsgedanke noch nicht zu erkennen ist; mit der Einung wird in der Regel der Eid verbunden. Die Typisierung des Friedens von Charroux als „Kirchengesetz" durch R. His ist angesichts des vieldeutigen Sinnes von „Gesetz" mit Vorsicht zu begegnen, wie W. Ebel, Geschichte der Gesetzgebung, S. 7 herausstellt; vgl. ferner V. Achter, Geschichte der Gottesfrieden, S. 7, der ebenfalls den Dekretscharakter herausstellt.

sich in der Urkunde ungeschmälert; die Bischöfe werden durch ihre Unterschriften als Autoren des Friedens ausgewiesen.

2. convenimus implorantes

Ein weiterer Teilnehmerkreis steht an der Seite der Bischöfe, allerdings nicht in der Rolle von Beteiligten – Subscriptio enthält ihre Unterschrift nicht, zählt sie nicht zum Kreis der rechtlich aktiv am Zustandekommen beteiligten Personen. Die Praescriptio lautet: „. . . convenimus . . . tam episcopi quam et religiosi clerici necnon etiam et omnis uterque sexus auxilium divinae pietatis implorantes." Bischöfe sowohl als auch Ordensangehörige, ferner Kleriker waren zusammengekommen und jeder auf seine Art bemüht, die Hilfe der göttlichen Gnade zu erflehen. Die Mitwirkung dieser Personengruppe beschränkt sich laut Praefatio auf das Gebet. Diese Art der Beteiligung erhöht den Beschluß der Bischöfe als von der göttlichen Gnade getragen, der Beschluß erhält eine höhere Autorität, da er gemäß dem Willen des angerufenen Gottes erfolgt, die Bindungswirkung verstärkt sich durch die religiöse Rückkoppelung.

§ 2 Das Friedenskonzil von Limoges[6]

Ein halbes Jahrzehnt nach Charroux ersteht in Aquitanien der zweite Friede, von dessen Aufrichtung uns der Chronist Ademar von Chabannes in einem zeitlichen Abstand von etwa 30 Jahren berichtet; er verschweigt uns aber den Inhalt des Friedens und nennt lediglich die Tatsache der Friedenssetzung.

1. Zeugnis einer aufkommenden Reliquienverehrung

Ausdrücklich hebt der Chronist das Aufkommen der Reliquienverehrung hervor, einen Eid nennt er nicht, obwohl nahgelegen hätte, daß man sich angesichts der Reliquien einer heiligen Verpflichtung unterworfen hätte. Angesichts der sonstigen Akribie des Berichts hätte man jedoch ein Wort dazu erwartet, wäre wirklich ein Eid geleistet worden.

Der Friede hat folgende Vorgeschichte: Eine furchtbare Seuche war in Limoges ausgebrochen. Der Abt. von St. Martial, Gosfried, der Bischof von Limoges, Alduin, und der Herzog von Aquitanien, Wilhelm, berieten deshalb, was angesichts der Not zu tun sei. Ergebnis dieser Beratung: Sie ordneten ein dreitägiges Fasten in Limoges an, daraufhin versammelten sich alle aquitanischen Bischöfe[7] in

---

6 MGH SS IV, 132 – zur Datierung: G. Waitz gibt das Jahr 994 an, vgl. i. e. L. Huberti, Studien zur Rechtsgeschichte der Gottes- und Landfrieden, S. 133.

7 Aus der Folgezeit sind uns die Predigten der Jahrestage der Translatio der Reliquien des hl. Martial erhalten. Eine solche Predigt nennt die Namen der an der Friedenssynode beteiligten Bischöfe, worunter auch der uns im Rahmen von Le Puy begegnende sich befindet, ferner die Bischöfe von Bourges – wo ebenfalls in späterer Zeit Friedensau-

Limoges, die Gebeine und Reliquien zahlreicher Heiliger wurden aus allen Richtungen herbeigebracht, die Gebeine des hl. Martial, des Patrons von Gallien, aus dem Grabe erhoben, mit der Folge, daß überall wieder Zuversicht herrschte und die Seuche wich.

2. *vicissim foederata*

Lapidar schließt der Chronist an die Schilderung der Reliquienverehrung an: „... pactumque pacis et iusticia[8] a duce et principibus vicissim foederata est." Deutet das „vicissim foederata" auf ein eidliches Bündnis zwischen dem genannten Herzog und den Fürsten? Der Bezug zu den Reliquien, zur Heiligenverehrung legt nahe, einen Reliquien- und Heiligeneid mit dem „foederata" in Zusammenhang zu bringen. Diese Vermutung läßt sich aber nicht belegen, auch nicht aus einer weiteren Quelle, die über die Vorgänge in Limoges berichtet[9]. Mag man mit großer Wahrscheinlichkeit annehmen, daß hinter dem „pactum pacis" die Herstellung der äußeren Ordnung steht, wobei angesichts des Topos „pax et iusticia" die Augustinische Idee vom Frieden und Recht als den charakteristischen Merkmalen der christlichen Gesellschaft[10] anklingt – von der vielleicht ausschließlich der Chronist beeinflußt war und die er hinter den Friedensbestrebungen vermutete – so kann das „vicissim foederata" unter dem gleichen Aspekt gesehen werden. Die Frage drängt sich auf: Schildert der Chronist mit eigenen Worten, mit einem Hang zum Formalismus einen Eid? Man wird auch hier angesichts der sonst gebräuchlichen Ausdrücke für den Eid, für den jeweils „iuramentum" oder „sacramentum" steht, ablehnen und eine einfache gegenseitige Absprache annehmen müssen. Dem steht auch die besondere Verbindung mit der Reliquienverehrung nicht entgegen aus folgendem Grund: Die Seuche, die über die Limogeser hereinbrach, war im Glauben der Zeit die Rache Gottes für die Übeltaten der Menschen. Gott mußte wieder besänftigt werden, einmal durch Fasten, dann aber auch durch den Beistand der Heiligen, die als mächtige Helfer in der Not verehrt werden[11]. Verbunden mit diesen Akten war die Umkehr, die Wiederherstellung geordneter Zustände. Der psychische Zwang zur Wiederherstellung der Ordnung, äußerlich in dem Akt des „vicissim foederata" beginnend, ist durch die Furcht vor neuem Erdulden der göttlichen Strafe für den Fall der Nichteinhaltung des Versprechens schon gegeben; er muß nicht noch gesondert durch einen Eidesakt erzeugt werden, bei dessen Mißachtung der Zorn Gottes über den Eidleistenden käme. Die Angst, wieder eine Seuche erdulden zu müssen, genügte für die

---

frichtungen erfolgen – Bordeaux, Saintes, Perigieux, Angouleme und entweder von Poitiers oder Clermont.

8 Es heißt in der Quelle iusticia, nicht etwa genetivisch iusticiae.

9 Vgl. Analecta Bollandiana 8 (1889), S. 263.

10 Vgl. J. F. Niermeyer, Mediae latinitatis lexicon minus I, S. 569.

11 Besonders ausgeprägt ist dieser Glaube in den Pönformeln vgl. dazu J. Studtmann, Die Pönformeln der mittelalterlichen Urkunden in: AUF Bd. 12 (1932), S. 332 f.

Bereitschaft zur einfachen Übereinkunft, das „pactum“ einzugehen[12] und zu halten.

§ 3 Das Friedenskonzil von Anse um 994[13]

statuerunt

Mit diesem Konzil beginnen die Friedensbestrebungen im Raume Burgunds etwa zeitgleich zu den Bewegungen in Aquitanien. Direkte Verbindungen zwischen den beiden Gebieten lassen sich nicht konkret nachweisen. Die Synode von Anse handelte hauptsächlich über die Interessen des Klosters Cluny, beschloß aber auch ein Verbot der Beutezüge gegen das Kloster und gehört deshalb in diesen Zusammenhang. Für die Inkraftsetzung schreibt die Urkunde, eine Abschrift „ex chartario Cluniacensi“: „... statuerunt etiam in eodem sancto concilio ...“, wobei das „statuerunt“ zu beziehen ist auf die eingangs der Urkunde genannten Bischöfe und eine einseitige Festsetzung typisiert. Das Beuteverbot als Friedenselement ist deshalb genauso zu werten wie das von Charroux: als autoritativer Beschluß der Bischöfe[14], der für eine eidliche Verpflichtung keinen Raum läßt[15].

---

[12] Wie bei den Vorgängen von Limoges schon angedeutet, besteht die Wahrscheinlichkeit, daß der Bischof von Poitiers an der Limogeser Versammlung teilgenommen hat. Das Friedenskonzil von Poitiers, für das Jahr 1000 tradiert (Mansi, Conciliorum Collectio, Bd. XIX, 266 ff.), gehört als drittes Konzil in den Zusammenhang der frühen Friedenszeugnisse und nimmt Bezug auf das Konzil von Charroux. Für unsere Fragestellung bringt der Text aber keine neuen Erkenntnisse, wenngleich generell bemerkenswert, daß hier zum erstenmal ein Friedensgericht institutionalisiert wird, das vor jeder Selbsthilfe angegangen werden mußte. Hier begegnet zum erstenmal ein Zusammenschluß geistlicher und weltlicher Herren zur Verfolgung sich widersetzender Verurteilter; vgl. V. Achter, Geschichte der Gottesfrieden, S. 6. – Eine besondere Bindungswirkung an die Vereinbarungen erreichte man durch das „firmaverunt per obsides et excommunicationem ...“ eine doppelte Sicherung: Weltlich durch die Stellung von Geißeln, geistlich durch die Androhung der Exkommunikation. Dabei dürfte die Geißelstellung als besondere Sanktionsform an der Stelle stehen, an der auch ein Eid stehen könnte. Womit B. Töpfer eine Beschwörung des Friedens von Poitiers unter Stellung von Geißeln begründen will, bleibt offen (vgl. B. Töpfer, Kirche und Volk, S. 63), aus der Urkunde ergibt sich jedenfalls kein Hinweis.

[13] Mansi, Conciliorum Collectio Bd. XIX, 101 ff., Datierung vgl. L. Huberti, Studien zur Rechtsgeschichte der Gottes- und Landfrieden, S. 40 ff.

[14] Auch in den Lectiones Mirapicenses (Acta Sanctorum VII, 113) kein Hinweis auf einen Eid.

[15] In diesem Zusammenhang muß das Friedenskonzil von Le Puy erwähnt werden (vgl. Text bei L. Huberti, Studien zur Rechtsgeschichte der Gottesfrieden und Landfrieden, S. 123; zur Datierung B. Töpfer, Volk und Kirche, S. 61 gegen Heinrich Mitteis, Lehnrecht und Staatsgewalt, S. 262 Anm. 6). Dieses Konzil versammelte die Bischöfe von Viviers, Valence, Clermont, Toulouse, Rodez, Elne, Glaudeve. In der „charata et treuga de pace“, der Friedensurkunde, begegnet uns der gleiche autoritäre Zug wie in dem Frieden von Charroux und Anse, wobei freilich auch den weltlichen Grafen eine gewisse mitbestimmende Stellung eingeräumt ist, weil für den Geltungsbereich der

Kapitel 2
Zweite Stufe: Bestätigung und Ausweitung der Friedensbewegung in Aquitanien und Burgund – Aufkommen des Eides als Verpflichtungsform

Das dritte und vierte Jahrzehnt des 11. Jahrhunderts kennzeichnet die Ausweitung der Friedensbewegung im engeren Raum von Aquitanien und Burgund. Dabei begegnet uns zunächst eine Reihe von Zeugnissen, in denen sich ein Eid nicht belegen läßt. Erst die zweite Hälfte bringt eine Serie von ausdrücklichen Eidesbelegen.

§ 1 Das Friedenskonzil von Charroux (1028)[16]

1. dux Wilhelmus concilium adgregavit

Charroux eröffnet – wie schon einmal – die Kette der Friedensaufrichtungen der zweiten Stufe in Aquitanien. Ademar von Chabannes berichtet darüber: „His diebus[17] concilium adgregavit episcoporum et abbatum dux Wilhelmus apud Karrofum, propter extinguendas haereses, quae vulgo a Manichaeis disseminabantur. Ibi adfuerunt omnes Aquitaniae principes, quibus praecepit pacem firmare et ecclesiam Dei catholicam venerari."
Die Initiative für ein Friedenskonzil ging nach diesem Bericht von dem rührigen

---

Friedensgebote jeweils zwischen den Diözesen und den Grafschaften unterschieden wird, beide jedoch gleichzeitig als Geltungsgebiete genannt sind. L. Huberti bringt mit diesem Bericht eine Stelle aus der Chronik des Klosters in Le Puy (Cl. Devic-J. Vaissete, Histoire génerale de Languedoc, Band V, Sp. 15) in Zusammenhang, die über eine Beeidigung eines Friedens spricht. Die Klammer bildet für Huberti der Schlußsatz der Charta: „Dicimus et ammonemus, ut in isto tempore, scilicet mediante Octobri mense, ad istum dei placitum cum bono animo et voluntate veniatis . . ." Der Zusammenhang erscheint aber äußerst unwahrscheinlich und ist durch die Ausführungen Hubertis (S. 125 f.) nicht im geringsten bewiesen. Zum einen erwähnt der besagte Schlußsatz der Charta nichts von der Absicht, den Frieden beeiden zu lassen, zum anderen tradiert die Chronikstelle das Motiv der Zusammenkunft, die in letzterer berichtet wird, mit „. . . auditurus ab eis quale sibi de regenda pace darent consilium . . .", sie setzt also voraus, daß über Einzelheiten des Friedenserlasses noch nicht gesprochen und entschieden ist, was aber mit der Charta schon der Fall ist. Die Chronikstelle muß einem anderen, wohl späteren Ereignis zugerechnet werden. Aus der Charta sind keinerlei Hinweise zu entnehmen, im Gegenteil, der geschlossene Charakter der Urkunde macht eine über die schon geschilderten autoritativen Setzungsakte hinaus erfolgte weitere Begründungsform unmöglich, damit auch die Annahme einer Traditionslücke. Dies muß sich auch E. Ennen, Europäische Stadt, S. 113, entgegenhalten lassen, die nicht einmal die Existenz zweier Quellenstellen kennt, ferner die Versammlung auf 975, so als ergäbe sich diese aus einem Text, festsetzt. V. Achter, Geschichte der Gottesfrieden, S. 8, nennt den Frieden nur „statutum".

16 MGH SS IV, S. 148 und Mansi, Conciliorum Collectio, Bd. XIX, Sp. 486.

17 Wohl 1028, vgl. dazu i. e. B. Töpfer, Volk und Kirche, S. 69.

Herzog Wilhelm von Aquitanien aus, indem er gleich mehrere Bischöfe und Äbte versammelte, um zunächst die Frage zu erörtern, wie gegen Häretiker, hier die Manichäer, zu verfahren sei. Da auch die Großen von Aquitanien auf dem Konzil anwesend waren, nahm der Herzog dies zum Anlaß auch in Blick auf den Frieden aktiv zu werden.

2. *praecepit pacem firmare*

Sein Friedensbeitrag bestand darin, daß er den „principes" „praecepit pacem firmare et ecclesiam Dei catholicam venerari". Der zweite Teil betrifft den Erörterungspunkt Häresie, der autoritative Befehl des Herzogs an die Großen Aquitaniens ging auf Kirchentreue. Wilhelm nahm aber auch den Frieden in seinen Befehl auf, ein autoritativer Friedensbefehl an die weltlichen Großen durch den ranghöchsten, den Herzpg.

Damit begegnen uns auch im westfränkischen Bereich Friedensinitiativen weltlicher Mächtiger, allerdings in sehr enger Anlehnung an die Kirche und immer in Mitwirkung der Bischöfe. Kann man den Passus „pacem firmare" aber bedenkenlos als Eid deuten, wie dies B. Töpfer tut[18]? Dagegen spricht: Die weltlichen Fürsten waren in der Lage, in ihrem Herrschaftsbereich den Frieden zu überwachen, dieser Aufgabe nachzukommen, war wohl in erster Linie Inhalt des Appells. Es ging ihm nicht darum, den Frieden erst zu begründen, sondern den bereits bestehenden Frieden überwachen zu lassen. Dazu bedurfte es keines Eides. Außerdem spricht dagegen, daß er in ein und derselben Form auch gebot, der Katholischen Kirche treu zu sein, was sicherlich nicht in einer Eidesform ausgedrückt wurde. Das „firmare" erscheint für die zweifelsfreie Annahme eines Eides als zu blaß, es bedürfte, wollte man einen solchen annehmen, noch eines klärenden Zusatzes[19]: Dies um so mehr, da die Mancchäer in ihrer Lehre Eid, Todesstrafe und Krieg ablehnten. Eine klare Abgrenzung zu dieser Lehre auf dem gleichen Konzil verlangt förmlich nach einer präzisen Aussage, wenn ein Eid geboten werden sollte. Was hier für Charroux festgestellt wurde, gilt auch für weitere Konzilien Aquitaniens[20].

---

[18] B. Töpfer, Volk und Kirche, S. 71.

[19] J. F. Niermeyer, Mediae latinitatis lexicon minus, Bd. I, S. 429, bringt für „firmare" die Interpretation des eidlichen Versprechens, belegt dies aber mit einem Kapitularienzitat, in welchem das „firmare" ergänzt wird durch den klärenden Zusatz „per sacramentum firmare", also durch einen speziell die Eidesleistung andeutenden Begriff.

[20] D. h. für die Friedensaufrichtungen von Bourges (Mansi, Conciliorum Collectio, Bd. XIX, Sp. 503 ff.) vom Jahr 1031, ebenso von Limoges, das einige Monate nach der Versammlung von Bourges stattfand; in beiden Fällen ist uns lediglich das „firmare" tradiert. Die Beschlüsse von Limoges nehmen dabei auf die von Bourges Bezug. Die ausführlicher geschilderten Vorgänge von Limoges (Mansi, Conciliorum Collectio Bd. XIX, Sp. 507 f.) ergeben dabei für Limoges die Besonderheit, daß es sich um einen sehr begrenzten Frieden handelt: Er sollte nur dauern für die Zeit der Synode und darüber hinaus noch die friedliche Heimkehr der Teilnehmer ermöglichen. Auch anläßlich der

§ 2 Das Friedenskonzil von Verdun-sur-le-Doubs (1021/1023)[21]

Die chronologische Methode der Untersuchung zwingt nunmehr das aquitanische Gebiet zu verlassen und die Verhältnisse in Burgund zu untersuchen, um für das dritte Jahrzehnt wieder nach Aquitanien zurückzukehren.

1. Vorbereitung des Konzils – Reliquienverehrung

Nach Anschluß Burgunds an das Königreich Roberts fand in Verdun-sur-le-Doubs eine Synode statt, nach dem Bericht der Historia episcoporum Antissiodorensium „pro redintegranda seu firmanda pace". Ausdrücklich vermerkt der kurze Bericht dazu: „... ubi etiam sanctorum reliquiae diverse regionibus delatae diversas sanitates contulerunt." Der Glaube an die Wunderkraft der Reliquien war weitverbreitet.

2. pro redintegranda seu firmanda pace

Der kurze Abschnitt bringt für unsere Fragestellung nur den einen positiven Befund, daß Bischof Hugo in seiner Eigenschaft als Bischof und gleichzeitig als Graf von Chalon das Konzil einberief. Weitere Vorgänge wurden nicht tradiert – L. Huberti[22] behauptet unter Berufung auf Ch. Pfister die äußerste Wahrscheinlichkeit einer Beschwörung, die aufgrund des Berichtes nichts anderes nahelegt als eventuell ein gewisser Bezug zwischen der erwähnten Reliquienverehrung und der gebräuchlichen Form des Eides auf die Reliquien. Beim ersten Konzil von Limoges[23] wurde jedoch ebenfalls die Reliquienverehrung tradiert ohne konkreten Beweis eines Eides, die Friedensfestsetzung erfolgte hier durch einfachen Vertrag.

3. Erster Eidesnachweis in Westfranken

Nun findet sich aber in „Fragmentum concilii Verdunensis, ad amnium Dubis et Araris confluentes – de pace Burgundiae et de praescriptione legum militiae, praesertim equestris", abgedruckt bei C. J. Hefele-H. Leclercq[24]. Der Text hat mit

---

Einweihung der Kirche St. Salvator in Limoges 1028 (MGH SS II, S. 252) soll es zu Friedensgeboten durch Bischöfe gekommen sein.

21 Vgl. Bouquet, Recueil des historiens de France, Bd. X, S. 172 A. Zur Datierung vgl. B. Töpfer, Volk und Kirche, S. 64 f., der unter Berufung auf den Udulricus in re sacerdos, in spe episcopus die Nachfolgefrage des Bischofs Theodericus von Orleans sieht, der am 27. 1. 1022 in Sens starb; damit kann man die Ereignisse an die Jahreswende 1021/1022 setzen.

22 Vgl. L. Huberti, Studien zur Rechtsgeschichte der Gottesfrieden und Landfrieden, S. 156 f.

23 Teil 2, Kapitel 1, § 2.

24 Vgl. C. J. Hefele-H. Leclercq, Konziliengeschichte, Bd. IV, Teil 2, S. 1409 f.

der oben beschriebenen Stelle einige Gemeinsamkeiten: Die übereinstimmend tradierte Beteiligung Bischof Hugos von Auxerre und Bischof Berolds von Soissons, sowie die übereinstimmende Ortsangabe Verdun. Dieser Befund legt nahe, daß beide Texte zusammengehören, wobei letzterer ausdrücklich einen Eid tradiert. Man wird jedoch nicht ausschließen können, daß der Bericht, der den Eid enthält, die Nachricht über die ursprüngliche Friedensaufrichtung darstellt, während das oben besprochene Zeugnis das einer Friedenserneuerung ist, worauf das „redintegranda" mit dem Element der Wiederholung besonders deutet.
Sollte es so gewesen sein, wäre damit das bisherige Ergebnis zur Bedeutung des wiederholt gebrauchten „firmare" nicht erschüttert, da die Wiederbelebung des Friedens nicht genau denselben Formen folgen mußte, was insbesondere für den Eid zu gelten hat, der einmal geleistet, uneingeschränkte Geltung beanspruchte und durch die Wiederholung der Eidesleistung u. U. entwertet worden wäre.
Die Frage der Zusammengehörigkeit kann letztlich offenbleiben, da die Bedeutung des zweiten Berichts als erstes Zeugnis für einen Friedenseid in Westfranken nicht beeinflußt wird.
Der Bericht in der wesentlichen Passage:
„. . . Qui simul omnes excommunicaverunt, ut qui hanc pacem ab hodierno die non tenuerit, et usque beati Petri festivitatem non juraverit (exceptis his qui jam juraverunt), ecclesiam non intret cum christianis, nec societatem habeat; Corpus et sanguinem Domini non recipiat, usque quo hanc pacem juret. Hoc sacramentum non praecipimus ut jurent nisi illi qui caballarii sunt et arma saecularia portant."
Der Kreis der Eidpflichtigen beschränkt sich auf die „caballarii", die Waffen tragen. Sie sind es, die aufgrund ihrer Rüstung in der Lage waren, den Frieden nachhaltig zu stören, denen aber gleichfalls nur mit Waffengewalt beizukommen gewesen wäre. Damit hätte man das Ziel eines Friedens nie erreicht, da die Reaktion erneut Waffengewalt gewesen wäre; man mußte sie auf andere Weise veranlassen, den Frieden zu halten. Die weit verbreitete Reliquienverehrung, hinter der – wie schon erwähnt – der feste Glaube an den besonderen Schutz der Heiligen stand, legte die eidliche Verpflichtung in Form des Reliquieneides, wie er tatsächlich überliefert ist[25], nahe: „Sic me Deus adjuvet et isti Sancti", d. h. die Heiligen, vor deren Reliquien der Schwörende stand. Hielt man sich nicht an diesen Eid, mußte man den Entzug des Schutzes durch die Heiligen fürchten. Der Eid war jedoch nicht der ausschließliche Verpflichtungsgrund, so daß man von einer freiwilligen Unterwerfung unter die Friedensgebote hätte sprechen können. Ausgangspunkt war vielmehr der „bannus episcopalis", die bischöfliche Gebotsgewalt, mit der Exkommunikation für alle, die vom Tag des Erlasses an den Frieden nicht halten – und hier waren alle gemeint, nicht nur die caballarii. Nur für

[25] Hier besteht im Vergleich zu Limoges 994 der Unterschied, daß keine solchen Drangsale, Seuchen, der Friedensaufrichtung vorausgingen, deren Furcht allein ausgereicht hätte, den Weg des Friedens nachhaltig zu beschreiten.

diese wollten die Bischöfe auch noch den Akt der eidlichen Bestärkung, für dessen Verweigerung bzw. für dessen Bruch – modern gesagt aufschiebend bedingt – die Exkommunikation schon ausgesprochen war.
Der Eid war für einen überschaubaren und den Frieden besonders bedrohenden Kreis zusätzliches Bindungselement.

§ 3 Das Friedenskonzil von Anse (1025)[26]

Eid Mächtiger

Die Tatsache, daß um 1025 in Anse ein Konzil stattfand, überliefern zwei Quellen[27], nur eine Quelle tradiert jedoch den Friedenseid. Der Entdecker dieses Eidtextes konnte ihn in einer umfangreichen Beweisführung als sicher dem Konzil von Anse zuordnen. Der Eid ähnelt in Anlage und Inhalt sehr dem von Verdun, wenngleich er keine Excommunicatio-Formel kennt. Die einzelnen Verhaltensweisen, die beschworen werden mußten sehen jeweils für die Schwurpersonen Ausnahmen vor, die auf die Inhaberschaft von Grundbesitz, Eigentum und Lehen schließen lassen[28]. Der Eid wird auch hier ein Eid Mächtiger, d. h. Waffentragender gewesen sein, nicht ein genereller Eid aller Bewohner einer Diözese.

§ 4 Das Friedenskonzil von Poitiers 1030/1032[29]

Kehren wir nach Aquitanien zurück, wo an der Wende zum vierten Jahrzehnt die Zeugnisse für beeidete Friedensaufrichtungen einsetzen.

---

[26] Fundstelle bei G. de Manteyer, Les origines de la maison de Savoie en Bourgogne, La paix en Viennois in Bulletin de la société de statistique de sciences naturelles et des arts industriels du departement de l'Isère Bd. 33 (1904), S. 87 ff. – dort ist auch die Zuordnung des Textes nach Anse ausführlich begründet.

[27] Fundstellen bei Mansi, Conciliorum Collectio, Bd. XIX, 423 f.; ferner Acta Sanctorum Bd. II, 769.

[28] Dafür sind folgende Stellen interessant: Vineas non truncabo, nec saliceta neque arbores fructifera neque flagellabo neque eradicabo propter werram nisi in illa terra que recta mea debet esse me sciente. Molendinam non destruam nec annonam que in eo fuerit rapiam nisi in meo alodo aut in beneficio fuerit. . . . et ei meum beneficium tollam si facere potuero et alium beneficium ei non dabo. – . . . et si ego cum nobili femina ambulavero, hominem non apprehendam nec occidam. – Vineas alterius non vindemiabo neque alterius terram messionabo nisi in illis terris que sunt de meo allodo aut que mihi uxori meo aut filiis meis per rectum evenire debent.

[29] Bei Mansi, Conciliorum Collectio Bd. XIX, Sp. 494; weitere Quellen vgl. B. Töpfer, Volk und Kirche, S. 72, Anm. 105, die Datierung bei B. Töpfer, a.a.O., S. 73, überzeugt unter Berufung auf Wilhelm VI. Die Synode kann nur in der Zeit zwischen 1030 und 1032 stattgefunden haben.

1. Friedensbestrebung König Robert

Das Konzil von Poitiers steht im Rahmen der Friedensbestrebungen des westfränkischen Königs Robert, ohne daß der uns berichtende Chronist die weiteren Städte nennt in denen Friedensaufrichtungen stattgefunden haben[30].
Namentlich genannte Teilnehmer sind: Herzog Wilhelm von Aquitanien, Bischof Isembert von Poitiers, Bischof Jordan von Limoges, Bischof Arnaldus von Perigueux. Als weitere Personengruppe nennt der Chronist: „. . . et diversorum ordinum Christianorum abbatibus videlicet, monachis, et clericis necnon et fidelibus populis." Äbte verschiedener Orden und Mönche verschiedener Orden, ferner Kleriker! Die „fideles populi" finden ihre Erklärung in der vorausgehenden pauschalen Erwähnung der Konzilsbewegung in mehreren Städten, wo der Chronist schreibt: „Actum est . . . ut concilia per singulas civitates celebrarentur ac innumera multitudo plebium coadunata tam nobilium quam pauperum de fide catholica et rebus sanctae ecclesia Dei ibi concionaretur, . . ."
Unter „populus" werden wir auch hier nicht den gesamten Kreis von Laien zu verstehen haben, das zeigt der weite Begriff „plebes" an, sondern die engere Gruppe von Konzilsteilnehmern, Adelige, bischöfliche Beamte, Ministeriale.

2. decreverunt fieri et sub omni excommunicatione et iuramento firmaverunt

Die Form der Beteiligung verkürzt der Chronist, wenn er im Anschluß an die Schilderung der Teilnehmer fortfährt: „Cum igitur de pluribus rebus tractarent, statuerunt ut si quis hominum res sanctae Dei ecclesiae fraudulenter aut violenter possederat aut iniuste rapuerat, cum summo studio restitueret et ut terras monasteriorum integras liberasque persolverent, quod et ita omnes decreverunt fieri et sub omni excommunicatione et iuramento firmaverunt." Wesentlicher Inhalt des Beschlusses war Rückgabe unberechtigt erworbenen oder geraubten Kirchengutes, ferner Unantastbarkeit klösterlichen Territoriums; dieser Beschluß erfuhr dann die Bekräftigung „sub omni excommunicatione et iuramento." Der weitere Verlauf der Schilderung versetzt uns in die Lage für die Frage des eidpflichtigen Personenkreises eine Eingrenzung zu treffen. Der Chronist schildert nämlich im Anschluß an die Friedensaufrichtung einen konkreten Streitfall um eine Angelegenheit des Klosters St. Maxentius und Leodegarius. Die Bekräftigung des Beschlusses geschieht unter Bezugnahme auf die Versprechensform des Konzils „sub promissione concilii" durch die anwesenden Großen, die namentlich genannt sind und das Versprechen geben: „manibus propriis". Wir werden aus dieser Schilderung folgern dürfen, daß vorausgehender gemeinsamer Beschluß und eidliche

[30] L. Huberti, Studien zur Rechtsgeschichte der Gottesfrieden und Landfrieden, S. 183, nennt als weitere Städte Dijon, Beaune und Lyon – B. Töpfer fügt Hery hinzu. Dabei darf man wohl davon ausgehen, daß auch diese Konzilien sich einer ähnlichen eidlichen Verpflichtungsform bedienten.

Bekräftigung auf den Kreis der Mächtigen beschränkt war, sie hatten allein die Möglichkeit, aufgrund ihrer Rüstung die Raubzüge gegen die ungerüsteten Klöster zu begehen, gegen sie gab es keine andere Möglichkeit, als sie in ein religiöses Bündnis zu nehmen, ihnen einen Eid abzuverlangen, dessen Bruch die Konsequenz der Exkommunikation durch den Bischof nach sich zog.
Hier begegnen uns gemeinsamer Beschluß von Herzog, Bischöfen, anderen Klerikern und weltlichen Mächtigen, sowie der Eid beschränkt auf die Großen, der Eid des Inhalts, gewisse Übeltaten zu unterlassen, gleichzeitig aber auch für die Realisierung des Friedens Sorge zu tragen, verstärkt werden diese beiden Elemente noch durch die Androhung der Exkommunikation.

§ 5 Das Friedenskonzil von Bourges (1038)[31]

1. Vorgeschichte

In nicht wiederzufindender Präzision schildert der aus dem Vatikanischen Codex einer Mirakelschilderung stammende Text Entstehungsform und Inhalt eines Friedens „sub iurisiurandi sacramento". Danach trat Erzbischof Aimo von Bourges als Initiator des Friedens auf: „... Aimo Bituricensium Archiepiscopus pacem sub iurisiurandi sacramento in dioecesi voluit sua."
Das Vorhaben stzte er in die Tat um, indem er auf den Rat seiner Suffraganbischöfe alle Bischöfe zusammenrief und eine Verpflichtung folgenden Inhalts bekanntgab: „ut ... omnes a quinto decimo anno et supra ... contra violatorem compacti foederis unanimi corde hostes existant et distractioni rerum eorum nullo pacto se subducant, quin etiam, si necessitas posceret, armis exturbandos appeterent. Non excipiuntur ipsi sacrorum ministri ..."

2. iuramentum super reliquias

Der Inhalt der Verpflichtung wird in der Eidesformel präzisiert, die uns ebenfalls tradiert ist, wie sie zuerst von Aimo geleistet wurde, dann von allen übrigen und zwar des oben geschilderten Inhalts.
Sogar die Eidesform wird genau erwähnt, Aimo soll nämlich diesen Eid geleistet haben „super reliquias protomartyris Christi Stephani protestatus", also in Form eines Reliquieneides auf die Reliquien des Erzmartyrers Stephanus.
Der Charakter des Eides bedarf einer Erklärung: Es handelt sich nicht um den Friedenseid, wie wir ihn bisher, falls er nachgewiesen und charakterisierbar war, vorgefunden haben, nämlich als einen Versprechenseid gewisser Unterlassungen. Hier liegt die Verpflichtung zu aktivem Handeln unter bestimmten Voraussetzungen vor, nämlich zur Verfolgung von Friedbrechern, genauer gesagt und in der

[31] A. Kluckhohn, Geschichte des Gottesfriedens, S. 35, nahm als erster den Text auf, L. Huberti, Studien zur Rechtsgeschichte der Gottesfrieden und Landfrieden, S. 216 ff., übernahm ihn.

Eidesformel ausgedrückt gegen Räuber von Kirchengut, Plünderer, Personen, die sich an Mönchen vergreifen, ebenso an Nonnen und Klerikern, sowie gegen alle Feinde der Kirche. Hier findet die von G. Åquist[32] geäußerte Behauptung, zwischen dem Eid der Großen des Landes und der gewöhnlichen Bevölkerung bestehe ein wesentlicher inhaltlicher Unterschied dahin, daß die Großen nicht nur selbst an den Eid gebunden sind, sondern noch mehr, daß sie für die Einhaltung des Friedens zu sorgen haben, einen frühen Beleg. In der terminologischen Anlage der Untersuchung Åquists, die im Sinne der von R. His geprägten Begriffe zwischen Gottes- und Landfrieden grundsätzlich unterscheidet, muß G. Åquist hier sogar korrigiert werden, daß diese inhaltlichen Unterschiede auch schon in den Gottesfrieden belegt werden können, wenn auch nicht ausdrücklich auch die Friedenspflicht genannt ist, so ist sie doch auch Inhalt des Eides, da ohne eigene Friedenswahrung die Verpflichtung, andere Friedbrecher zu verfolgen, wirkungslos wäre.

Der Eid machte nicht einmal vor dem Klerikerstand Halt, der Bischof verlangte seine Ausdehnung auf die „sacrorum ministri", von A. Kluckhohn unter dem Verständnis „Priester" zu eng übersetzt, es handelt sich vielmehr um den über die Priester hinausgehenden Kreis von Klerikern. Hier finden wir einen Beleg dafür, daß das Eidesverbot für Kleriker nicht konsequent durchgehalten wurde, daß sogar Bischöfe ihren Klerikern den Eid abverlangten.

Die Verpflichtung wurde, wie weiter berichtet wird[33], tatsächlich realisiert und in einem einzigen Gefecht wurden nicht weniger als 700 Kleriker samt der ganzen Mannschaft des Bischofs vernichtet.

Mit diesen Friedenszeugnissen schließt die zweite Stufe, in der der Eid aufkommt und gleichzeitig die gesamte Friedensbewegung eine Verbreitung über den engeren Raum des Entstehungsgebietes hinaus erfährt.

Kapitel 3
Dritte Stufe: Ausweitung der Friedensbewegung in den nördlichen Raum Westfrankens – Auseinandersetzung um Sinn und Wirksamkeit des Friedenseides – Zurücktreten der Eideszeugnisse

Aus dem Raum Burgunds greift die Friedensbewegung nach Norden und gelangt in das Grenzgebiet zur Diözese Lüttich. Der letzte, in diesem Abschnitt zu besprechende Friede weist zahlreiche inhaltliche Parallelen zum Lütticher Frieden auf.

---

[32] G. Åquist, Frieden und Eidschwur, S. 28 f.

[33] Vgl. bei L. Huberti, Studien zur Rechtsgeschichte der Gottesfrieden und Landfrieden, S. 217, Anm. 5.

Als wichtige Person dieser Ausbreitungsbewegung ist der Bischof von Soissons, Beroldus, zu bezeichnen, der auf dem Friedenskonzil von Verdun-sur-le-Doubs anwesend war und zu den führenden Personen gehörte, die sich in Soissons und Beauvais um die Friedensaufrichtung bemühten.

Bemerkenswert ist ferner, daß die Auseinandersetzung um Sinn und Wirksamkeit der eidlichen Friedensverpflichtung nicht im „Stammland" Aquitanien oder Burgund geführt wird, sondern im nördlichen Raum, initiiert durch den Bischof von Cambrai, Gerhard. Die besondere politische Situation dieser Stadt und der Diözese[34], wohl aber auch ein gewisser Abstand zu den Friedensbestrebungen werden als Gründe dafür angesehen werden müssen. Bleiben zunächst auch die Befürworter eines Friedenseides in dieser Auseinandersetzung Sieger, so dringt am Ende doch Gerhard von Cambrai mit seiner Einstellung gegen den Eid durch. Nach dem Sieg von Bischof Gerhard hören die Zeugnisse für beeidete Frieden im Norden für die Zeit dieser Untersuchung auf. Beim Ausgriff der Friedensbewegung nach Norden zeigt sich der Eid in einigen vollständig erhaltenen Urkunden zunächst noch unbestritten. Ihnen gilt unsere Aufmerksamkeit, beginnend mit dem Frieden von Soissons und Beauvais, da der Bischof von Soissons – wie schon angedeutet – Teilnehmer des Friedenskonzils von Verdun-sur-le-Doubs war.

§ 1 Die Friedensbemühungen der Bischöfe von Soissons und Beauvais 1023

1. Ursache der Friedensaufrichtung

Zwei voneinander unabhängige Quellenstellen berichten vom Friedensstreben der beiden Bischöfe – außer dem bereits genannten Zeugnis von Verdun-sur-le-Doubs:

Die Gesta Episcoporum Cameracensium[35] berichten: „Ipso in tempore videntes episcopi Beroldus Suessionensium et Walerannus Belvacensium prae imbecillitate regis peccatis quidem exigentibus statum regni funditus inclinari, iura confundi, usumque patrium et omne genus iustitae profanari: multum rei publicae succurrere arbitrati sunt, si Burgundiae episcoporum sententiam sequerentur. Hi nimirum totius auctoritatis expertes, commune decretum fecerunt, ut tam se quam omnes homines sub sacramento constringerent, pacem videlicet et iustitiam servaturos."

Dem Beispiel der burgundischen Bischöfe zu folgen, sahen die beiden Bischöfe als Ausweg aus der allgemeinen schlimmen Situation des Reiches angesichts der Schwäche des Königs. Diesen Ansatz bestätigt auch ein Vergleich des Versprechensinhalts:

Das Beispiel, wie es die burgundischen Bischöfe gegeben hatten, sah so aus: sie

---

[34] Bischofsstadt und Grafschaft gehörten zum deutschen Reich, der Bischof war aber Suffragan des Erzbischofs von Reims.

[35] MGH SS VII, 473 ff.

verpflichteten sowohl sich selbst als auch alle Menschen eidlich, „pacem et iusticiam" zu wahren. Form und Inhalt des Eides von Bischof Warinus schildern die Gesta nicht.

2. *sacramentum pacis*

Unabhängig von der Schilderung der Gesta existiert aber ein Eidestext, den L. Huberti[36] von Ch. Pfister[37] überschrieben mit „Serment pour la paix de Dieu que Warin, eveque de Beauvais, soumet au roi Robert", übernahm. Die Schlußworte dieses Textes erlauben einen Zusammenhang zwischen der Gesta-Schilderung und dem Eidestext herzustellen[38].

Der Eidestext, überschrieben mit „Sacramentum pacis" enthält in 15 Kapiteln die einzelnen Verpflichtungen[39] und schließt mit folgender Passage: „Haec superius scripta in his verbis sequentibus iurata sunt. Hoc audias, tu rex Roberte[40], sicut in hoc breve superius scriptum et sicut ego Warinus episcopus hac hora novissima derationavi et sicut illi circumstantes nunc audierunt et intellexerunt. Sic attendam de mea parte contra illos qui hoc sacramentum hoc praesenti tempore iuraverunt et iurabunt, ab hinc in festivitatem sancti Iohannis quae est futura in mense junio et de illa festivitate in sex annos[41] nisi de werra regis me sciente. Sic me deus adiuvet et haec sacra . . ." Es folgen noch drei oder vier unleserliche Worte.

Welchen Kreis von Schwurpersonen der Eid umfaßte, wird nicht deutlich, es ist aber wahrscheinlich, daß er auf den Kreis der engeren Synodenteilnehmer beschränkt war, jedenfalls bezieht er die Bischöfe als Eidpflichtige ein. Man kann

---

[36] L. Huberti, Studien zur Rechtsgeschichte der Gottesfrieden und Landfrieden, S. 165 ff. – die Wiedergabe des Textes erfolgt nach Huberti, da mir der Text nach Pfister nicht zugänglich war.

[37] Ch. Pfister, Etudes sur le rêgne de Robert, S. LX.

[38] Der Unterschied der Namensschreibart dürfte auf unterschiedliche Schreibweise zurückzuführen sein, aber keinen Unterschied in der Identität der beiden Personen andeuten, eventuell handelt es sich um einen reinen Abschreibfehler.

[39] Für die bemerkenswerten Übereinstimmungen der Verpflichtungsinhalte von Verdun und dieses Friedens seien beispielhaft die Passagen des ersten Kapitels gegenübergestellt:

Friedensinhalt von Verdun	Friedensinhalt von Beauvais
Ecclesiam nullo modo infringam. Atria ecclesiae non infringam, nisi propter ipsum malefactorem qui hanc pacem infregerit: et si ipsa atria infregero, nihil inde traham nisi ipsum malefactorem, aut eius guarnimentum me sciente.	Ecclesiam nullo modo infringam. Cellaria in circuitu ecclesiae causa salvamenti eiusdem non infringam, nisi propter illum malefactorem, qui hanc pacem infregerit, aut propter comprehensionem hominis aut caballi. Et si propter has res eadem cellaria infregero, nihil aliud ex eis traham nisi illum malefactorem aut eius warnimentum me sciente.

[40] Diese Anrede kann nicht als Eidesadresse an den König verstanden werden, sondern als Anrufung zum Zeugen für einen Gott geleisteten Eid.

[41] Der Friede dauerte also insgesamt von 1023 bis zum 24. Juni 1029.

annehmen, daß auch Beroldus seinen Eid leistete. Der Eid ist ein genereller Versprechenseid, den auch die anderen Eidpflichtigen in dieser Form ablegten, wie die Formel „hoc sacramentum hoc praesenti tempore iuraverunt et iurabunt" beweist, die jeweils vom gleichen Eid spricht.
Im Gegensatz zu Verdun-sur-le-Doubs stehen somit bei diesem Friedenseid die Bischöfe auf gleicher Stufe wie alle anderen Eidpflichtigen, worin sich die Position der Bischöfe und ihre Einschätzung der Friedensaussichten zeigt. Sie erwarteten einen Erfolg ihrer Bestrebungen nur dann, wenn sie ihre bevorzugte Stellung aufgaben, sich auf gleiche Stufe mit den Betroffenen stellten und durch ihr Beispiel den Frieden initiierten.

3. Reliquieneid

Um die Eidesform genau bestimmen zu können, fehlen uns die wesentlichen Worte am Schluß der Formel. Die Zahl der unleserlichen Worte legt die Vermutung nahe, daß es sich um einen Reliquieneid in Form eines Heiligeneides handelt, der jeweils endet mit „haec sacra patrocinia Sancti ..." und den Namen des Heiligen nennt. Die weitverbreitete Reliquienverehrung erhärtet diese Vermutung[42].

§ 2 Die Friedensübereinkunft der Amienser und Corbienser (1032/1033)[43]

In unmittelbarer Nachbarschaft der Bischofsstadt, wo der dem Friedenseid abgeneigte Bischof Gerhard residierte, geschah eine Friedensaufrichtung, die in der Quelle den Vorgang, der zur Friedensverpflichtung führt, stufenweise abgesetzt schildert, und den Eid an der wichtigen Einsatzstelle zeigt, nämlich dort, wo die zwischenmenschliche Verpflichtungsebene angesprochen ist.

---

[42] Von demselben Typus wie der oben geschilderte Friedenseid stellt sich der kurz in Sigeberts Actuarium Affligemense erwähnte Vorgang bei Audenarde, nördlich von Soissons gelegen, dar: „... praesente Hugone Noviomensi episcopo cum aliis pluribus episcopis et abbatibus, congregatis totius regni sui primatibus apud Aldenardum pacem ab omni populo coniuratam firmari fecit." (MGH SS VI, 399; Const. I, 616, Anm. 3). – Es handelt sich um den Eid des gesamten Volkes, wobei hier – was bei Beauvais fehlte – ausdrücklich auf die Reliquienverehrung hingewiesen wird: „... congregatis sanctorum corporibus ... cum aliis innumerabilibus sanctorum reliquiis ..." Wenn diese Versammlung auch von Graf Balduin initiiert ist, so bewegt sie sich doch ganz im kirchlichen Raum.

[43] Z. T. gedruckt in MGH SS XV, 860 ff.: Zur Datierung vgl. bei L. Huberti, Studien zur Rechtsgeschichte der Gottesfrieden und Landfrieden, S. 191; die weiteren Ausführungen bei B. Töpfer, Volk und Kirche, S. 75 f., und dessen Datierung auf 1036 überzeugen unter Berücksichtigung der Elevatio Sancti Adalhardi, die für 1036 tradiert ist.

1. Vorgeschichte – Reliquienverehrung

Die miracula Sancti Adalhardi[44] berichten über folgenden Vorgang: „. . . Superest desperatis unum ex omnibus consilium, ad placandam scilicet iram superni iudicis requirere suffragia sanctorum. Requiruntur reliquiae: ad reliquias, ut quaeque loca sibi adiacent, conferuntur; ibique pacis inviolabile pactum confirmatur. Ita Ambienses et Corbienses cum suis patronis conveniunt, integram pacem, id est totius hebdomadae decernunt; et ut per singulos annos ad id confirmandum Ambianis in die festivitatis sancti Firmini redeant, unanimiter deo repromittunt. Ligant se huis promissionis voto, votumque religant sacramento."
Der enge Bezugspunkt der Reliquienverehrung mit dem Friedensversprechen begegnet auch hier, wobei die Einleitung die religiöse Motivation für den Frieden klar macht: Gott zürnt den Menschen wegen ihres frevelhaften friedstörenden Treibens. Er muß wieder versöhnt werden. Dies setzt voraus, daß man das friedestörende Verhalten, insbesondere die Raubzüge, aufgibt. Dazu dient das Versprechen, in Zukunft Frieden zu halten. Allein, ein solcher Akt genügt nicht, die überirdische Hilfe der Heiligen bei dieser Versöhnungsaktion muß dazutreten.

2. integram pacem decernunt

Die Zusammenkunft der Ambienser und Corbienser, zweier Städte – weshalb wir annehmen dürfen, daß sich daran nicht nur die Mächtigen beteiligten, sondern auch die einfachen Bürger – geschieht unter der Mitnahme von Reliquien ihrer Schutzpatrone. In Gegenwart der Reliquien wird über den Frieden verhandelt.
Dabei wirken auch beim Beschluß, *daß die ganze Woche über Frieden herrschen soll,* alle zusammen: Bürger, Adelige, Bischof. Dieser Beschluß allein gewährleistet noch nicht die tatsächliche Ruhe und Sicherheit über die ganze Woche. Die Verpflichtung scheint nur dann perfekt zu sein, wenn sie regelmäßig in Erinnerung gerufen wird.

3. deo repromittunt, ut redeant

Man trifft sich alljährlich am Fest des hl. Firmin in Amiens, was man in der Form des „unanimiter deo repromittere" verbindlich macht, also in der Form eines Versprechens Gott gegenüber. Handelt es sich bereits hier um einen Eid? Dagegen spricht, daß der Chronist erst bei der nächsten Stufe von „sacramentum" spricht und in dieser Phase das neutralere repromittere verwendet.

---

[44] Trotz der bei Mirakelschilderungen angebrachten Vorsicht (vgl. R. C. van Caenegem-F. L. Ganshof, Quellenkunde, S. 45 f.) wird man für die Schilderung der Stufen, wie die Friedensvereinbarung zustandekommt, davon ausgehen können, daß sich die geschilderten Vorgänge mit den historischen Realitäten decken. Diese faktischen Vorgänge stehen nur in mittelbarem Bezug zum eigentlichen Zweck der Wunderschilderung, sind Randvorgänge faktischer Art.

Wir haben bereits hier eine Vorlage für eine Abstufung der Verpflichtungsakte, wo das einfache Versprechen vom Eid abgesetzt ist als „deo repromittere“.

4. *votum religant sacramento*

Man begnügt sich nicht mit dem einfachen Versprechen Gott gegenüber, mit einem Versprechen im vertikalen Verhältnis, man verbindet sich auch noch untereinander auf der horizontalen Ebene und hat damit sämtliche Sicherungen: „Ligant se huius promissionis voto, votumque religant sacramento.“ Man wird diese Passage nicht als Formel abtun dürfen, die gesamte Passage ist vielmehr eine präzise analytische Schilderung des Verpflichtungsvorganges, die den Eid genau an der funktional richtigen Stelle einsetzen läßt:
War in der zweiten Stufe Adressat des Versprechens, alljährlich zum Firminsfest zusammenzukommen, Gott, so deshalb, weil insoweit die Verpflichtung zunächst durch die einzelne Stadt für sich ausgesprochen war. Es handelte sich um das Verhältnis der gläubigen Stadtbewohner zu Gott. In der dritten Stufe sprengen die Bürger der einzelnen Stadt diesen Kreis und treten mit der Nachbarstadt in Verbindung. Das gemeinsame Anliegen wird auf der zwischenmenschlichen Ebene Gegenstand des Paktes. Adressaten und Verpflichtete des Versprechens sind auf dieser Ebene Menschen. Sie unterliegen der Gefahr, aufgrund menschlicher Schwäche die Pflichten nicht halten zu können und zwar um so eher, je mehr die Versprechensform eine rein verbale bleibt. Das Versprechen wird durch die Rückkoppelung, der Erhebung in die Ebene des Religiösen verpflichtender. Das Mittel, die Bindungskraft zu stärken, stellt der Eid dar. So erfährt auch das zwischenmenschliche Verhältnis eine religiöse Charakterisierung, wird zu einer Bindung höheren Grades und stellt dieses Versprechen für den Fall der Nichteinhaltung in den Sanktionsbereich göttlichen Zornes. Dazu kommt, wie eingangs angedeutet, die besondere Beziehung zu den Heiligen, deren Hilfe man für die Versöhnung mit Gott über den Friedensvorsatz hinaus beansprucht. Sie sind Zeugen des Eides und werden für den Fall der Nichteinhaltung ihren Beistand in anderen Anliegen versagen.

§ 3 Bischof Gerhard von Cambrai und der Friedenseid

1. *Vorgeschichte*

Dieser Abschnitt knüpft an die Vorgänge von Soissons und Beauvais an, da die „Gesta Episcoporum Cameracensium[45] im Anschluß an die Schilderung der Vorgänge von Soissons und Beauvais über die weitere Aktivität der Bischöfe Beroldus von Soissons und Warinus von Beauvais berichten: „Huiusmodi igitur commento predicti episcopi excitati, superioris quidem Galliae coepiscopis conspi-

[45] MGH SS VII, 474, für die Datierung vgl. B. Töpfer, Volk und Kirche, S. 76, 1023.

rantibus, etiam domnum Gerardum episcopum, ut secum sentiret, pariter monuerunt. Qui altius causas advertens procul renuere estimavit, cunctisque perniciosum consilium ac inpossibile intelligens, nullum assensum porrexit." Beroldus und Warinus bedrängten zusammen mit anderen Bischöfen des nördlichen Gallien Gerhard, genauso zu handeln wie sie. Gerhard nahm unter den Bischöfen Nordgalliens eine Sonderstellung ein, da Bischofsstadt und Grafschaft zum ostfränkischen Reich gehörten, der Bischof aber Suffragan des westfränkischen Erzbistums Reims war. Dem Anschluß seines Bistums an die westfränkische Friedensbewegung galt das Bemühen der Bischofskollegen.

2. *Erfolgreiche Ablehnung des Eidgebots*

Doch Gerhard wollte den Anschluß nicht, er lehnte vielmehr den Friedensbund ab. Die Argumentation überliefert der Biograph[46]: Der Bischof wollte die klare Trennung von königlich-weltlichen und bischöflich-geistlichen Aufgaben vollzogen sehen. Es war ihm klar, daß die Schwäche des Königs im Westfrankenreich zu Unordnung und Friedlosigkeit geführt hatte, für seine Person und seinen Amtsbereich sollte aber königliche Aufgabe und bischöfliches Wirken unterschieden bleiben[47], wobei in der wiedergegebenen Ansprache des Bischofs das von Augustinus skizzierte Verhältnis zwischen Kirche und weltlicher Macht anklingt, nämlich die Kirche als sichtbare Verkörperung des himmlischen Reiches mit speziellen Aufgaben gegenüber dem weltlichen Staat mit dessen Zielsetzung, insbesondere der Sicherung des äußeren Friedens. Speziell dem Einsatz eines Eides mit der Folge der Exkommunikation bei dessen Nichteinhaltung begegnete er gegenüber seinen Amtskollegen mit seelsorglichen Argumenten. Eidespflicht und die Drohung des Anathems bei Weigerung einerseits und Eidespflicht mit der Gefahr des Anathems bei Nichteinhalten des Eides andererseits würde die Pflichtigen allzuleicht der Gefahr der ewigen Verdammnis ausliefern, sei es, daß ein Mensch aufgrund seiner natürlichen Schwäche den Eid nicht halten konnte, sei es, daß politische Notwendigkeit zum Handeln entgegen dem eidlichen Versprechen zwang, ein Nichthandeln wegen des Eides geradezu der politische Tod gewesen wäre.

Daß diese Argumentation nur der Vordergrund einer komplexeren Situation Gerhards war, liegt auf der Hand, wenn man folgendes bedenkt[48]:

Die Sonderstellung zwischen kirchlicher Zugehörigkeit zu Westfranken und weltlicher Zugehörigkeit zu Ostfranken wurde oben schon angesprochen. Diese bedeutete: Die Zustände im Gebiet des Bistums waren durch das ostfränkische Königtum gesicherter als dies in Westfranken der Fall war. Die Stellung des

---

46 MGH SS VII, S. 465.

47 Gedanken der Cluniazensischen Bewegung klingen hier an.

48 H. Hoffmann nennt sie sogar einen Vorwand, deren Ursachen tiefer liegen, H. Hoffmann, Gottesfriede und Treuga Dei, S. 58 f.

Königs als Garant des Friedens war funktionsfähiger, Gerhard konnte sich insoweit durch den König geschützt fühlen. Dazu kam, daß ihm Heinrich II. 1007 die Grafenrechte verlieh.
Trotzdem hatte Gerhard unter dem Burgherrn der Stadt Cambrai, Walter, zu leiden, der mit allen Mitteln bedacht war, seinen Machtbereich auszudehnen. Mit Blick auf diesen Gegner wird verständlich, daß bei Gerhard Zweifel an der Wirksamkeit des Friedenseides sich regten. War er doch einem skrupellosen Friedensinitiator, dem es nur darauf ankam, den anderen eidlich zur Friedenswahrung zu verpflichten, so daß diesem und seinen Mannen die Hände gebunden waren, vollkommen ausgeliefert. Und schließlich: Wenn er sich der westfränkischen Friedensbewegung anschloß, so mußte er dies ganz, d. h. er mußte auch gewisse Gerichtshoheiten abtreten, da sich jeder, der sich der Friedensbewegung unterwarf, in eine besondere Friedensgerichtsbarkeit begeben mußte. Diese Regelung war für die Initiatoren von Soissons und Beauvais sehr nützlich, weil dadurch der Ausfall der königlichen Gerichtsgewalt einigermaßen aufgefangen wurde, nicht aber für Gerhard, der sich zu dieser Zeit auf die volle Unterstützung des Königs bei der Verwirklichung des Rechts stützen konnte. Hätte er sich unter die Friedensgerichtsbarkeit begeben, hätte er einen Teil seiner weltlichen Kompetenzen an ein anderes Gremium abgegeben.
Der Biograph berichtet über den Ausgang dieses Kontaktes, daß das anfängliche Sträuben dem Bischof letztlich nichts nutzte: „Itaque episcopum dissentientem ceteri coepiscopi occultis reprehensionibus improbabant, dicentes eum non esse pacis amicum, qui pacem volentibus dissentiret. Postea vero suorum crebro hortamine circumventus, sed maxime abbatum. Leduini videlicet et Rotrici, precatu coactus, adquievit invitus."
Die Argumente halfen nichts, Gerhard war dem harten Vorwurf, ein Feind des Friedens zu sein, ausgeliefert und stimmte auf Zureden zweier befreundeter Äbte[49] zu, er gebot seinen Diözesanangehörigen den Eid zu leisten – wohl in der Form des allgemeinen Friedenseides wie durch Warinus. Der Chronist schließt diesen Bericht, man habe sehr bald erfahren, wie recht der Bischof hatte; ob dies mehr eine Huldigungsadresse an den Bischof war oder den Tatsachen entsprach, bleibt offen.

3. *promittere, quae christianitatis lex iubet, episcopus monet*

Zehn Jahre später steht Gerhard erneut vor der Situation, zur eidlichen Begründung der Friedenspflichten Stellung nehmen zu müssen. Vorausgegangen war nach dem Bericht der Gesta ein Erlaß der westfränkischen Bischöfe, in dem behauptet wurde, einer der Amtskollegen habe einen Brief vom Himmel erhalten mit der Mahnung, den Frieden auf Erden zu erneuern. Der Bischof habe diesen Brief an seine Amtskollegen weitergegeben, damit diese ihn dem Volk bekannt-

---

[49] Leduin von St.-Vaast und Roderich von St.-Bertin.

machen: Niemand solle Waffen tragen, niemand Geraubtes mit Gewalt zurückholen, anstelle der Blutrache solle die Verzeihung treten, die Leute sollten am Freitag Fasten halten bei Brot und Wasser und am Samstag Abstinenz von Fleisch und Fett. Und das sollten sie eidlich zu halten versprechen, anderenfalls müßten sie aus der Kirche ausgestoßen werden. Noch von weiteren Geboten ist die Rede, die alle viel zu schwer waren, als daß man sie hätte erfüllen können. Angesichts der Schwäche der Menschen stellte sich der Bischof von Cambrai gegen diese Gebote. Die Begründung mit dem Himmelsbrief erschien ihm überzogen. Er wandte sich gegen die – religiös begründete – Nivellierung der menschlichen Verhaltensweisen, indem er unter Heranziehung des Neuen Testaments verdeutlichte, wie Christus in unterschiedlichen Situationen ganz konträre Verhaltensweisen postulierte und nicht von jedem dasselbe Maß an Willenskraft. Seine Ansprache gegen das Gebot der Bischöfe gipfelte in dem Satz: Der Herr gab einige Gebote Vollkommenen und Unvollkommenen in gleicher Weise, einige Gebote aber nur den Vollkommenen und er belegt diesen Ausspruch mit der Stelle bei Lukas 18,20 über den reichen Jüngling. Daraus folgerte er, daß man solch hohe Anforderungen, wie sie hier in Eidgeboten gestellt würden, nicht von allen in gleicher Weise erwarten solle.

Aus diesem Grunde sei er auch gegen die Verhängung der Exkommunikation über einen, der die Gebote nicht eidlich versprechen wollte, „cum de servando uno mandato satis infirma sit fragilitas humana, nedum periurio in omnibus his neglectis teneatur astricta"[50].

Auch bei dieser Gelegenheit war Walter nicht untätig, wie der Biograph weiter zu berichten weiß. Er hetzte gegen den Bischof motiviert durch: „. . . non quia erat filius pacis, sed quia liberius quaerebat studere artibus suae malignitatis . . . studebatque, ut praeteritae vitae rapinis et caedibus, quibus pastus fuerat, silentium daretur, et extunc libentius, nullo ferente arma, assuetis malis frueretur"[51]. Die Haltung Gerhards führte dazu, daß ihn Balduin, der Graf von Flandern, aufforderte, zugunsten des Volkes zu befehlen, den Frieden eidlich zu bekräftigen. Die Gesta berichten über Gerhard: „. . . non alia quam quae lex et evangelium adnuntiat, iubere professus est". Walter gab nicht auf und hetzte weiter, so daß schließlich bei einer Zusammenkunft in der Nähe von Cambrai dem Bischof nichts anderes übrig blieb – auch bei dieser Versammlung hatte man zahlreiche Reliquien zusammengetragen –, als den Burgherrn noch einmal zu stellen und ihm offen seine Machenschaften vorzuhalten. Zum Volk gewandt läßt der Chronist den Gerhard den Vorgang abschließen: „Factoque verbo de salute animae, quae christianitatis lex iubet sua sponte se servare, promittere monet; et cum deviarent, ad poenitentiam redirent. Alacres itaque facti, dicta eius pro vero tenentes, unanimes promiserunt, et ad propria cum pace redierunt."

Das einfache Versprechen, das zu halten, was Gebot des christlichen Glaubens sei,

---

50 MGH SS VII, 486; für die Datierung auf 1036 vgl. B. Töpfer, Volk und Kirche, S. 76.

51 MGH SS VII, 487.

erschien Gerhard der richtige Weg zum Frieden, den Eid hielt er für ein gefährliches Mittel.
Die Argumente des Bischofs Gerhard, wie sie der Biograph wiedergibt, waren nur die Spitze eines Berges von Ursachen für sein Verhalten. Die Begründung bei E. Wohlhaupter[52], Gerhard habe mit seiner Ablehnung des Eides nur eine mögliche Schwureinung zwischen Bürgerschaft und Burggraf verhindern wollen, ist ebenfalls einseitig. Die machtpolitische Stellung Gerhards als Ursache hat dagegen deutlich H. Hoffmann[53] dargestellt, freilich ohne daraus die Konsequenzen für die frühe ostfränkische Friedensbewegung zu ziehen, obwohl dazu durch die Zugehörigkeit des Diözesangebietes zum ostfränkischen Reich Anlaß bestanden hätte, auch wenn noch 50 Jahre zum nächsten Frieden fehlten.
Wie diese Haltung Gerhards bei den künftigen Friedensbestrebungen fortwirkte, vermag mangels schriftlicher Zeugnisse nicht im einzelnen belegt zu werden. Durch Gerhard war aber die Problematik des Eides in Verbindung mit der Exkommunikationsdrohung als Mittel der Friedensbestärkung in einer konkreten Situation erkannt und angesprochen worden, die Gefahr der Perversion dieses Mittels lag offen zutage.
Die Form des einfachen Versprechens, des „promittere" – dessen Adressat Gott war – erfuhr durch Gerhard seine Anerkennung und ist als historische Praxis neben dem Eidesversprechen dadurch belegt[54].

§ 4 Die Frieden von Caen (1042)[55] und von Therouanne (1063)[56]

Nach der Auseinandersetzung des Bischofs Gerhard um Sinn und Wirksamkeit des Eides sind uns zwei von der äußeren Form und vom Inhalt her fast überein-

---

52 E. Wohlhaupter, Studien zur Rechtsgeschichte der Gottes- und Landfrieden in Spanien, S. 330. Der politische Kampf gegen die Bürger der Stadt wurde mit einem stärkeren Mittel geführt: Die erste Schwurvereinigung der Bürger war 1077 gewaltsam aufgelöst worden. Vgl. E. Ennen, Europäische Stadt, S. 115.

53 H. Hoffmann, Gottesfriede und Treuga Dei, S. 60 ff.

54 Vgl. oben Kölner und Mainzer Frieden.

55 Mansi, Conciliorum Collectio Bd. XIX, 597, für die fragwürdige Datierung auf 1042 vgl. L. Weiland MGH Const. I, 599, der diese Jahreszahl für eine spätere Zufügung hält. – Die Problemlage ist beim Frieden von Caen die gleiche.

56 MGH Const. I, 599 zuerst von F. Wasserschleben zusammen mit anderen Friedenstexten aus der Erzdiözese Reims veröffentlicht; vgl. F. Wasserschleben, Zur Geschichte der Gottesfrieden in: ZRG 12 (1891), S. 112. H. Fehr nennt diesen Frieden irrtümlicherweise einen Trierer Frieden, vgl. H. Fehr, Das Waffenrecht der Bauern in: ZRG 35 (1914), 135. Auf die inhaltliche Identität des von H. Fehr angesprochenen mit dem hier behandelten Frieden hat bereits W. Schnelbögl, Die innere Entwicklung der bayerischen Landfrieden (S. 214 f.) aufmerksam gemacht. Für die Datierung kann man nur von den in der Einleitung genannten Personen ausgehen, die bezüglich der namentlich genannten Personen richtig sein dürfte; nach diesen Angaben ist letztmögliches Datum 1067. Die Festlegung auf 1063, die bereits L. Weiland bezweifelte, liegt zu früh.

stimmende Friedenszeugnisse erhalten, die den Eid als Begründungsform nicht kennen: der Friede von Caen und der Friede von Therouanne. In beiden Fällen handelt es sich typologisch um Abschriften eines Sendschreibens, beinhaltend die Friedensgebote. Die für unsere Fragestellung wichtigen Ergebnisse sollen im folgenden anhand des Friedens von Therouanne besprochen werden[57].
Der Friedenstext von Therouanne ist uns nicht im Original bekannt, wir wissen von ihm aus einer erhaltenen Handschrift des ausgehenden 12. Jahrhunderts, die in einem Einleitungssatz eine personelle und territoriale Zuordnungsangabe enthält: „Hanc pacem Drogo Tervanensis episcopus et Balduinus comes cum clero et populo tocius terrae constituerunt."
Dieser Einleitungssatz fehlt der älteren Handschrift aus dem 11. Jahrhundert. Ob sie deshalb ursprünglich oder einem späteren Verfasser, der mit einem zeitlichen Abstand von über 100 Jahren die Vorgänge festzuhalten versuchte, zu verdanken ist, steht offen, lediglich aus dem Vergleich des Textinhaltes mit der Einleitung lassen sich eventuell vorhandene Widersprüche feststellen.

constituerunt-precipimus

Das „constituere" verweist auf eine autoritative Anordnung, auf ein Statut mehrerer. Dieses Ergebnis bestärken Formulierungen des Textes, wie „hec que dicam vobis . . . debitis observare[58]", ferner der wiederholte Gebrauch des „precipimus" (Kap. 2, 9), schließlich der Kernsatz mit dem Friedensgebot: „Hanc autem Dei treuiam ab inicio adventus dominici usque ad octavas epiphanie omnes dies tenebitis . . ." Die Übereinstimmung von Einleitung („constituerunt") und Text charakterisiert den Therouanner Frieden als autoritatives Gebot. Dieses Ergebnis steht in klarem Gegensatz zu der Folgerung J. Meyers in seinen 1561 verfaßten Annales Flandriae[59], wo er schreibt: „1063 Facta per idem tempus ab Balduino principe ac Drogone Morinorum episcopo pax quaedam Flandrica iurataque tam ab ecclesiasticis quam laicis proceribus . . ." Einen Beleg für seine Behauptung führt Meyer nicht an.
Hinsichtlich der Beteiligungsform genannter Personen und Personengruppen ergibt der Vergleich des Einleitungssatzes mit dem Friedenstext z. T. einen unter-

57 Die Problemlage ist beim Frieden von Caen die gleiche. Im einzelnen ergibt sich neben den inhaltlichen Parallelen auch für den Frieden von Caen die Frage der späteren Einfügung des Einleitungssatzes, der allerdings die Mitwirkung von „clerus" und „populus" nicht erwähnt, sondern nur sagt: „. . . constitutum a Willelmo seniore Rege Anglorum ac Duce Normannorum, et episcopis Normanniae apud Cadonum", diese Überschrift findet sich in zwei voneinander unabhängigen Handschriften auf die weltlichen Herrscher und die Bischöfe beschränkt.

58 Das hec que dicam in der Form der ersten Person Singular steht im Gegensatz zu der sonst verwendeten ersten Person Plural. Dieser Gegensatz könnte damit zu erklären sein, daß in dem „dicam" die Stimme des Verlesenden gemeint ist, der für sich den Pluralis Majestaticus nicht in Anspruch nehmen darf.

59 J. Meyer, Annales Flandriae, S. 26.

schiedlichen Befund, so daß insoweit die Annahme berechtigt ist, die Einleitung sei später hinzugefügt. Die Trägerschaft des Bischofs für den Frieden folgt aus dem Gebot, die Diözese zu verlassen, falls das bischöfliche Gebot nicht befolgt wird, es gilt auch für die Strafe der Exkommunikation. Die Beteiligung des Grafen in verantwortlicher Rolle zeigt Kapitel 6, wo dem Grafen vorbehalten, während der angeordneten Friedenszeit in den Krieg zu ziehen.
Auf die Beteiligung des „clerus et populus“ in aktiver Form verweist dagegen keine Textstelle, vielmehr ergibt das „presbyteris precipimus“ eine gleichgelagerte Rolle der Priester wie der sonstigen Befehlsempfänger, also eine passive. Das „cum“ im Einleitungssatz kann deshalb nur als ein „in Gegenwart von“, nicht aber als eine Praeposition im Sinne eines „zusammen mit, in gleicher Funktion wie“ bedeuten. Ein Eid als Verpflichtungselement taucht in der gesamten Urkunde nicht auf, ist expressis verbis nicht angesprochen, wohl kennt die Urkunde aber den Eid in den klassischen Begriffen als Bekräftigungsmittel für die Behauptung, den Frieden nicht gebrochen[60] zu haben. In einem solchen Fall geht der Eid der Probe des heißen Eisens vor[61]. Ein das Ergebnis bestätigendes Zeugnis ist uns im Konzil von Clermont des Jahres 1095 überliefert, das am Beginn des ersten Kreuzzuges steht. Papst Urban II. war von Piacenza nach Clermont gekommen, um die versammelte hauptsächlich französische Kirche (die deutsche war kaum, die englische nicht vertreten) für den ersten Kreuzzug zu rüsten. Durch das Konzil wurde ein Friede verkündet[62], der uns im Rahmen der Frage der Stellung der Kirche zum Friedenseid noch beschäftigen wird[63].

---

60 Assertorischer Charakter.

61 F. Wasserschleben, Zur Geschichte der Gottesfrieden, in: ZRG 12 (1891), 113, läßt einen weiteren Frieden von Soissons folgen, der aufgrund der Trägerschaft durch den Erzbischof von Reims, Rainold, dessen Amtszeit sich von 1083–1096 erstreckte, nach den Frieden von Lüttich, Köln und Mainz entstanden ist (ca. 1091). Dieser wird durch eine genau bestimmte Gruppe eidlich bekräftigt: „Hoc item statuimus, ut omnes domini civitatum et castellorum et munitionum hanc constitutam pacem per sacramentum vel per dextrae dationem in manu episcopi sui confirment.“ Die Herren der Städte, Burgen und Befestigungen sind Verpflichtete, ihre Verpflichtung geschieht entweder durch den feierlichen Eid oder durch das Versprechen in Form des Handschlags gegenüber dem Bischof. Aus der Sanktionsandrohung für den Fall, daß diese Gruppe den Eid verweigert, läßt sich auf ein Vertretungsverhältnis gegenüber allen Untertanen schließen; denn im gesamten Gebiet werden keine Messen gelesen, Kranke nicht besucht, Tote nicht kirchlich bestattet, auch sonst keine Heilsleistung erbracht außer der Kindstaufe, die Amsträger selbst aber werden exkommuniziert. Dies ist das zeitlich späteste Zeugnis eines Eides. Seine Bedeutung besteht in einer zusätzlichen Sicherung des autoritativ angeordneten Friedens. Seine Ähnlichkeit mit „Pax Dei Incerta“ ist äußerlich, hier empfängt der Bischof das Versprechen als Träger des Friedens, nicht in einer Vertreterfunktion, da von ihm auch der Friede ausgeht. Die Straffolgen belegen dies; sind es bei „Pax Dei Incerta“ rein weltliche, so läßt sich der geistliche Charakter hier nicht leugnen.

62 Mansi Conciliorum Collectio Bd. XX, S. 815.

63 Vgl. unten Teil 3.

§ 5 Exkurs: Die Frieden im Süden Westfrankens und in Spanien

Die Friedenszeugnisse im südlichen Raum Westfrankens, sowie im spanischen Grenzgebiet sollen zur Abrundung des Bildes ebenfalls kurz angesprochen werden. Das Friedenskonzil von Narbonne um 990[64] kennt keine eidliche Verpflichtung, erwähnt aber ausdrücklich die Teilnahme von „multi laici nobiles", gegen die sich auch primär die Verpflichtungen richten. Das Konzil von Elne im Jahre 1027[65] steht als Beispiel für ein einseitiges Gebot der Geistlichkeit, wie die Gesamtanlage ergibt, die von „precipimus", „interdicimus" u. dgl. spricht. Auch die Quelle über die Synode des Bischofs Oliva von Ausona für das Jahr 1033 bringt keinen Hinweis auf eine eidliche Verpflichtung. Die Bestimmungen, daß jeweils am Sonntag über diesen Frieden gepredigt werden soll, legen vielmehr auch hier eine autoritative Anordnung nahe. Das Friedenskonzil von Montriond verabschiedet ein Friedensgebot, das jeweils mit „precipimus" die einzelnen Bestimmungen einleitet. Beim Friedenskonzil von Narbonne im Jahre 1054 berufen sich die zehn teilnehmenden Bischöfe auf Gottes und das eigene Gebot, ein Eid wird weder ausdrücklich noch inhaltlich angesprochen[66]. Elne/Tulujas, etwa 1065, sieht die kirchliche und die weltliche Gewalt etwa gleichberechtigt nebeneinander tätig, erwähnt aber ebenfalls keinen Eid. Für den Friedenserlaß von Gerona im Jahre 1068[67] ist der Friedensbefehl des Papstes Ausgangspunkt des allgemeinen Friedensbefehls, ein Eid wird auch hier weder ausdrücklich tradiert, noch läßt die Anlage des Friedens einen solchen wahrscheinlich erscheinen.

Von besonderer Bedeutung ist noch das Sendschreiben des westfränkischen Klerus an die italienische Geistlichkeit mit der Aufforderung, in gleicher Weise wie in Frankreich Frieden zu halten, das etwa in das Jahr 1041 zu datieren sein wird[68]. Ein solches Aufforderungsschreiben läßt von seinem Charakter her alle wesentlichen Punkte eines solchen Friedens erwarten, deshalb auch Aufschlüsse bezüglich einer eidlichen Verpflichtung, falls eine solche erforderlich erschien. Der gesamte Text des Schreibens zeigt aber keinerlei Hinweis auf einen Eid, bedient sich vielmehr zur Bekräftigung des einfachen Versprechens der im Mittelalter weitverbreiteten Pönformel[69].

---

[64] Mansi Conciliorum Collectio Bd. XIX, Sp. 103.

[65] Mansi Conciliorum Collectio Bd. XIX, Sp. 483 f.

[66] Mansi Conciliorum Collectio Bd. XIX, Sp. 827.

[67] Mansi Conciliorum Collectio Bd. XIX, Sp. 1070.

[68] Abgedruckt bei Mansi Conciliorum Collectio, Bd. XIX, 593 ff.

[69] Vgl. dazu J. Studtmann, Die Pönformeln der mittelalterlichen Urkunden in: AUF 12 (1932), S. 251 ff.

3. TEIL
DIE STELLUNG DER KIRCHE ZUR FRIEDENSBEWEGUNG

Vorbemerkung

Eine Untersuchung über Teilnehmerkreis und Teilnahmeform der frühen Friedensbewegung kann nicht vorbeigehen an der Frage, wie die Kirche generell zu der Bewegung stand, insbesondere in Anbetracht der überragenden Rolle kirchlicher Amtsträger, vor allem der Bischöfe. Wenn man hier von Kirche spricht, so meint dies das Papsttum und die sich allmählich entwickelnde Kanonistik[1]. Darauf konzentriert soll im folgenden eine Friedensaufrichtung, unmittelbar durch den Papst veranlaßt, untersucht werden, ferner die Rechtssammlung Gratians, die dreißig Jahre nach der zeitlichen Zäsur dieser Arbeit entstand, die aber Rechtsgedanken aus der Zeit der Frieden sammelt, herangezogen werden, und schließlich soll als Repräsentant der frühen Kanonistik Ivo von Chartres mit seiner Einstellung zum Frieden zu Wort kommen, da er die Friedensbewegung aus unmittelbarem Erleben kannte[2].

Kapitel 1
Das Konzil von Clermont und die Beteiligung des Papsttums an der Friedensbewegung (1095)[3]

§ 1 Vorbemerkung

Die Einstellung der Kirche zum Friedenseid dokumentiert das Konzil von Clermont, das am Anfang des ersten Kreuzzugs stand und auf dem Papst Urban II. persönlich anwesend war. Knappe 40 Jahre vor der Sammlung Gratians nahm hier der Papst unmittelbar an der Aufrichtung eines Friedens teil, äußert sich in diesem Frieden die Stellung des Papsttums zu den Verpflichtungsformen[4].

H [1] Vgl. W. M. Plöchl, Geschichte des Kirchenrechts, Bd. V, S. 462 f.; ferner H. E. Feine, Kirchliche Rechtsgeschichte, Bd. I, S. 271.

[2] Bemerkenswert ist, daß Gratian sich auch auf Ivo von Chartres beruft. Die Wiedergabe des Standpunktes Ivos und die Wiedergabe dieses Standpunktes bei Gratian gehen auseinander; die in den Briefen Ivos zum Ausdruck kommende Meinung zu den Frieden übernimmt Gratian nicht.

[3] Zur Datierung vgl. L. Huberti, Studien zur Rechtsgeschichte der Gottesfrieden und Landfrieden, S. 308, Zeitangabe bei Mansi daher falsch.

[4] Die Behauptung L. Hubertis, auch zu Gregors VII. Zeiten habe bereits eine Friedensauf-

Die Quellen zum Clermonter Konzil muß man als lückenhaft und in ihrer Echtheit nur mit Vorsicht verwertbar bezeichnen, was in den zahlreichen Quellenstellen bei Mansi[5], der die meisten Fragmente und Konzilstexte sammelte, zum Ausdruck kommt. Eine authentische Urkunde mit der Friedensaufrichtung fehlt vollkommen. Kunde vom Konzil erhalten wir vielmehr nur aus einzelnen, verstreuten Schriften, zumeist frei gefertigten Berichten.

§ 2 Teilnehmerkreis und Teilnahmeform

1. statutum est

Ältestes und wohl zuverlässigstes Zeugnis ist die Abschrift aus dem Codex eines Teilnehmers am Konzil, dem sogenannten „Codex Lamberti episcopi Atrebatensis[6]". Es war jener Bischof Lambert von Arras, der auf dem Weg zum Konzil vom Grafen von Chateau-Porcien gefangengesetzt wurde[7]. Tituliert wird der Canon I mit „De pace non infringenda" und dann berichtet der Bischof:
„Statutum est, ut in omni die et monachi et clerici et feminae, et quae cum eis fuerint, in pace permaneant; tribus autem diebus, scilicet secunda, tertia et quarta, ab aliquo alicui illata non reputabitur pacis fractio: quatuor autem reliquis diebus si aliquis alicui iniuriam intulerit, fractionis sanctae pacis reus habeatur et prout iudicatum fuerit puniatur."
Die Friedensregelung reiht sich in den Kreis der bisher schon untersuchten ein: Ständiger Friede für die Mönche, die Kleriker und die Frauen und ihre Begleiterinnen.
Alle anderen Personen sind an den drei Tagen Montag, Dienstag, Mittwoch ungeschützt, an den restlichen Tagen aber herrscht Friede, dessen Bruch die festgesetzten Strafen zur Folge hat.
Über die Form der Verbindlicherklärung wird lapidar berichtet: „statutum est, ut . . ." In dieser Form ist eine autoritative Festsetzung angesprochen, wohl eine Festsetzung durch die versammelten Bischöfe[8] zusammen mit dem Papst oder durch den Papst allein, was letztlich offen bleiben muß. Daß in dem „statutum est" eine eidliche Verpflichtung mitenthalten sein könnte, darf man ausschließen, nicht

---

richtung stattgefunden, Studien zur Rechtsgeschichte der Gottesfrieden und Landfrieden, S. 393, findet in der angegebenen Mansistelle keine Bestätigung, vgl. Mansi Conciliorum Collectio, Bd. XX, S. 507, so daß man mangels näherer Hinweise A. Kluckhohn, Geschichte des Gottesfriedens, S. 95, Recht geben muß, eine solche Annahme bisher noch nirgends bestätigt zu finden.

5 Mansi Conciliorum Collectio, Bd. XX, Sp. 815 bis 920.

6 Mansi Conciliorum Collectio, Bd. XX, Sp. 816 f. mit 32 Canones, ferner L. Huberti, Studien zur Rechtsgeschichte der Gottesfrieden und Landfrieden, S. 406.

7 Vgl. L. Huberti, Studien zur Rechtsgeschichte der Gottesfrieden und Landfrieden, S. 396.

8 Vgl. zur schwankenden Angabe der Teilnehmerzahlen bei L. Huberti, Studien zur Rechtsgeschichte der Gottesfrieden und Landfrieden, S. 399.

nur, weil expressis verbis vom Gebrauch eines Eides keine Rede, sondern auch, weil die folgenden Canones, die mit dem Frieden in keinem Bezug stehen, sondern allgemein Fragen des kirchlichen Lebens regeln, in gleicher Weise beginnen, für verbindlich erklärt wurden. Geht man davon aus, daß die Friedenspflicht gegenüber den anderen Pflichten die Sonderform der kirchlichen Bindung war, so ist nicht einzusehen, warum für unterschiedliche Verpflichtungsformen gleiche Termini gebraucht werden. Es besteht somit kein Unterschied in der Form der Verbindlicherklärung der speziellen Friedenspflichten und der allgemeinen Kirchenpflichten. Wäre es dem Berichterstatter bewußt gewesen, daß es auf eine spezielle Verpflichtung für die Friedensgebote ankommt, so hätte er dies zum Ausdruck gebracht. Die Fassung: „Treugam domini teneri, sicut iurata est", wie J. v. Pflugk-Harttung sie wiedergibt, wurde schon von H. Conrad[9] als unsicher bezeichnet. Pflugk-Harttung beruft sich dabei auf Mansi[10]. Beide Fundstellen geben aber keinerlei Anlaß einen Eid anzunehmen, sondern ein bischöflich-päpstliches Gebot[11].

2. *promulgata est*

Verfolgen wir die weiteren Zeugnisfragmente dieses Konzils:
Ebenfalls bei Mansi[12] findet sich eine Notiz „Ex Cencii Camerarii volumine"; Canon VIII: „Tunc et expeditio facta est et constituta est, equitum et peditum ad Hierusalem et alias Asiae ecclesias a Saracenorum postestate eruendas: et in eorum bonis, usque ad reditum, pax continua promulgata." Hier entsteht der besondere kirchliche Schutz für Hab und Gut der Kreuzfahrer. Im Unterschied zum Frieden der in der Heimat Gebliebenen sollen die Teilnehmer am Kreuzzug unter der Drohung der Exkommunikation hinsichtlicher ihrer Habe den ständigen Schutz genießen bis zur Rückkehr. Mag es sich hier auch um einen besonderen Frieden, einen päpstlichen gehandelt haben, der angesichts der neuen Situation der Kreuzfahrt noch ohne Beispiel ist, inhaltlich kann man ihn mit den bisher besprochenen Frieden vergleichen, mit dem Unterschied: Dieser Friede gilt für einen ganz besonderen, die Heimat verlassenden Personenkreis. Die Verbindlichkeit liegt in dem „promulgata est". Auch hinter diesem Begriff steht die öffentliche, autoritative Verkündigung, eine eidliche Bindung der Daheimbleibenden – und von diesem Ergebnis her paßt auch dieses Zeugnis zum bisher gefundenen Ergebnis – läßt sich nicht nachweisen[13]. Wie wirksam diese Friedensaufrichtung

---

[9] H. Conrad, Gottesfrieden und Heerverfassung in der Zeit der Kreuzzüge in ZRG, 61 (1941), S. 84 ff.

[10] Mansi Conciliorum Collectio Bd. XX, Sp. 816 can. 1 und 2, Sp. 192.

[11] Mansi Conciliorum Collectio Bd. XX, Sp. 816: „Statutum est, ut . . . in pace permaneant", ferner Sp. 912: „Imprimis fuit constitutum, ut pax Domini teneretur."

[12] Vgl. Mansi Conciliorum Collectio Bd. XX, Sp. 901 bis 903.

[13] Für die besondere Rolle der Heerfrieden vgl. H. Conrad, Gottesfrieden und Heerverfassung in der Zeit der Kreuzzüge in ZRG 61 (1941), S. 84 ff.

tatsächlich war, wissen wir aus Ivos Briefen[14], wo berichtet wird, daß ein zurückkehrender Kreuzfahrer sich darauf berufend an den Bischof gewandt hatte, daß Ivo ihm aber seine Hilfe versagte und ihn an die Gräfin verwies mit der Begründung, es handle sich um eine im Zweikampf zu entscheidende Angelegenheit, die nicht vor ein kirchliches Gericht gehöre[15].

3. interdictum est

In Canon IX wird dann der Friede für die zu Hause Bleibenden angesprochen, wenn es dort heißt: „Et quia pleraeque Galliarum regiones, alimentorum inopia laborabant: interdictum est treviam usque ad annos tres villanis et mercatoribus esse continuam; militibus vero a quinta feria usque ad dominicam per singulas hebdomadas observandam; clericis autem et monachis omnibus aeque temporibus": ac primum peregrinis ad sacra loca tendentibus.
Der Inhalt des Friedens wird hier deutlicher spezifiziert als in der ersten Quellenstelle. Für die villani und die mercatores, das sind die für die Versorgung verantwortlichen Gruppen der Bauern und Kaufleute galt der Friede für einen Zeitraum von drei Jahren ununterbrochen. Für die milites, die waffentragenden Ritter, war er beschränkt auf Donnerstag bis Sonntag jeder Woche. Für die Kleriker und die Mönche ohne Unterschied zu allen Zeiten, besonders einbezogen wurden auch die zu den heiligen Stätten reisenden Pilger. Nicht nur inhaltlich ist dieser Friede vergleichbar mit den bisher angesprochenen, er ist es auch bezüglich seiner Verpflichtung, die hier überliefert wird: „interdictum est". Die autoritative Anordnung lebt auch hinter diesem Terminus.

4. trevia dei custodiatur

Eine weitere Stelle, die aber für unsere Frage wenig hergibt, hat Mansi[16] aufgenommen, zitierend die „Breviaria ex Willelmo Malmesburiensi et Matthaeo Parisio". Dort regelt Canon XIV: „Quod ab adventu Domini usque ad octavas Epiphaniae, et a septuagesima usque ad octaves Pentecostes, et a quarta feria occidente sole omni tempore, usque ad secundam feriam oriente sole, trevia Dei custodiatur."
Inwieweit diese Regelung tatsächlich auf dem Clermonter Konzil erlassen wurde, bleibt offen, da sich der Inhalt der Friedenspflichten von den bisher wiedergegebenen stark abhebt. Für die Verpflichtungsform ergibt sich aber kein anderes Ergebnis als das bisher gefundene: Die Friedensverpflichtung reiht sich ein in den Kreis der anderen Kirchengebote und damit in den Kreis autoritativer Setzung.

[14] J. P. Migne, PL Bd. 162, cp 168–170 und 173.
[15] Mansi Conciliorum Collectio Bd. XX, Sp. 904; vgl. dazu auch die bei A. Kluckhohn, Geschichte des Gottesfriedens, S. 98, zitierte Stelle aus Wilielmus Tyrius.
[16] Mansi Conciliorum Collectio Bd. XX, Sp. 904.

Auch weitere Quellenstellen, die sich über Mansi hinaus anführen lassen, kennen nur die autoritative Anordnung des Friedens, wie die zahlreichen Stellen, die L. Huberti[17] zitiert, ergeben.

§ 3 Zusammenfassung

Die für das Clermonter Konzil maßgeblichen Zeugnisse zeigen den Papst und die Bischöfe in autoritativer Aktion bei der Festsetzung sowohl des Friedens für die in der Heimat Bleibenden als auch für die Kreuzfahrer. Die Quellenstellen deuten auf die unangefochtene Gebotsgewalt des Papstes und der Bischöfe, die für die Bindungskraft des Friedens auszureichen schien, stand doch hinter der Friedensverletzung die Exkommunikation.

Kapitel 2
Decretum Gratiani

Vorbemerkung

Am Anfang der Kirchenrechtswissenschaft als selbständiger Disziplin steht das Decretum Gratiani, dessen Entstehungszeit zwischen drei und fünf Jahrzehnten nach der Zäsur dieser Arbeit liegt, das man aber in die Untersuchung einbeziehen muß, weil in dieser Rechtssammlung die schon zur Zeit der frühen Frieden anerkannten Rechtsgrundsätze des Kirchenwesens gesammelt zu finden sind. Der private Charakter der Sammlung steht einer Verwendung nicht im Wege, er bietet vielmehr die Gewähr, ein relativ objektives Bild von den Rechtsanschauungen zu vermitteln, da nach den bisherigen Forschungen das Werk als Sammlung allen geltenden Rechts angelegt war[18], nicht mit einer ganz bestimmten Beweisrichtung.

§ 1 Friede und Eid im Decretum Gratiani

1. Friedenseid ist erlaubt

Zur Frage des Friedenseides findet sich bei Gratian ein ausdrücklicher Hinweis[19]: „Iuramentum pro federe pacis est faciendum. Omne quod in federa pacis venit,

[17] L. Huberti, Studien zur Rechtsgeschichte der Gottesfrieden und Landfrieden, S. 410 ff.; die auf S. 408 wiedergegebene Stelle bei J. v. Pflugk-Harttung „sicut iurata est" kann vor den auf S. 411 wiedergegebenen Stellen, die von autoritativer Setzung künden, nicht bestehen, sie muß aus einem anderen vermutlich späteren Konzil stammen, vgl. § 2, 1.

[18] Vgl. zu Werk und Literatur Gratians W. M. Plöchl, Geschichte des Kirchenrechts, Bd. II, S. 470 ff., ferner St. Kuttner, Graziano, l'uomo e l'opera 20 ff.; G. le Bras-Chr. Lefebre-J. Rambaud Histoire du Droit et des Institutions de l'Eglise en Occident, Bd. VII: L'age classique 1140–1378, 47 ff.

[19] Decretum Gratiani c. 1 C.XXII qu. 1; zu den weiteren Hinweisen, die aber für unsere

tunc solidius subsistit, cum iuramenti hoc interpositio roborat. Sed et omne quod amicorum animos conciliat, tunc fidelius durat, cum eos sacramenti vincula ligant. Omne enim, quod testis adstipulatur, verius constat, cum id iurationis adiectio affirmat. Quod et si testis[20] deficiat, innocentis fidem sola iurisiurandi taxatio manifestat."

Mit diesem Zitat aus einem Konzil von Toledo erkennt Gratian die Erlaubtheit des Eides dann an, wenn es darum geht, ein Friedensbündnis zu schließen. Er stellt sich damit gegen die „auctoritas scripturae canonicae", die bei Matthäus[21] verlangt: „Sit sermo vester: Est, est, non, non; quod autem amplius est, a malo est." Ferner heißt es im Jakobusbrief[22]: „Ante omnia, fratres mei, nolite iurare omnino."

Das Konzilszitat ist die einzige Aussage bei Gratian zur Frage der Verbindlichkeit von Frieden. Der Grund liegt darin, daß Gratian den Schwerpunkt auf die Frage nach der Erlaubtheit des Eides generell legt, nicht auf die Frage nach der Verbindlichkeit der Frieden, die Antwort bei Gratian ist deshalb eine Nebenfrage, deren ausführliche Behandlung man nicht ohne weiteres erwarten darf.

Beide Positionen sind aber im Zusammenhang dieser Arbeit wichtig, die Position des von Gratian gesammelten kirchlichen Rechts zum Eid generell, aber auch die konkrete Position des Konzils, dem das Zitat entnommen. Letztere Frage muß mit Hilfe anderer Quellen geklärt werden.

2. Die Stellung des Decretum Gratiani zum Eid generell

Gratians Erörterung der Zulässigkeit des Eides generell beginnt mit der Feststellung: Der Eid[23] ist weder meidenswürdig noch auch als besonderes Gut zu erstreben. Er beruft sich dabei auf zwei Stellen bei Augustinus[24]. Folglich sei Schwören als solches auch keine Sünde, was er folgendermaßen unter Berufung auf Augustinus einschränkt: „In necessariis verum iurare non est peccatum." Dieser Einschränkung folgt eine weitere: „Infirmis iurare conceditur", belegt

---

Fragestellung nichts aussagen, vgl. H. Hoffmann, Gottesfriede und Treuga Dei, S. 231 ff.; die einzige wichtigere Passage ist die, wo er vom Konzil von Clermont handelt (Dist. 90, c. 11) und das Gebot aufnimmt: Precipimus, ut episcopi . . . ad pacem firmiter tenendam mutuum sibi consilium et auxilium prebeant. Diese Position betrifft nur die Frage der schon zustandegekommenen, zu überwachenden Frieden, nicht die Funktion bei der Errichtung, außerdem stammt sie aus dem Jahre 1130.

[20] Die Angabe von „gestis" scheint hier nicht richtig zu sein.

[21] Matth. c. 5 v. 37.

[22] Jakobus c. 5 v. 12.

[23] Die Begriffe iuratio und iuramentum gebraucht Gratian inhaltlich gleichbedeutend, wobei er sich hier ganz an die Sprache der von ihm herangezogenen Autorität, des Augustinus, hält, der überwiegend von iuratio spricht, im gleichen Text aber einmal auch iuramentum verwendet.

[24] Augustinus super epistolam ad Galathas und de sermone Domini lib. I, c. 30.

durch Hieronymus[25], so daß nach Gratian zwei wichtige Fälle der Erlaubtheit des Eides anzuerkennen sind: Der Fall, aus einer Notwendigkeit heraus, also nicht bei jeder Gelegenheit die Wahrheit zu beschwören und der weitere, daß schwache Naturen schwören. Wenn Gratian hier von „peccatum" spricht, so trennt er nicht scharf zwischen der Sünde und dem weltlichen Delikt, da beides noch nicht präzis unterschieden wird.

Wollte man daraus folgern, daß in den anderen Fällen schon der Eid Sünde ist, so tut Gratian in seiner Erörterung noch einen weiteren Schritt: Erst das „periuare", der falsche Eid, ohne daß schon im einzelnen gesagt wäre, was damit gemeint ist, sei Sünde. Um diese Feststellung als Angelpunkt dreht sich die weitere Behandlung des Eides. Denn: Mit jedem geleisteten Eid verbindet sich die Gefahr des periurare, des falschen Eides. Je häufiger jemand schwört, um so eher läuft er Gefahr, falsch zu schwören und damit zu fehlen. Eine größere Auseinandersetzung mit den neutestamentlichen strikten Eidesverboten findet im Abschnitt des Dekrets nicht statt. Vielmehr markiert das oben skizzierte Spannungsfeld für Gratian den Maßstab für die Frage nach der – kirchenrechtlichen – Zulässigkeit des Eides. Der Friedenseid wird zu einem der Fälle der „necessaria", zu dessen Gunsten die Bedenken gegen den Eid zurücktreten.

3. *Inhaltliche Identität zwischen „foedus pacis" und dem besprochenen Frieden*

Wenn Gratian die Erlaubtheit des „Iuramentum pro federe pacis" zitiert, so liegt darin bis hierher nicht mehr als eine Wertentscheidung, daß es sich bei einem „foedus pacis" um eine unter die „necessaria" zu rechnende Angelegenheit handelt, wo die Bedenken vor dem „periurium" zurücktreten müssen. Den Inhalt des „foedus pacis" zu kennen ist aber wesentlich für die Frage, ob Gratians Entscheidung überhaupt in unserem Zusammenhang verwendet werden kann.

a) Historischer Rahmen des Konzils, dem dieses Zitat entnommen Angesprochen mit dem Konzil von Toledo ist das des Jahres 653. Es fand statt vor dem geschichtlichen Hintergrund der unruhigen Zeit des 7. Jahrhunderts im Westgotenreich, als nach dem Tode des Königs Chindasvinth gegen dessen Sohn Reccesvinth ein Aufstand unter der Führung eines gewissen Fronja ausgebrochen war, unterstützt von den Basken. Höhepunkt war die Belagerung Saragossas. Reccesvinth wurde dem Aufstand rasch Herr und war bemüht, die Ordnung im Reich der Westgoten wieder herzustellen[26].

So hatte er das Konzil einberufen und es eröffnet in Gegenwart der vier Metropo-

---

[25] Fundstellen der Zitate jeweils bei E. Friedberg, Corpus Iuris Canonici, Sp. 860 ff., Anmerkungen.

[26] C.-J. Hefele-H. Leclercq, Histoire des Conciles, Bd. III, Teil I, S. 289–294; ferner Dietrich Claude, Geschichte der Westgoten, S. 79.

liten (von Merida, Sevilla, Toledo, Braga), von 48 Bischöfen, vielen Äbten, Vertretern abwesender Bischöfe, schließlich 16 Grafen und Herzögen. Im Auftrag des Königs erörteten dabei die Bischöfe die Spezialfrage, wie gegen die Verräter von König und Vaterland zu verfahren sei, die sich an dem Aufstand beteiligt hatten und deren Zahl groß war, gegen die man aber hart und rücksichtslos zu Gericht zu gehen eidlich versprochen hatte.

b) Gegenstand des Eides von Toledo und Verbindlichkeit Dieser Vorgang, das eidliche Versprechen, mit den Verrätern hart ins Gericht zu gehen, sich persönlich an der Strafverfolgung zu beteiligen gegen jeden, der sich wider Volk und Vaterland erhebt, war von den Westgoten geleistet worden, und zwar von Klerikern und Laien, wie dies auch bei einem vorangehenden Konzil[27] von Toledo der Fall war.

Dort ist von den „clerici et laici polliciti sacramenti immemores" die Rede, d. h. den Klerikern und Laien, die den geleisteten Treueid gegen König und Vaterland vergessen und dagegen gekämpft hatten. Ihnen stellen sich die dem König treu Ergebenen gegenüber, die sich verpflichteten, dem König bei der Verfolgung der anderen Gefolgschaft zu leisten.

Über die Verhandlungen auf dem Konzil von 653 berichtet eine bei Mansi aufgenommene Quellenstelle[29]. Es geht um die spezielle Frage, ob stärker sein soll die Heiligkeit des eidlichen Versprechens oder das christliche Gebot der Schonung und Milde. Diese Fragestellung impliziert die Frage nach der generellen Zulässigkeit und damit Verbindlichkeit des Eides. Wäre nämlich der Eid prinzipiell nicht zulässig, wäre er nicht bindend und damit die weitere Frage nach der Rangfolge illusorisch.

Freilich wird diese Grundfrage im Vergleich zur Spezialfrage sehr kurz abgehandelt, womit schon eine gewisse Antwort auf die generelle Zulässigkeit und Verbindlichkeit gegeben ist. Die wesentliche Passage[29]: „Nam si attestante veritate, propter profanationem periurii evitandem prohibetur omnino iurare, cum dicitur: Sit sermo vester est est non non; quod autem plus his est, a malo est; quomodo impunitum erit, nomen tantae gloriae voluntarie profanasse, dum in eo taxata fides dignoscitur interesse? Vel quatenus pacis foedera in gentium dissidia ligabuntur, si non iuramenti pacta sanctiore integritate serventur? Etenim omne quod in pacis foedera venit, tunc solidius subsistit, cum iuramenti interpositio hoc roborat." Dann folgt die eingangs zitierte Stelle des „Iuramentum pro federe pacis est faciendum". Nur von einer eidlich bestärkten Verpflichtung war demnach in den Augen der Konzilsteilnehmer eine der Wichtigkeit des „foedus pacis" gerecht werdende Verbindlichkeit zu erwarten.

---

[27] Vgl. Mansi Conciliorum Collectio Bd. X, Sp. 763 ff. und C.-J. Hefele-H. Leclercq, Histoire des Conciles, Bd III, Teil 1, S. 285 ff.

[28] Mansi, Conciliorum Collectio Bd. X, Sp. 1205 ff.

[29] Mansi Conciliorum Collectio Bd. X, Sp. 1205 ff.

Das hier zitierte Verständnis von „foedera pacis" schließt nicht ein das iuramentum, beide stehen nebeneinander, so daß man nicht folgern kann, „foedera pacis" beinhalte automatisch eine eidliche Verpflichtung. Es ergibt sich vielmehr aus der Textstelle, daß ein „foedus pacis" erst durch das Hinzutreten des iuramentum den Grad an Verbindlichkeit erhält, der der Bedeutung eines solchen „foedus" zukommt.

c) Inhalt des „foedus pacis" Die Textstelle bei Mansi[30] berichtet weiter: „Temporibus non procul excursis cum quorundam refugarum tumultuosa seditio frequenter vastationes terris inferret et scandala populis cum excidiis irrogaret; adeo ut captivorum turmas reducere et desolationes terrae quae tali concussae sunt peste, quilibet conatus nequeat reparare, et actum est vi potius necessitate exortae, quam deliberatione iudicii, ut contra eosdem, eisdem simillimas cum omni fere populo acerrima iuramenta daremus."

Dem Frieden ging auch hier eine Erhebung voraus, die eine ungeahnte Verwirrung im Lande zur Folge hatte. Der Wiederherstellung von Ruhe und Ordnung diente daher der eidliche Pakt. Die besondere Notwendigkeit der Zeitströmung verlangte dabei den Friedenseid des Inhalts, gegen die Entfacher des Bürgerkrieges vorzugehen[31].

Der Inhalt des „foedus pacis" deckt sich demnach mit dem der bisher besprochenen Frieden weitgehend, das „iuramentum" hatte zum wesentlichen Inhalt die Friedehaltung und die Verfolgungspflicht von Friedbrechern.[32]

§ 2 Zusammenfassung

Die in die Rechtssammlung Gratians aufgenommene Konzilsstelle belegt, daß ein „foedus pacis" nicht automatisch einen Eid beinhaltet, diese vielmehr nebeneinander standen, aber in solchen Fällen der Eid geleistet werden sollte, weil nur eine solche Verpflichtungsform der Wichtigkeit des Versprochenen gerecht wurde, die entsprechende Bindungswirkung hatte. Das besondere Merkmal des von Gratian aufgenommenen Zitates liegt darin, daß Gratian, ohne auf die Vorgänge des zitierten Konzils im einzelnen einzugehen, hier einen Standpunkt zu der Möglich-

---

[30] Mansi Conciliorum Collectio Bd. X, Sp. 1211.

[31] Hier spielt wie in den Konzilien VI und V, sowie X von Toledo der Untertaneneid eine gewisse Rolle, wie D. Claude, Geschichte der Westgoten, S. 79 andeutet.

[32] Eine interessante weitere Quellenstelle findet sich in der Passage „Lex edita in eodem concilio a Reccesvintho principe glorioso", wenn es dort heißt: „Huius sane legis sententia in solis erit regum negotiis observanda, atque ita perpetim valitura, ut non ante quispiam solium regale conscendat, quam iuramenti foedere hanc legem se in omnibus implere promittat." – Mansi Conciliorum Collectio Bd. X, Sp. 1226/1227. Auch hier wieder das „foedus iuramenti" als eine besondere Art des „foedus", ohne daß daraus geschlossen werden könnte, daß in „foedus" allein schon jeweils der eidliche Verpflichtungsakt steckt, vielmehr ist damit zum Ausdruck gebracht, daß „foedus" allein nur der Akt des gegenseitigen Vertrages ist.

keit, die innere Ruhe und den Frieden aufrechtzuerhalten referiert, ohne auch auf die Hintergründe dieser Friedensaufrichtung einzugehen. Die Quellenstelle zeigt jedoch gleichzeitig, daß dem damaligen Rechtsleben das „foedus pacis" als ein Bündnis Gleichgestellter bekannt war und wohl auch praktiziert wurde. Einen besonderen Verpflichtungsgrad erhielt es durch die eidliche Verpflichtung, deren Form im einzelnen unbekannt bleibt. Ob der Friedenseid damit aber schon unumstößlich verbindlich zu gelten hatte, wurde erst dann entschieden, wenn das Versprochene zu erfüllen war. Über der Unverbrüchlichkeit des Eides stand noch das Gebot der Milde als christliches Grundgebot.
Ein Vergleich zwischen Konzil von Clermont und Konzil von Toledo zeigt, daß die Position der Kirche zur Friedensverbindlichkeit nicht uniform auf Eid ausgerichtet war. Die Entscheidung lag beim Initiator des Friedens, er legte fest, ob der Eid als besonderes Bindungsmittel notwendig war; damit nicht genug, die Bindung daran unterlag einer weiteren Prüfung. Die Stellung der Kirche war demnach nicht einheitlich und starr und paßt in das zur frühen Friedensbewegung gefundene Ergebnis hinein.

Kapitel 3
Ivo von Chartres

Vorbemerkung

1. Ivos Bedeutung für die Friedensbewgung

Gratian lehnt sich in der Reihenfolge der Autoritätenzitate bei Erörterung der Eidesproblematik an das 8. Buch der Panormia und den 12. Teil des Dekretes Ivos an, so gelangt auch die Zitatstelle von Toledo in das Decretum Gratiani. Nicht nur bei der Eidesproblematik, im gesamten Decretum Gratiani begegnen Zitate Ivos, dessen Schriften damals über ganz Europa verbreitet, dessen Stellung demnach hervorragend war[33].
Da Ivo die dritte Phase der Friedensentwicklung als Bischof von Chartres selbst miterlebte, ohne daß er sich selbst dieses Mittels bediente, und in seinen Schriften zur Friedensproblematik Stellung bezog, soll er hier zu Wort kommen. Dies um so mehr, weil diese unmittelbare Position Ivos zu den Frieden bei Gratian gar nicht anklingt. Dadurch erfährt auch die Gratianstelle eine gewisse repräsentative Korrektur.

---

[33] Vgl. E. Friedberg, Corpus Iuris Canonici, Bd. I, Sp. 862; J. P. Migne, PL Bd. 161, Sp. 779 ff. „De mendacio et periurio", ferner Sp. 1225 ff.: „de iuramento licito et illicito" – über die Einflüsse Ivos auf das Dekret Gratians allgemein vgl. E. Friedberg a.a.O., Sp. 862 Anm. 13 zu C.XXII, ferner W. M. Plöchl, Geschichte des Kirchenrechts, Bd. II, S. 470.

2. Ivos Leben und die geistigen Einflüsse

Stationen des um etwa 1040 geborenen Ivo waren Studien in Paris und Bec, wo Ivo die Werke Augustins, auf die er sich immer wieder beruft, kennengelernt haben dürfte; er wurde Abt von St. Quentin de Beauvais, einem Kanonikerstift, wo er auch Berührung bekam mit den in Kapitel 2 geschilderten Friedensbemühungen im Raum Soissons und Beauvais. Schließlich bestieg er den Bischofsstuhl von Chartres; er starb 1115[34]. Der Werdegang skizziert gleichzeitig die wesentlichen Einflüsse auf das Denken Ivos. Er hatte Berührung mit dem zu seiner Zeit aufkommenden Humanismus, wie er aus den in Deutschland und Frankreich verbreiteten Dichtungen Vergils, Horaz', Terenc', Sallusts und Senecas floß, die in seinen Werken immer wiederkehren. Aus diesem Humanismus bezieht Ivo sein Verständnis von der „humanitas", das wesentlich für sein Grundverhältnis zur Eidesfrage und damit mittelbar für die Einstellung zum Verpflichtungscharakter der Frieden wird. Die „humana conditio" zeichnet nach Ivo ein zweifaches aus: Einerseits die Schwäche und Begrenztheit, andererseits die Würde des unumgänglich Gegebenen. Konsequenz für die Erlaubtheit des Eides[35]: Die Erfahrung menschlicher Schwäche, wie sie die Vorfahren schon machen mußten, beeinflußt den Eidesgebrauch: „Tale est illud in Evangelio: Sit sermo vester est, est, non, non; quod autem amplius est, a malo est, non iurantis sed iurare cogentis. Non quod malum sit in contractibus humanis ex necessitate iurare, sed quod longius sit a periurio, qui numquam iurat, quam ille qui qualicumque occasione iurat . . ." Die menschliche Schwäche bringt einerseits die Gefahr, daß bei zu häufigem Schwur ein Meineid allzu wahrscheinlich, auf der anderen Seite verlangt sie aber gerade in Angelegenheiten von Bedeutung[36] eine besondere eidliche Bindungsform, da sonst Verpflichtungen gar nicht mehr gehalten würden, kein Verlaß auf die Verpflichteten wäre. Die Einsicht in das praktisch Notwendige bestimmt die Stellung zum Eid, daß man „in contractibus humanis", also bei Verträgen aus einem Gebot der Notwendigkeit – „ex necessitate" – einen Eid leisten dürfe, man aber bei jeder Überlegung der Eidesanwendung bedenken müsse, daß derjenige viel weniger wahrscheinlich einen Meineid leistet, der niemals schwört, gegenüber demjenigen, der dies bei jeder beliebigen Gelegenheit tut[37].

---

[34] Vgl. dazu i. e. R. Sprandel, Ivo von Chartres und seine Stellung in der Kirchengeschichte, S. 7 f., zum Todesdatum S. 115 Anm. 86.

[35] Vgl. J.-P. Migne, Prolog PL 161, Sp. 50.

[36] Von größter Bedeutung für Ivo war der durch die Gräfin Adela von Blois zugleich im Namen ihres Mannes geleistete Eid, Ivo in seinen Kämpfen „pro lege Dei" nie zu verlassen, vgl. R. Sprandel, S. 10 f.

[37] Ivo knüpft hier an Augustinus an und dessen Lehre vom ungerechten Eid – vgl. dazu i. e. L. Buisson, Potestas und Caritas, S. 238.

§ 1 Ivos Stellung zu den Frieden

Vor diesem wichtigen Hintergrund des Eidesverständnisses nunmehr zu jener Stellung Ivos zum Frieden, wie sie sich in eimem Brief an den Erzbischof Daimbert von Sens[38] ausdrückt: „... trevia Dei non est communi lege sancita pro communi tamen utilitate hominum ex placito et pacto civitatis et patriae, episcoporum et Ecclesiarum ut nostis, est auctoritate firmata. Unde iudicia violatae pacis modificari opportet, secundum pacta et diffinitiones quas unaquaque Ecclesia consensu parochianorum instituit, et per scripturam vel bonorum hominum testimonium memoriae commendavit[39]."

Ivo kennt in seinen Briefen „pax" und „trevia Dei", ohne diese beiden Termini voneinander abzugrenzen. So spricht er in zwei aufeinanderfolgenden Sätzen zunächst die trevia Dei an und dann pax (iudicia violatae pacis). In Brief 86 handelt er nur von pax. Welchen Einzelinhalt diese angesprochenen Frieden hatten, läßt sich aus den herangezogenen Stellen nicht entnehmen, nur in einem Punkt ist der Inhalt konkretisiert: bei der Verpflichtung, einen Gegner nicht zu töten, was die Verletzung einschließt. Wie aus dem Brief zu entnehmen ist, hatten Stiefvater und Bruder des Briefempfängers eine bestimmte Person aus ihrer Friedenshaltepflicht ausgenommen und sie auch tatsächlich umgebracht. Man wird trotz der mangelnden Kenntnis des Details davon ausgehen können, daß es sich um Verpflichtungen handelte zur Aufrechterhaltung bzw. Wiederherstellung der inneren Ordnung[40], daß Ivo noch nicht streng zwischen dem „Pax" und dem „Treuga"-Verständnis der modernen Forschung trennte.

Da wir aufgrund der Identität des Verständnisses von pax und trevia immer von Frieden sprechen können, wird dieser Begriff im folgenden einheitlich gebraucht.

1. non communi lege sancita

Erste Aussage: „Trevia dei non est communi lege sancita." Was bedeutet diese Negativabgrenzung? Mit Hilfe des im Brief angesprochenen konkreten Falles läßt sich die Frage beantworten, da unterschieden wird zwischen dem Verbrechen des „homicidium" und dem des Friedensbruches. Die Sanktion des „homicidium" ergibt sich aus dem „communis lex", die Sanktion von „pax" aus anderem Grund. Bleiben wir zunächst beim „homicidium"; dieses Delikt behandelt Ivo im 10. Teil seines Dekrets ausführlich[41] und stellt fest: „Quod omnes leges, tam ecclesiasticae quam saeculares effusionem humani sanguinis prohibeant." „Lex communis"

---

[38] Es handelt sich um die Stadt Sens südöstlich von Paris, nicht wie A. Kluckhohn, Geschichte des Gottesfriedens, S. 113 Anm. 7, irrtümlich annimmt um Soissons, da dann grammatikalisch von „Suessionensi episcopo" die Rede wäre.

[39] Vgl. J. P. Migne PL, Bd. 162, ep. 90.

[40] Vgl. dazu die Typisierung der trevia Dei von J. P. Migne in den Notae zum Dekret PL 161 Sp. 1034, wo das Konzil von Clermont für das Wesen der trevia herangezogen wird.

[41] Vgl. J. P. Migne PL 161, Sp. 689 ff.

bedeutet demnach nichts anderes als die Zusammenfassung der „leges ecclesiasticae et saeculares", verpflichtendes kirchliches und weltliches Recht. Darunter fallen also die Friedenspflichten nicht.
Angesichts dieser Ausgrenzung gelingt es uns, die Friedenspflichten in die Kategorisierung der Normen menschlichen Verhaltens, die Ivo im Prolog zum Dekret trifft, einzuordnen. Ivo typisiert die Normen menschlichen Verhaltens hinsichtlich der Freiwilligkeit der Verpflichtung, der Verbindlichkeit und dem ethischen Wert. Auf der einen Seite steht die freiwillig auferlegte Verpflichtung, zu deren Eingehung keine Norm zwingt, die aber – einmal eingegangen – zu halten ist, wie z. B. die Ehe und bei Einhaltung zu einem höheren Stand der Vollkommenheit führt[42]. Auf der anderen Seite kennt er die zwingenden Gebote der „lex aeterna" bzw. der aus „posteriorum diligentia ratione utilitatis" fließenden Vorschriften, deren Einhaltung eine Minimalforderung an den Menschen darstellt, noch keine besondere Vollkommenheit bringt[43]. Beispiele: Gebot der Gottesliebe, bzw. niemand zu töten.
Da weiter die Normen „communi lege sancita" zur zweiten Kategorie gehören, ist die Friedensverpflichtung, wie sie Ivo in seinem Brief an Daimbert anspricht, der ersten Kategorie mit einem höheren Vollkommenheitswert zuzurechnen, d. h. es steht im Ermessen des sich Verpflichtenden, ob er die Verpflichtung eingeht; geht er sie ein, hat er sie zu halten und erreicht, wenn er sie auch einhält, dadurch einen höheren Grad an Vollkommenheit. Das Element der Freiwilligkeit der Friedensverpflichtung dürfte damit Ivo deutlich herausgestellt haben.

2. ex placito et pacto civitatis et patriae

Das „placitum et pactum" als freiwillig geschlossenes Bündnis, als verstärkter Ausdruck der Freiwilligkeit, reiht sich an diese Feststellung der Freiwilligkeit, abgeleitet aus den Normtypen und ist der „Civitas et patria" zugeordnet. Ivo gebraucht „civitas" als Bezeichnung für die Stadt (z. B. bei der Schilderung des Schicksals der Bischöfe einiger Städte[44]). „Patria" ergänzt dazu das Umland um die Stadt; die Verbindung wird wohl als Umschreibung des Gebietes verstanden werden müssen, das kirchlich eine „ecclesia" bildet, eine Diözesankirche, wie gleich auszuführen ist. Es greift im Verständnis vielleicht noch aus auf ein sich über mehrere Diözesen erstreckendes Gebiet, auf ein Stammesgebiet.

3. auctoritate episcoporum et Ecclesiarum firmata

Das „placitum et pactum civitatis et patriae" steht aber nicht für sich allein, weiteres wesentliches Element bleibt das „auctoritate episcoporum et Ecclesiarum

[42] Admonitio und Indulgentia vgl. J. P. Migne PL Bd. 161, Sp. 49.
[43] Praeceptio bzw. Prohibitio vgl. Sp. 50.
[44] Vgl. J. P. Migne, PL 162, Sp. 55.

firmata", das die Friedenspflicht in den kirchlichen Bereich einordnet. Hier sind angesprochen die Bischöfe und die ecclesiae, die Kirchengemeinschaften, repräsentiert durch die Diözesansynode. Diese Bekräftigung muß zu der Übereinkunft hinzutreten, um die Verpflichtungswirkung auszumachen. Zu diesem Schluß gelangt man, wenn man eine weitere Passage dieses Briefes berücksichtigt, wo Ivo schreibt: „Unde iudicia violatae pacis modificari opportet, secundum pacta et diffinitiones quas unaquaque ecclesia consensu parochianorum instituit, et per scripturam vel bonorum hominum testimonium memoriae commendavit." Das „pactum et diffinitio" macht den Doppelcharakter von freiwilliger Übereinkunft und autoritativer Anordnung deutlich, aus dem die Verpflichtungen[45] entstehen, die jede einzelne Diözesankirche („unaquaque") durch Übereinstimmung der Diözesanpriester, eingesetzt hat. Mit der Terminierung der „ecclesiae" bzw. der „unaquaque ecclesia" ist noch einmal verdeutlicht, daß es sich um Diözesankirchen handelt, nicht um die „Ecclesia", die Gesamtkirche[46]. Dieser Satz, der sich mit der Folge der Friedensverletzung beschäftigt, zeigt neben dem autoritativen Gebot und der Übereinkunft bei Beurteilung des Friedensbruchs ein weiteres Element, nämlich die heilige Schrift oder die Überlieferung durch das Zeugnis ehrenhafter Männer. Diese beiden Elemente sollen das Urteil über den Friedbruch modifizieren. Hier kommt Ivo auf die Ereignisse von Toledo zurück, wo letztlich nicht die zunächst vereinbarte Konsequenz zum Zuge kam, sondern das Gebot der christlichen Barmherzigkeit die Konsequenzen des Eidbruches mäßigte.

4. *in iurando pacem*

Bis zu diesem Punkt ist von einer eidlichen Begründung des Friedens mit den für einen Eid spezifischen Termini noch keine Rede.

Doch spricht Ivo im gleichen Brief auch noch den Eid an: „Unde palam est, quia vitricus et frater vester erga illum, quem in iurando pacem ab observantia pacis exceperunt, quamvis reatum homicidii incurrerint, non tamen pactum pacis violarunt. Der unvermittelte Gebrauch des „iuramentum" zwingt angesichts des bisherigen Ergebnisses zu folgenden Alternativen. Entweder ist nur das „placitum et pactum" in Verbindung mit der kirchlichen „firmatio" wesentlich und bleibt es den einzelnen überlassen, wie sie das „placitum et pactum" im Einzelfall begründen bzw. verstärken, oder es steckt nach dem Verständnis Ivos das „iuramentum" jeweils bereits notwendigerweise im „placitum et pactum"[47]. Daß bei Ivo – entgegen der Annahme R. Sprandels – das „iuramentum" ein fakultatives Element ist, das zum Wesen des „pactum et placitum" hinzutreten kann, aber nicht zwingend

[45] Dabei bezieht sich Ivo auch auf alle Verpflichtungen, die entweder durch Schrift oder durch das Zeugnis „bonorum hominum" überliefert sind.

[46] Vgl. Cap. 11 und 12 des 3. Teils des Dekrets.

[47] Letzteres nimmt wohl R. Sprandel an, wenn er von einer freiwilligen Verpflichtung . . . durch Eidschwur spricht.

ist, ergibt sich nicht nur aus dem äußerlichen Befund: Bei der Wesensbeschreibung erwähnt er den Eid nicht expressis verbis, obwohl man erwarten könnte, daß er von „pactum iuramenti“ spricht. Das gleiche Ergebnis zeigt folgende Passage des besprochenen Briefes: „Sed quia exceptio illa personam nocentis non excessit, et nepos illius excommunicati non erat prius de eius adiutorio vel communione culpatus, si ille nepos paci erat iuratus, quantum nobis videtur, iniuste est contra pacis instituta peremptus, nisi forte alias rationes habeatis, quae in litteris vestris minime fuerunt, quibus interfectorem eius a violatae pacis iniuria defendatis. Non enim etiam ipsos violatores pacis non tantum ad puniendum non exponendos inimicis, sec nec excommunicandos esse censemus, nisi postquam accusati et convicti fuerint, et malefacta sua emendare contempserint.“
Trotz der Ausnahme eines Mannes aus der Friedensverpflichtung ihm gegenüber im Rahmen des Friedenseides behält der Friede verpflichtende Wirkung insoweit, als niemand einen Friedensverletzer angreifen und schädigen darf, bevor dieser nicht Gelegenheit hatte, zur Anklage Stellung zu nehmen und die Übeltat wieder gut zu machen[48].

5. *Pacem dictare et promittere*

Der Friede in seinem Wesen als freiwillig eingegangenes Bündnis einerseits und als autoritative Anordnung andererseits wird auch in einem weiteren Brief Ivos bestätigt[49], in Ep. 86 an den Grafen Stephan, worin er diesen mit folgenden Worten an seine Friedenspflicht erinnert: „Moneo itaque excellentiam vestram nunc tertio, ut homines vestros, qui in pacem offenderunt, ad iustitiam pacis, quam ipse dictastis et promisistis, venire faciatis . . .“ Anordnung und Versprechen stehen nebeneinander, diesmal allerdings in der Form, daß auch der Graf als weltlicher Mächtiger die Anordnung traf, nicht eine kirchliche „firmatio“ ausschließlich vorlag. Die Anlage des Briefes ließe an dieser Stelle die ausdrückliche Erwähnung des Eides mit seiner besonderen Verpflichtungsform erwarten, wäre ein solcher wirklich geleistet worden[50]. Um so mehr bestärkt diese Annahme der gleiche Brief in seiner Passage: „. . . prout concorditer illi iudicabunt, qui iusta iudicia se facturos de pace iuraverunt . . .“ Beim Eid der Friedensrichter ist „Iuramentum“ ausdrücklich angesprochen, hier wurde der Amtseid der Richter betroffen, der neben dem Friedenseid eine selbständige Rolle spielt, die im Rahmen dieser Arbeit nicht im einzelnen erläutert werden kann. Schließlich spricht er am Ende des Briefes nur von „pacem dimittere“, nicht von „iuramentum pacis dimittere“. Ein weiteres Argument liefert ep. 28, wo Ivo den Eid expressis verbis anspricht mit „sacramentum de securitate concilii“[51], woraus

48 Vielleicht beruht diese Einstellung auf den Erfahrungen durch die unvermittelte Gefangenschaft, die er durch den Grafen von Puiset erlitt – vgl. R. Sprandel, Ivo, S. 103.
49 J. P. Migne PL 162, Sp. 107.
50 Vgl. oben und Teil XII des Dekrets, sowie Kap. 83 der Panormia.
51 Vgl. J. P. Migne PL 162, Sp. 41.

geschlossen werden kann, daß dort, wo Ivo den Einsatz des Eides ausdrücken will, er dies mit den Begriffen „iuramentum", „sacramentum" tut.

§ 2 Zusammenfassung

Auch hier bestätigt sich das Ergebnis, daß für Ivo der Eid *eine* Möglichkeit der Begründung der Friedenspflicht darstellt, nicht die ausschließliche, mit Blick auf die Gefahr des Eidbruchs und dessen schwere Folgen bleibt es den Verantwortlichen überlassen, ob sie ihn einführen; er ist nicht zwingend vorgeschrieben[52].

Kapitel 4
Zusammenfassung zum 3. Teil

Erscheint es angesichts des einen Zitates bei Gratian so, als habe die Kirche bei der Begründung eines Friedens zum Eid eine ausschließlich positive Haltung eingenommen, als sei er hier geboten, so modifizieren die Ergebnisse des Konzils von Clermont und der Briefe Ivos von Chartres diesen Eindruck. Im Konzil von Clermont steht die autoritative Einsetzung im Vordergrund, bei Ivo ist der Eid eine unter mehreren Möglichkeiten der Friedensbegründung, nicht notwendig damit verbunden, kann er zu anderen Elementen hinzutreten. Die konkrete Gestaltung des Verpflichtungsaktes bleibt dem Einzelfall überlassen, hängt von der politischen Konstellation des Bereiches ab, in dem der Friede errichtet werden soll, von der religiösen Einstellung der Friedensinitiatoren und der Bevölkerung. Eine uniforme Handlung der Verpflichtungsakte, gar eine ausschließliche Anwendung, kennt die Kirche nach diesem Befund für die frühen Frieden nicht.

---

[52] Eine gewisse Reserviertheit gegenüber der Einrichtung der Frieden als politisches Mittel für die Kirche spricht aus Brief 86, wo er den Frieden als Last für die Kirche typisiert („. . . et pacem istam, quae Ecclesiae valde est onerosa et sumptuosa"). Ob man daraus allerdings eine generelle Skepsis gegenüber den Frieden ableiten kann, wie R. Sprandel, Ivo S. 150, tut, kann man bezweifeln, vielmehr sprechen die Ausführungen Ivos dafür, daß er mit dieser Passage seine persönliche Situation aus einer konkreten Friedensverpflichtung klar machen wollte.

4. TEIL
ZUSAMMENFASSUNG UND ERGEBNIS

Kapitel 1
Zusammenfassung

Die Einzelergebnisse zu Teilnehmerkreis und Teilnahmeform zeigen, welch vielfältige Verpflichtungsformen die Frieden in den Quellen kennen. Was V. Achter für die „Straftatbestände" findet, daß in der ersten Gruppe von Texten in Westfranken „ein jeweils verschiedenes Konglomerat von auch nach altem Recht verbotenen und bedrohten Missetatbeständen zusätzlich und in erster Linie kirchenrechtlichen Folgen unterstellt wird", kann man für West- und Ostfranken auch von den Formen der Errichtung, den Verpflichtungselementen, aussagen. Wir finden ein Konglomerat von Formen der Errichtung, die zusammenspielen und erst so den besonderen Verpflichtungscharakter ergeben.

§ 1 Das autoritative Gebot der Bischöfe

Die Rolle der Bischöfe kann man sowohl bei den westfränkischen als auch bei den ostfränkischen Frieden als führend bezeichnen, mit dem Unterschied, daß sie sich bei den westfränkischen kontinuierlich durch die ganze Bewegung zieht, während in Ostfranken bischöfliche Frieden die Bewegung einleiten und dann abklingen. Sie werden von weltlichen Initiativen abgelöst. Die Teilnahmeform der Bischöfe ist überwiegend als autoritatives Gebot zu kennzeichnen, dieses steht auch dort im Vordergrund wo weitere Verpflichtungselemente vorhanden sind. Sein Inhalt zeigt sich vielfältig, er reicht vom Gebot der Friedenspflichten generell über die Pflicht, Friedbrecher zu verfolgen und die Pflicht den Friedenseid zu leisten bis zu dem Gebot, ganz einfach zu versprechen, die Vorschriften der christlichen Glaubenslehre zu halten, die die Friedensgebote umfassen.
Dabei ist die Differenzierung bei den westfränkischen Frieden – schon bedingt durch die Anzahl an Friedensquellen – größer als in Ostfranken, wo der Inhalt den Frieden zu halten, verstärkt durch die Anordnung, zu versprechen das zu tun, was christliche Glaubenslehre gebietet, die Szene der Friedensaufrichtungen durch Bischöfe beherrscht.
Das autoritative Gebot des Bischofs erhält seine Begründung aus dem „bannus episcopalis", der obrigkeitlichen Befugnis, bei Strafe zu gebieten und zu verbieten. Dieser „bannus episcopalis" ist zunächst rein kirchlichen Charakters, er findet seine Rechtfertigung in der Unterwerfung des einzelnen durch die Annahme des christlichen Glaubens. Doch bleibt es nicht bei diesem Element allein, zahlreiche Zeugnisse sprechen von dem hohen moralischen Ansehen, das die Bischöfe durch

ihren Lebenswandel als Lenker ihrer Diözese hatten. Zur Annahme des „bannus episcopalis" als der „Grundnorm", der letzten rechtlichen Autorität berechtigt insbesondere die stets festzustellende Verbindung von Friedensgebot und Exkommunikation für den Fall der Zuwiderhandlung gegen diese Gebote.

Im Gegensatz zu den westfränkischen Frieden tauchen in den ostfränkischen Frieden auch weltliche, peinliche Strafen auf, hier zeigt sich der Unterschied im Status der Bischöfe. Insoweit hat V. Achter nur einen Teilaspekt angesprochen, wenn er die Problematik der Stellung weltlichen Rechts unter das Kirchenrecht als einen ganz neuen Vorgang[1] anspricht. Dieses hängt mit der Doppelrolle der Bischöfe im Ostfrankenreich zusammen, wo sie seit der ottonischen Kirchenpolitik für ihre Tätigkeit als Hilfspersonen der weltlichen Reichsverwaltung auch materiell entschädigt wurden und zu Inhabern weltlicher Macht gediehen. Dieser innere Unterschied erscheint auch wichtiger als die von H. Hoffmann[2] festgestellte äußerliche Ähnlichkeit in der Aktivität der Bischöfe. Für die ostfränkischen Frieden muß deshalb festgehalten werden, daß die Deutung, die „Unrechtsfolgen des alten Rechts" hätten nicht mehr ausgereicht, den Frieden und damit das alte Recht zu sichern, für die ostfränkischen Frieden so nicht stimmt. Die Bischöfe waren auch Inhaber der weltlichen Gerichtsbarkeit, die die Kirche sogar über Laien ausübte in Delikten, die nach ihrer Auffassung Sünde waren – wie Übergriffe gegen Leib und Leben, Unzuchtshandlungen – eben solcherart Verstöße, gegen die auch die Friedensbewegung zu Felde zog. Daneben trat die ausschließliche Gerichtsbarkeit für die Kleriker, die sich in den Frieden manifestierte. Auf diese Gewalten bauten die Bischöfe ihre Autorität, je mehr in Ostfranken der König und Kaiser durch die Auseinandersetzung mit dem Papsttum die an sich ihm zukommenden Aufgaben nicht mehr erfüllte.

§ 2 Die Mitwirkung von weltlichen Mächtigen an bischöflichen, von Bischöfen an weltlichen Frieden

Nicht ausschließlich „bannus episcopalis", weltliche Machtstellung und moralische Autorität der Bischöfe sind die Komponenten, auf die die Verpflichtung der Frieden gründet, eine weitere bildet die Mitwirkung weltlicher Mächtiger – Adeliger und Amtsträger. Diese Rolle ist ausdrücklich zu trennen von der ausschließlicher Trägerschaft der Frieden durch weltliche Mächtige im ostfränkischen Bereich, beginnend mit dem Bayerischen Frieden 1094.

In der Form des „consensus" oder des „consilium" gesellen sich die weltlichen Mächtigen zu den Friedensbemühungen, deutlich zum Ausdruck kommend in den ostfränkischen Frieden. Die Großen verleihen den Frieden durch ihre Funktion als Ratgeber und Zustimmende über den rein kirchlichen Bereich hinaus verstärkte Bindung insbesondere dort, wo sie als Inhaber der (weltlichen) Herrschaft oder

[1] V. Achter, Über den Ursprung der Gottesfrieden, S. 11.
[2] H. Hoffmann, Gottesfriede und Treuga Dei, S. 246.

Gerichtsgewalt, sei es auch nur einer von der Kirche übertragenen, auch auf den Friedensvollzug Einfluß hatten. Dazu kam, daß durch diesen Akt die Kräfte, die faktisch weitestgehend die Möglichkeit hatten, Frieden zu halten oder den Frieden zu brechen, gebunden waren. Ferner garantierten die weltlichen Mächtigen als Inhaber der Waffengewalt faktisch die Überwachung des Friedens und damit dessen Einhaltung.

Neben der faktischen Bedeutung darf man dieser Beteiligungsform auch eine rechtliche beimessen. Die Form des „consensus" bzw. „consilium" ist im Mittelalter als Mitwirkungsform eines größeren oder kleineren Personenkreises weit verbreitet und hat jene für die Bejahung des Gebotenen wichtige Bedeutung, daß das Gebotene im Bewußtsein einer größeren oder kleineren Gesamtheit lebt und von ihr gebilligt wird, so daß man mit E. Kaufmann auch diesem „consensus" bzw. „consilium" eine Wirkung zusprechen kann, die für die Geltung der Frieden erforderlich war[3]. Umgekehrt findet sich bei den Frieden, die von weltlichen Mächtigen – König, Herzögen – initiiert und getragen sind, die gleiche Form der Mitwirkung durch Bischöfe und hochgestellte geistliche Würdenträger mit der gleichen Bedeutung, nämlich in diesen Fällen durch kirchliche Beteiligung den an sich weltlich begründeten Frieden größere Verpflichtungsgrade zu verleihen.

Die eben geschilderte Betätigung muß man jedoch von der Funktion des engeren Beraterkreises sowohl der Bischöfe als auch des Königs trennen; dieser umgab den Bischof bzw. König ständig, während der oben geschilderte Kreis ausschließlich auf der Friedensversammlung in Aktion trat.

§ 3 Päpstliche Bestätigung

Diese Form findet sich beim Lütticher und Elsässer Frieden; beim Konstanzer in Form der Anwesenheit eines päpstlichen Legaten. Für den Elsässer Frieden wissen wir, daß es sich bei dem Papst, auf den man sich berief, um einen aus dem Elsaß stammenden handelte, der dort hohes moralisches Ansehen besaß. Dies war wohl das ausschlaggebende Motiv für die Berufung auf die päpstliche Bestätigung, um damit auch die Beteiligung des Papstes zu dokumentieren und dem Frieden einen universaleren Charakter zu verleihen. Mit den päpstlichen Beteiligungsformen verbindet sich jeweils die päpstliche Exkommunikationsdrohung. Sie gibt der Bestätigung auch die entsprechende rechtliche Bedeutung, indem sie die bischöflichen Exkommunikationsdrohungen auf den päpstlichen Bereich ausdehnt; sie universalisiert.

§ 4 Kaiserliche Bestätigung

Der Bezug des Kaisers zum Frieden, wie er insbesondere zum Ausdruck kommt, wenn der Kaiser nicht selbst den Frieden initiiert und trägt, sondern ihn lediglich

---

[3] Vgl. E. Kaufmann, Tijdscrift voor Rechtsgeschiedenis 1965, Deel XXXIII, S. 170.

bestätigt – siehe Lüttich – hat mehr moralische Wirkung, zeigt keine spezifischen Folgen etwa in Form besonderer zusätzlicher kaiserlicher Sanktionen, er bekräftigt nur die angedrohten und an sich vollstreckbaren, indem auch die kaiserliche Instanz hinter diesen Folgen steht. Für die frühen ostfränkischen Frieden drängt sich der Eindruck auf, als verfolge der Kaiser im Streit gegen den Papst durch diese Teilnahme primär die politische Stärkung seines Lagers.

§ 5 Zustimmung in Form der astipulatio und collaudatio

Diese Form der Beteiligung verstärkte dort, wo primärer Verpflichtungsgrund das autoritative Gebot war, die Wirkung der Verbindlichkeit, indem es an die (germanische) Mitwirkungsform des Volkes bei der Gerichtsgemeinde (Vollbort), aber auch an die Mitwirkungsformen des Volkes bei der Königserhebung anschloß. Sie beschränkt sich nicht ausschließlich auf Zeugenfunktion, sondern bedeutet jene alte Form der Beteiligung, die den Frieden – deren Funktion damit genauso eingeschätzt wurde wie die geschilderten Entscheidungsprozesse – erst zu voller Anerkennung verhalf. Dabei muß man davon ausgehen, daß häufig dieser Kreis auf die Bürger der Bischofsstadt beschränkt war, wo die Friedensversammlung stattfand, so daß man von einer gewissen repräsentativen Funktion sprechen muß.

§ 6 promissio als einfaches Versprechen

Schließlich kennnen die bischöflichen ostfränkischen Frieden noch die Form der einfachen „promissio", und zwar die „promissio" aller vom Friedensgebot Betroffenen. Diese einfache Versprechensform beinhaltet die Beachtung der christlichen Glaubensgebote, in ihnen auch der Grundgebote der Frieden. Sie nahm ihren Anfang bei Gerhard von Cambrai, wo sie sich nach einer ersten Niederlage des Bischofs zum erstenmal nachgewiesen, durchsetzte. Ob sie allein auf ihn zurückgeht, muß offen bleiben, doch findet sich bei ihm die Begründung für eine gewisse Wende in der Anschauung, der Eid sei notwendig. Die Erfahrung menschlicher Schwäche ließ nämlich davon abraten, insbesondere mit Blick auf die schwere Folge der Exkommunikation. Die „promissio" steht als selbständige Versprechensform dem Eid gegenüber. Die „promissio" gab dem Friedensgebot eine besondere religiöse Verbindlichkeit und hob es in den Bereich der direkten Verpflichtung Gott gegenüber, sie entpersonifizierte sie und gab ihr eine dauerhaftere Wirkung über die Lebenszeit des einzelnen erlassenden Bischofs hinaus. Sie stand – wie Gerhard von Cambrai zum Ausdruck bringt – im Gegensatz zum Eid, bedeutete keinen eidähnlichen Vorgang, wie die bisherige Forschung annimmt.

§ 7 Der Eid

1. Eidesnachweise

Die Untersuchung zeigt, daß nicht alle Frieden der frühen Zeit ausdrücklich im Text oder schlüssig im Inhalt die Beeidigung kennen.
In der westfränkischen Bewegung lassen sich nur in der Mittelphase eidliche Verpflichtungsakte durchgehend nachweisen; weder für den Anfang noch für die der Entstehungszeit in Ostfranken naheliegende dritte Periode sind Schwurvorgänge zu belegen. Für die ostfränkischen Frieden bedeutet die Festlegung auf das „Promittere"-Verfahren und dessen Deutung als einfacher Versprechensvorgang, der in gewissem Kontrast zum Eid steht, eine Korrektur der bisherigen Annahme, alle frühen Frieden Ostfrankens, ja auch alle Frieden Westfrankens, seien beeidet gewesen. Die durchgängige eidliche Verpflichtung läßt sich nur bei den Frieden Ostfrankens feststellen, die von Herzögen und Grafen und vom Kaiser ausgehen. Dort erschließt sich der Eid sowohl aus den Spezialbegriffen als auch aus dem Inhalt.

2. Eidpersonen

In den westfränkischen Frieden beginnt der Kreis der Eidpersonen bei denjenigen, die durch ihre Position und Ausrüstung die Rolle des Stärkeren spielen können, die Waffentragenden im engeren Sinn; bei ihnen übernahm der Eid die Funktion der unmittelbaren Bindung an die Friedenspflicht durch Stillhalten. Der Kreis war leicht kontrollierbar und auch von seinesgleichen in Schach zu halten. In der Spätphase der beeideten Frieden weitet sich dann der Kreis auf die Diözesanangehörigen aus und wird zu einem zusätzlichen Bindungselement neben dem autoritativen Gebot des Bischofs oder der Bischöfe. Es kommt sogar so weit, daß die Bischöfe selbst den Eid leisten und sich mit den anderen Eidpflichtigen auf gleiche Stufe stellen, wie der von Warinus tradierte Eid. Hier wird der Eid zum ausschließlichen Kriterium der Aufnahme in die Friedensgemeinschaft, wer ihn leistet und hält, steht unter Friedensschutz, wer nicht, steht außerhalb.
In den ostfränkischen Frieden beschränkt sich der Kreis der Eidleistenden auf weltliche Personen, geistliche Amtsträger sind nur in der Form eines besonderen Aktes, ebenso wie der Kaiser selbst – nämlich beim Mainzer Reichsfrieden – beteiligt.
Rangmäßig umfaßt der Kreis den Königssohn, die Herzöge und Grafen, aber auch in einigen wenigen Fällen, das einfache Volk bis hin zu den Halbfreien und Unfreien, wie man den Sanktionen entnehmen kann.

3. Eidesform

Die westfränkische Friedensbewegung kennt einmal – Bourges 1038 – ausdrücklich und öfter sehr wahrscheinlich – bei Warinus von Beauvais – den Reliquieneid,

womit sich ein Bogen spannen läßt zu der in der Zeit lebendigen und weitverbreiteten Reliquienverehrung.
Im ostfränkischen Bereich fällt die neutrale Terminierung des Eides auf, es ist nicht möglich, durchwegs eine gewisse Form – sei es Kreuzes-, Reliquien- oder Evangelieneid – festzustellen, da das Kreuzzeichen am Beginn der Juramentumformel auch als christliches Initialsymbol des Schreibers gedeutet werden kann.

4. Eidesinhalt

Sowohl hinsichtlich der Funktion des Eides als auch hinsichtlich des Umfangs lassen sich aus der Untersuchung folgende Schlüsse ziehen:
a) Bezüglich der Funktion kann man die verpflichtende Wirkung von der beweisenden unterscheiden. Der Eid diente auch als äußerlicher Beweis für die Teilnahme an der Friedensbewegung; dies erhellt daraus, daß einige Frieden als Gegenbeweis dafür, daß man entweder den Eid schon geleistet oder aber von der eidlichen Friedensverpflichtung bisher überhaupt nichts erfahren hatte, einen Zeugeneid vorschrieben. Hier stehen sich zwei gleichwertige Akte des Beweises gegenüber.
b) Bezüglich des Inhalts finden wir in der frühen Friedensbewegung folgende Abstufung: Inhalt des Eides kann einmal sein das feierliche Versprechen der einzelnen Verhaltenspflichten und zwar das Versprechen auf freiwilliger Grundlage ohne äußeren Zwang für alle Friedensgebote. Weitere Möglichkeit ist die Verbindung der eidlichen Verpflichtung mit einem autoritativen Gebot, letzteres des Inhalts, in Sachen Frieden einen Eid zu leisten. Eidgebot und Sanktionen für die Eidverweigerung erhalten allein aus dem autoritativen Gebot heraus Verbindlichkeit. Hier wirkt der Eid für die Aufnahme in den Friedensverband konstitutiv. Wer den Eid nicht leistet, kann auch nicht den Friedensschutz beanspruchen.
Noch weiter eingeschränkt ist der Eid des Inhalts, gegen Friedbrecher vorzugehen, sich auf keinerlei Bündnis mit ihnen einzulassen, sie nötigenfalls mit Waffengewalt zu bekämpfen.

§ 8 Kirche und Frieden

Die exemplarisch untersuchten kirchlichen Autoritäten bestätigen die bisherige Zusammenfassung.
Im Konzil von Clermont steht das autoritative Gebot, Frieden zu halten im Vordergrund, bei Gratian entsteht der Eindruck, als sei Normalfall die Beeidigung des Friedens, bei Ivo ergibt sich die Möglichkeit des Friedenseides, aber nicht seine zwingende Notwendigkeit, für Ivo besteht das Wesen des Friedens in der freiwilligen Verbindung. Der Eindruck, daß es auf die politischen Gegebenheiten, auf die persönliche religiöse Einstellung des Initiators ankam, verstärkt sich in diesem Befund.

Kapitel 2
Ergebnis

§ 1 Kritik an der bisherigen Forschung

Vor dem Hintergrund der Zusammenfassung muß noch einmal auf das methodische Vorgehen der bisherigen Forschung zur Frage des Verpflichtungsgrundes, der Verpflichtungselemente eingegangen werden, woraus sich das bisherige, vom Ergebnis dieser Untersuchung abweichende Resultat herleitet. Die zu Recht als richtungweisend anerkannte Arbeit von J. Gernhuber behandelt die Eidesfrage bei den Gottesfrieden ausführlicher als alle Arbeiten vor ihm, bleibt aber ohne präzisen Quellenbezug. Gernhuber gibt für den Lütticher Gottesfrieden zu, eine Beeidigung sei nicht nachzuweisen[4], zieht aber die Linie von Frankreich über Lüttich in ostfränkisches Gebiet. Rein formal bleibt er die Konsequenz seiner Feststellung zur mangelnden Eidestradition schuldig, indem er zumindest hätte fragen müssen, wie sich das Fehlen eines Eides beim Lütticher Frieden auf die ähnlich strukturierten Frieden von Köln und Mainz auswirkt. Die These der Traditionslücke hat er durch keinerlei Belege untermauert. Die allzu rasche Annahme, es handle sich lediglich um eine Traditionslücke, kann nur darin seine Erklärung finden, daß Gernhuber speziell die Frage der Beeidigung der Gottesfrieden im westfränkischen Reich nicht konsequent verfolgte. Sonst hätten ihm Zweifel an der Übersetzung des „promittere" im Kölner und Mainzer Frieden mit „Schwören" kommen müssen. Noch ungenauer arbeitet H. Hattenhauer[5] in seiner acht Jahre nach Gernhubers Werk entstandenen Dissertation. In der Eidesfrage stützt er sich ungeprüft auf Gernhubers Ergebnisse, wobei er obendrein die Einschränkungen bezüglich des Eidesnachweises in Lüttich durch Gernhuber überhaupt nicht sieht und eine einheitliche Linie von Eidesnachweisen behauptet. Die mangelnde Verarbeitung der einzelnen Quellenaussagen wirkt sich bei Hattenhauer besonders bei der Würdigung der Bedeutung des Friedenseides generell aus; er schreibt den „Gottes-" und „Landfrieden" einheitlich einen Eid zu.
Die Reihe mangelnden Quellenbezuges läßt sich fortsetzen: H. Conrad[6] gibt keinerlei Quelle an, nennt aber alle Frieden ohne Unterschied beschworen, bei H. Planitz-K. A. Eckhardt[7] werden die Gottesfrieden „Deutschlands" pauschal „Schwurbrüderschaften" genannt.
Das Bild der älteren Arbeiten fügt sich dem bisher festgestellten unterschiedslos an: Ernst Mayer[8] legt das Schwergewicht seiner Untersuchung auf die französi-

---

[4] J. Gernhuber, Die Landfriedensbewegung in Deutschland, S. 43 und 45.

[5] H. Hattenhauer, Die Bedeutung der Gottes- und Landfrieden für die Gesetzgebung, S. 123 ff. und 183 ff.

[6] H. Conrad, Deutsche Rechtsgeschichte, S. 348: „Die Gottesfrieden werden beschworen."

[7] H. Planitz-K. A. Eckhardt, Deutsche Rechtsgeschichte, S. 134.

[8] Ernst Mayer, Deutsche und Französische Verfassungsgeschichte Bd. I, S. 182 ff.; sämt-

schen Quellen, diese bestätigen seine Folgerungen; für die ostfränkischen Verhältnisse werden die Quellenzitate spärlicher, die generelle Folgerung sowohl „Gottes-“ als auch „Landfrieden“ beruhten auf einem eidlichen Gelöbnis, können die angeführten Quellen nicht stützen. Georg Waitz[9] macht sich die Feststellungen U. Eggerts, daß Iuramentumformel und Kölner Friedensbrief nicht zusammengehören, zu eigen, bleibt aber die Konsequenz daraus schuldig, indem er trotzdem von einer Beeidigung ausgeht. Rudolf His[10] bringt für seine Behauptung „beschworene Einung“ keinen Beleg. Ein erfreulicherer Ansatz läßt sich bei Kroeschell beobachten, der von „Friedenserlassen“ spricht und konsequent zu dieser Feststellung den Promissio-Satz des Kölner Friedens mit „versprechen“ übersetzt und nicht mit „beschwören“[11].

Klingt bei Kroeschell aufgrund der präzisen Übersetzung die Problematik nur an, so erweist die inhaltliche Analyse der Friedenstexte nach Eidesspuren diese Übersetzung für richtig und stellt die Gottesfrieden Ostfrankens in der Frage der Bindungselemente in ein neues Licht.

§ 2 Komplex von Verpflichtungselementen

Die Untersuchung zeigt die Vielfalt von dem Mittelalter spezifischen Verpflichtungsformen, denen eine Kategorisierung nach „Gesetz“ bzw. „Vertrag“ nicht gerecht wird; vielmehr wirken hier Formen gewachsenen und lebendigen Rechtslebens zusammen, die sich nicht in moderne Systematiken zwängen lassen. Die Verpflichtungsformen reichen vom autoritativen Gebot, insbesondere der Bischöfe, einmal des Papstes, über Mitwirkungsarten des „consensus“ und „consilium“ weltlicher Mächtiger bei bischöflichen und von Bischöfen bei weltlichen Frieden, allgemeiner Zustimmung des Volkes bis zum einfachen Versprechen und zum Eid. Die frühen ostfränkischen Frieden geben keinen Anhaltspunkt für einen Eid, soweit sie für die Diözesen gelten, also von Bischöfen initiiert sind, vielmehr kennen sie das erstmals in Westfranken bezeugte einfache „Promittere-Verfahren“, das bisher fälschlicherweise als Eidverfahren gewertet worden war, obwohl es einen konkreten historischen Beleg für die Gegenüberstellung von Eid und einfachem Versprechen in Cambrai gibt.

Die Durchgängigkeit eidlicher Verpflichtung ist damit für die frühen Frieden erschüttert, in der bisherigen Begriffssprache ausgedrückt: ein Teil der Gottesfrieden ist nicht beeidet.

---

liche Quellenbelege sind aus dem westfränkischen Raum, keine einzige Quelle des ostfränkischen Raumes ist angegeben.

[9] Georg Waitz, Deutsche Verfassungsgeschichte Bd. VI, S. 528 und S. 539 Anm. 1.

[10] Rudolf His, Strafrecht des deutschen Mittelalters, Bd. I, S. 3.

[11] K. Kroeschell, Deutsche Rechtsgeschichte, Bd. I, S. 184 ff.; für die Landfrieden kommt er allerdings zu einem anderen Ergebnis.

§ 3 Unterschiedlicher Eidescharakter in West- und Ostfranken

Wo sich der Eid nachweisen läßt, zeigt sich eine interessante Unterscheidung im Eidescharakter zwischen Westfranken und Ostfranken. Die Verbindung zwischen der verbreiteten Reliquienverehrung in Westfranken und dem Friedenseid in Form des Reliquieneides läßt sich einmal mit Sicherheit, öfter mit an Sicherheit grenzender Wahrscheinlichkeit nachweisen. Die kirchliche Bewegung der Verinnerlichung religiösen Lebens hat die Friedensbewegung demnach sehr wahrscheinlich beeinflußt, die Cluniazensische Bewegung wirft ihre Schatten auch auf die Friedensbewegung, ohne daß im Rahmen dieser Untersuchung darauf eingegangen werden kann. Die christliche Motivation der Frieden in Westfranken ergibt sich auch aus den Berichten über vom Himmel kommende Briefe, die Frieden gebieten. Schließlich bestärkt auch die mit kirchlichen Argumenten geführte Auseinandersetzung Gerhards vom Cambrai mit den Vertretern des Friedenseides diesen Befund. Der Friedenseid in Westfranken ist christlich motiviert, christlichen Charakters.

Anders in Ostfranken: Die neutrale Sprache über den Eid fällt auf. Kommt noch hinzu, daß die ostfränkischen Frieden, soweit sie beeidet sind, die Exkommunikation als unmittelbare Strafe nicht kennen, also diesbezüglich rein weltlichen Charakter zeigen. Letztlich ist die Kaltwasserprobe als weitverbreitetes Reinigungsmittel in den ostfränkischen Frieden ein Indiz für den Eid germanischer Wurzel, für den profanen Eid, d. h. er ist heidnisch-germanischen Ursprunges. Die Christianisierung des ostfränkischen Gebietes steht diesem Ergebnis nicht entgegen, da die Christianisierung des Rechtslebens nicht notwendig damit verbunden war, sondern sich die germanischen Vorstellungen noch lange hielten. Der ostfränkische Friedenseid lehnt sich daher an den germanischen Treueid an, wie gerade die Bemühungen Heinrichs IV. zeigen, der durch die Bannung dieses Treueids verlustig ging, somit gezwungen war, sich diese Wirkungen wieder zu verschaffen.

Dieser Unterschied im Eidescharakter fügt sich in den schon von A. Kluckhohn vertretenen Standpunkt, daß die Frieden in Ostfranken und in Westfranken eine unterschiedliche Entwicklung nahmen.

§ 4 Ausblick

Mit diesem Ergebnis steht die frühe Friedensbewegung in neuem Licht vor uns. Die Behauptung einer durchgängigen Beeidung der Frieden ist erschüttert, angesichts der Quellenergebnisse nicht mehr haltbar. Die Herkunft der Verpflichtungselemente, wie sie nach diesem Befund zusammenwirkten, in ihre Verästelungen zu verfolgen, muß einer gesonderten Untersuchung vorbehalten bleiben. Das Gleiche gilt für die Konsequenz gegenüber dem weiteren Verlauf der Friedensbewegung bis zum Ende des 15. Jahrhunderts.

Verzeichnis der verwendeten Friedenstexte

Ostfränkisches Reich

Friede von Lüttich		1082	MGH Const. I 603 Anm. 1
Friede von Köln		1083	MGH Const. I 606 LL II, 54 ff.
Friede von Mainz		1085	MGH Const. I 605 LL II, 55
Schwäbischer Friede		1093	MGH SS V S. 457 f.
Bayerischer Friede		1094	MGH Const. I 609 f.
Elsässer Friede		1094	MGH Const. I 611 ff.
Mainzer Friede		1103	MGH Const. I 125 f.
Schwäbischer Friede		1104	MGH Const. I 613 ff.
Konstanzer Friede		1105	MGH Const. I 615 ff.
Pax Dei Incerta	Ende	11. Jhdt.	MGH Const. I 608

*Westfränkisches Reich**

Friede von Charroux	989	Mansi XIX 89 f.
(Friede von Narbonne)	(990)	(Mansi XIX 103)
(Friede von Le Puy)	(993)	(Mansi XIX 271 f.)
Friede von Limoges	994	MGH SS IV 132
Friede von Anse	994	Mansi XIX 101 ff.
Friede von Verdun-sur-le-Doubs	1021/22	Bouquet X 172 A
Friede von Cambrai	1023	MGH SS VII 474
Friede von Soissons u. Beauvais	1023	Bouquet X 172 A
Friede von Anse	1025	Mansi XIX 423 f.
(Friede von Elne)	(1027)	(Mansi XIX 483 f.)
Friede von Charroux	1028	Mansi XIX 486
Friede von Bourges/Limoges)	(1028/31)	(Mansi XIX 503, 507)
(Friede von Audenarde)	(1030)	(MGH SS VI 299)
Friede von Poitiers	1030/32	Mansi XIX 494
Friede von Amiens u. Corbie	1032/33	MGH SS XV 860 ff.
Friede von Bourges	1038	Huberti 217
(Französisches Sendschreiben)	(1041)	(Mansi XIX 593 f.)
Friede von Caen u. Therouanne	1042/63	Mansi XIX 597 MGH Const. I 599
Friede von Narbonne, Gerona	1054/68	Mansi XIX 827/1070

* Eingeklammerte Frieden sind in Fußnoten berücksichtigt.

Gesamtkirchlicher Friede

Friede von Clermont	1095	Mansi XX 815

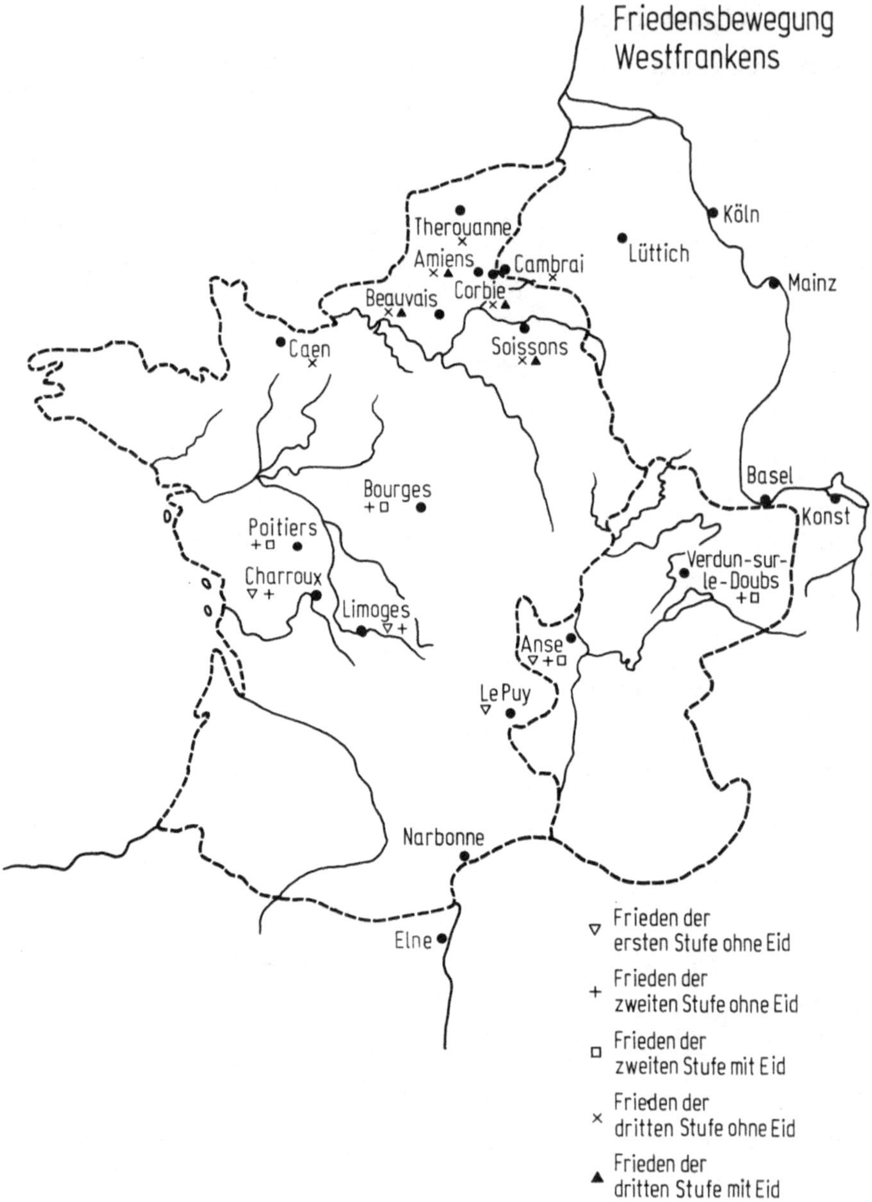
Friedensbewegung
Westfrankens
Köln
Therouanne
Lüttich
Amiens
Cambrai
Mainz
Corbie
Beauvais
Soissons
Caen
Bourges
Basel
Konst
Poitiers
Verdun-sur-
le-Doubs
Charroux
Limoges
Anse
Le Puy
Narbonne
Elne
Frieden der
ersten Stufe ohne Eid
Frieden der
zweiten Stufe ohne Eid
Frieden der
zweiten Stufe mit Eid
Frieden der
dritten Stufe ohne Eid
Frieden der
dritten Stufe mit Eid

Friedensbewegung
Ostfrankens
Cambrai
Lüttich
Köln
Mainz
Böhmen
Elsaß
Ulm
B
Konstanz
Ungarn
nicht beeidete Frieden
beeidete Frieden
1. Schwäbischer Friede (1093)
Bayrischer Friede
2. Schwäbischer Friede (1104)
Elsässer Friede

Ortsregister

* Ortsangaben ausschließlich in Fußnoten

FSC
www.fsc.org
MIX
Papier | Fördert
gute Waldnutzung
FSC® C083411

Kolibri 360 GmbH
Ferdinand-Jühlke-Straße 7
99095 Erfurt, Deutschland
produktsicherheit@kolibri360.de